EXTRAITS DU *JOURNAL OFFICIEL* DES 13, 14, 15 ET 17 MAI 1882

LES

TRAITÉS DE COMMERCE

CONVENTIONS, ETC.

ENTRE

LA FRANCE

ET

L'AUTRICHE-HONGRIE, LA BELGIQUE, L'ESPAGNE, LA GRANDE-BRETAGNE
L'ITALIE, LE PORTUGAL, LA SUÈDE ET NORVÈGE ET LA SUISSE

Prix : 1 fr. 50

PARIS

IMPRIMERIE DU JOURNAL OF.
31, QUAI VOLTAIRE, 31
—
1882

LES

TRAITÉS DE COMMERCE

CONVENTIONS, ETC.

ENTRE

LA FRANCE

ET

L'AUTRICHE-HONGRIE, LA BELGIQUE, L'ESPAGNE, LA GRANDE-BRETAGNE, L'ITALIE, LE PORTUGAL, LA SUÈDE ET NORVÈGE ET LA SUISSE

AUTRICHE-HONGRIE

LOI portant approbation de la convention de commerce signée à Paris, le 7 novembre 1881, entre la France et l'Autriche-Hongrie.

Le Sénat et la Chambre des députés ont adopté,

Le Président de la République promulgue la loi dont la teneur suit :

Article unique. — Le Président de la République est autorisé à ratifier, et, s'il y a lieu, à faire exécuter la convention de commerce signée à Paris, le 7 novembre 1881, entre la France et l'Autriche-Hongrie.

Une copie authentique de cette convention sera annexée à la présente loi.

La présente loi, délibérée et adoptée par le Sénat et par la Chambre des députés, sera exécutée comme loi de l'Etat.

Fait à Paris, le 13 mai 1882.

JULES GRÉVY.

Par le Président de la République :

Le président du conseil,
ministre des affaires étrangères,

C. DE FREYCINET.

Le Président de la République Française,

Sur la proposition du Président du Conseil, Ministre des Affaires étrangères,

Décrète :

Art. 1er. — Le Sénat et la Chambre des Députés ayant approuvé la Convention de com-merce signée à Paris, le 7 novembre 1881, entre la France et l'Autriche-Hongrie, et les Ratifications de cet Acte ayant été échangées le 13 mai 1882, ladite Convention, dont la teneur suit, recevra sa pleine et entière exécution.

CONVENTION DE COMMERCE

Conclue à Paris, le 7 novembre 1881,

ENTRE LA FRANCE ET L'AUTRICHE-HONGRIE

Le Gouvernement de la République Française,

Et le Gouverneur d'Autriche, lique de Hongrie,

Considéra

l'Autriche-Hongrie, doit cesser d'être en vigueur le 8 novembre prochain, et ayant reconnu qu'il importe, dans l'intérêt des deux Pays, de déterminer, en attendant la conclusion d'un Traité définitif, le régime auquel seront soumises leurs relations commerciales et maritimes, ont résolu de conclure à cet effet une Convention spéciale et ont nommé pour leurs Plénipotentiaires, savoir :

Le Président de la République Française :

M. Barthélemy Saint-Hilaire, Membre de l'Institut, Sénateur, Ministre des Affaires étrangères, Chevalier de l'Ordre national de la Légion d'honneur, etc., etc., etc.;

M. Tirard, Député, Ministre de l'Agriculture et du Commerce, etc., etc., etc.;

Et Sa Majesté l'Empereur d'Autriche, Roi de Bohême et Roi apostolique de Hongrie :

S. Exc. M. le comte de Beust, son Ambassadeur extraordinaire et plénipotentiaire auprès du Gouvernement de la République française, son Conseiller intime et Chambellan, Grand'Croix des Ordres de Saint-Etienne et de Léopold, Grand'Croix de l'Ordre national de la Légion d'honneur, etc., etc., etc.;

Lesquels, après s'être communiqué leurs pleins pouvoirs respectifs, trouvés en bonne et due forme, sont convenus des articles suivants :

Art. 1er. — Les deux Hautes Parties contractantes se garantissent réciproquement le traitement de la nation la plus favorisée, tant pour l'importation, l'exportation, le transit, et, en général, tout ce qui concerne les opérations commerciales, que pour l'exercice du commerce ou des industries et pour le payement des taxes qui s'y rapportent.

Art. 2. — Les ressortissants de chacun des deux Pays jouiront, sur les territoires de l'autre, des mêmes droits que les nationaux, pour la protection des marques de fabrique et de commerce, ainsi que des dessins et modèles industriels.

Art. 3. — Il est entendu que le bénéfice de l'article 1er de la présente Convention ne s'étend pas au régime des sucres.

Art. 4. — La présente Convention entrera en vigueur le 9 février 1882, et demeurera obligatoire jusqu'au 8 février 1883.

Elle sera ratifiée et les ratifications en seront échangées à Paris, dès que les formalités prescrites par les lois constitutionnelles des deux Puissances contractantes auront été accomplies, et, au plus tard, le 1er février 1882.

En foi de quoi, les Plénipotentiaires respectifs ont signé la présente Convention et y ont apposé le cachet de leurs armes.

Fait à Paris, en double expédition, le 7 novembre 1881.

(L. S.) B. Saint-Hilaire.
(L. S.) P. Tirard.
(L. S.) Beust.

ARTICLE ADDITIONNEL

...ation, la Convention ...lative au règle- ...vention destinée ...vres d'esprit et ...1866, entre la ...maintenues ...janvier

---

1879, resteront exécutoires pendant toute la durée de la présente Convention.

Fait à Paris, le 7 novembre 1881.

(L. S.) B. Saint-Hilaire.
(L. S.) P. Tirard.
(L. S.) Beust.

Art. 2. — Le Président du Conseil, Ministre des Affaires étrangères, est chargé de l'exécution du présent décret.

Fait à Paris, le 13 mai 1882.

Jules Grévy.

Par le Président de la République :
Le Président du Conseil,
Ministre des Affaires étrangères,
C. DE FREYCINET.

BELGIQUE

Loi portant approbation du traité de commerce et de la convention de navigation signés à Paris, le 31 octobre 1881, entre la France et la Belgique.

Le Sénat et la Chambre des députés ont adopté,

Le Président de la République promulgue la loi dont la teneur suit :

Article unique. — Le Président de la République est autorisé à ratifier et, s'il y a lieu, à faire exécuter le traité de commerce et la convention de navigation signés à Paris, le 31 octobre 1881, entre la France et la Belgique, et dont une expédition authentique demeure annexée à la présente loi.

La présente loi, délibérée et adoptée par le Sénat et par la Chambre des députés, sera exécutée comme loi de l'Etat.

Fait à Paris, le 11 mai 1882.

Jules Grévy.

Par le Président de la République :

Le président du conseil,
ministre des affaires étrangères,
C. DE FREYCINET.

Le Président de la République Française,

Sur la proposition du Président du Conseil, Ministre des Affaires étrangères,

Décrète :

Art. 1er. — Le Sénat et la Chambre des Députés, ayant approuvé le Traité de Commerce signé, le 31 octobre 1881, entre la France et la Belgique, et les Ratifications de cet Acte ayant été échangées le 12 mai 1882, ledit Traité, dont la teneur suit, recevra sa pleine et entière exécution.

TRAITÉ DE COMMERCE

Conclu le 31 octobre 1881

ENTRE LA FRANCE ET LA BELGIQUE

Le Président de la République Française,
Et Sa Majesté le Roi des Belges,

Animés d'un égal désir de conserver les liens d'amitié qui unissent les deux peuples et de régler, en conciliant les intérêts respectifs, la situation qui sera faite au commerce des deux pays par l'expiration prochaine des Conventions actuellement en vigueur, ont résolu de conclure un Traité à cet effet et ont nommé pour leurs Plénipotentiaires, savoir :

Le Président de la République Française :

M. Barthélemy Saint-Hilaire, Sénateur, Ministre des Affaires étrangères, Chevalier de l'Ordre national de la Légion d'honneur, etc., etc. ;

M. Tirard, Député, Ministre de l'Agriculture et du Commerce, etc., etc., etc. ;

Et M. le comte Horace de Choiseul, Député, Sous-Secrétaire d'Etat au Ministère des Affaires étrangères, décoré de la Médaille militaire, Chevalier de l'Ordre national de la Légion d'honneur, etc., etc., etc. ;

Et Sa Majesté le Roi des Belges :

M. le baron Beyens, son Envoyé Extraordinaire et Ministre Plénipotentiaire près le Gouvernement de la République française, Grand Officier de son Ordre royal de Léopold, Grand Officier de l'Ordre national de la Légion d'honneur, etc., etc., etc. ;

M. le baron Lambermont, Envoyé Extraordinaire et Ministre Plénipotentiaire, Secrétaire général du Ministère des Affaires étrangères à Bruxelles, Grand Officier de son Ordre royal de Léopold, Grand Officier de l'Ordre national de la Légion d'honneur, etc., etc., etc. ;

M. Kindt, Conseiller de Légation honoraire, Inspecteur général de l'Industrie, Commandeur de son Ordre royal de Léopold, Commandeur de l'Ordre national de la Légion d'honneur, etc., etc., etc. ;

Et M. Defacqz, Inspecteur général des Douanes, Officier de son Ordre royal de Léopold, Officier de l'Ordre national de la Légion d'honneur, etc., etc., etc.;

Lesquels, après s'être communiqué leurs pleins pouvoirs, trouvés en bonne et due forme, sont convenus des articles suivants :

Art. 1er. — Les objets d'origine ou de manufacture belge, énumérés dans le Tarif A, joint au présent Traité, et importés directement par terre ou par mer seront admis en France aux droits fixés par ledit Tarif, décimes additionnels compris.

Art. 2. — Les objets d'origine ou de manufacture française, énumérés dans le Tarif B, joint au présent Traité, et importés directement par terre ou par mer seront admis en Belgique aux droits fixés par ledit Tarif, décimes additionnels compris.

Art. 3. — Les marchandises de toute nature pourront être exportées librement et en exemption de tout droit de sortie de l'un des deux Etats dans l'autre.

Toutefois, les chiens de forte race exportés par la frontière de terre, les contrefaçons de librairie, les munitions et les armes de guerre pourront être prohibés à la sortie de France.

Art. 4. — Les drawbacks établis à l'exportation des produits belges ne pourront être que la représentation exacte des droits d'accise ou de consommation intérieure grevant lesdits produits ou les matières dont ils sont fabriqués.

De même, les drawbacks établis à l'exportation des produits français ne pourront être que la représentation exacte des droits d'accise ou de consommation intérieure grevant lesdits produits ou les matières dont ils sont fabriqués.

Les Hautes Parties contractantes pourront, outre les droits de douane, frapper les marchandises étrangères d'une taxe supplémentaire égale aux droits d'accise ou de consommation intérieure qui grèvent ou qui grèveront les articles similaires indigènes ou les matières avec lesquelles ils auront été fabriqués.

Il est convenu entre les Hautes Parties contractantes que, dans le cas de suppression ou de diminution des droits d'accise ou de consommation dont il est question dans cet article, les taxes supplémentaires imposées aux produits d'origine ou de manufacture française ou belge seront supprimées ou réduites de sommes égales à celles dont seraient diminués ces droits d'accise ou de consommation.

Toutefois, en cas de suppression, s'il est établi une surveillance, un contrôle ou un exercice administratif sur les produits fabriqués, les charges directes ou indirectes dont les fabricants nationaux seront grevés seront compensées par une surtaxe équivalente établie sur les produits de l'autre Pays.

Art. 5. — Les deux Gouvernements se réservent la faculté d'imposer, sur les produits dans la composition ou la fabrication desquels il entre de l'alcool, un droit équivalent à l'impôt intérieur de consommation grevant l'alcool employé.

Art. 6. — Les marchandises de toute nature, originaires de l'un des deux Pays et importées dans l'autre, ne pourront être assujetties à des droits d'accise ou de consommation supérieurs à ceux qui grèvent ou grèveraient les marchandises similaires de production nationale.

Toutefois, les droits à l'importation pourront être augmentés des sommes qui représenteraient les frais occasionnés aux producteurs nationaux par le système de l'accise.

Art. 7. — Il est convenu qu'en cas de rétablissement d'une taxe sur le sel dans le Royaume de Belgique, les sels bruts marins français jouiront dans ce dernier Pays, à titre de déchet, sur le taux des droits d'accise, d'une bonification de 7 p. 100 en sus de celle qui pourrait être accordée aux sels de toute autre provenance.

Pour être admis à jouir de la réfaction de 7 pour 100, les sels marins français devront être accompagnés d'un certificat délivré par les agents consulaires belges ou, à leur défaut, par l'administration des douanes du port d'embarquement, et attestant que ces sels n'ont été soumis en France à aucune opération de raffinage. Faute de remplir cette condition, les intéressés n'obtiendront la déduction de 7 p. 100 qu'en fournissant la preuve du raffinage en Belgique.

La saumure est assimilée au sel brut et taxée à raison de la quantité de sel qu'elle contient, d'après la proportion fixée par la législation belge.

Le sel raffiné d'origine française sera admis en exemption de droits d'entrée pour les usages auxquels la législation belge accorde l'exemption du droit d'accise sur le sel brut.

Le Gouvernement belge se réserve de limiter à certains bureaux de douane l'importation par terre des sels français et de prescrire pour le transport de ces sels des conditions propres à assurer la perception des droits.

Art. 8. — Le droit d'accise sur les vins d'origine française, en cercles ou en bouteilles, est fixé en Belgique à 23 francs l'hectolitre.

Le droit d'entrée sur les mêmes vins est supprimé.

Les vins contenant plus de 18 p. 100 d'alcool acquitteront, outre les droits afférents aux vins, le droit afférent à l'alcool en raison de la quantité excédant 18 p. 100.

Art. 9. — Les articles d'orfèvrerie et de bijouterie en or, en argent, en platine ou autres métaux, importés de l'un des deux Pays seront soumis dans l'autre au régime de contrôle établi pour les articles similaires de fabrication nationale et payeront, s'il y a lieu, sur la même base que ceux-ci, les droits de marque et de garantie.

Art. 10. — Les marchandises non originaires de Belgique qui seront importées de Belgique en France, soit par terre, soit par mer, ne pourront pas être grevées de surtaxes supérieures à celles dont seront passibles les marchandises de même nature importées en France de tout autre pays européen autrement qu'en droiture par navire français.

La Belgique se réserve, de son côté, la faculté d'établir sur les marchandises non originaires de France des surtaxes égales à celles qui seront appliquées, en France, aux importations faites autrement qu'en droiture. Les bois communs importés de Belgique par la frontière de terre seront affranchis de la surtaxe établie par la loi du 7 mai 1881.

Les surtaxes imposées par cette même loi seront réduites pour les cafés à 5 francs par 100 kilogrammes, et pour le cacao à 10 francs par 100 kilogrammes, décimes compris.

Le Gouvernement français s'engage en outre à ne pas augmenter, pendant la durée du présent traité, les surtaxes actuellement applicables, en vertu de l'article 14 du traité du 1er mai 1861, aux produits énumérés ci-après qui seront importés de Belgique soit par terre, soit par mer, savoir :

Bois d'ébénisterie ;
Bois de teinture ;
Coton en laine ;
Laines en masse ;
Peaux brutes ;
Riz ;
Potasses ;
Guano ;
Résineux exotiques ;
Salpêtres ;
Thé ;
Graines oléagineuses ;
Graisses ;
Huiles.

Art. 11. — Pour faciliter la circulation des produits agricoles sur la frontière des deux Pays, les céréales en gerbes ou en épis, les foins, la paille et les fourrages verts, les racines fourragères, les pulpes de betteraves et les fumiers provenant de biens-fonds situés dans un rayon de 10 kilomètres de chaque côté de la frontière seront réciproquement importés et exportés en franchise de droits, sous réserve des dispositions réglementaires applicables dans les deux Pays pour le contrôle des opérations.

Art. 12. — Le Gouvernement français s'engage à ne pas élever, pendant la durée du présent Traité, les droits actuellement applicables à l'importation en France des houilles, cokes et briquettes de houille d'origine belge.

Le droit à l'importation en Belgique des houilles, du coke et des briquettes de houille d'origine française ne pourra pas dépasser un franc par 1,000 kilogrammes.

Art. 13. — Chacune des deux Hautes Parties contractantes pourra exiger que l'importateur, pour établir que les produits sont d'origine ou de manufacture nationale, présente à la douane du Pays d'importation soit une déclaration officielle faite devant un magistrat siégeant au lieu d'expédition, soit un certificat délivré par le chef du service des douanes du bureau d'exportation, soit un certificat délivré par les consuls ou agents consulaires du Pays dans lequel l'importation doit être faite et qui résident dans les lieux d'expédition ou dans les ports d'embarquement. Les consuls ou agents consulaires légaliseront les signatures des autorités locales.

Art. 14. — Les droits *ad valorem* stipulés par le présent Traité seront calculés sur la valeur, au lieu d'origine ou de fabrication, de l'objet importé, augmentée des frais de transport, d'assurance et de commission nécessaires pour l'importation dans l'un des deux Etats jusqu'au lieu d'introduction.

Art. 15. — En France, les contestations sur la nature, l'espèce, la classe, l'origine ou la valeur des marchandises importées, seront vidées conformément à la législation générale qui est actuellement en vigueur.

En Belgique, les contestations sur la nature, l'espèce, la classe ou l'origine seront également vidées conformément à la législation belge actuelle. Quant aux contestations sur la valeur, si la Douane belge juge insuffisante la valeur déclarée, elle aura le droit de retenir les marchandises, en payant à l'importateur la valeur déclarée par lui, augmentée de 10 p. 100. Ce payement devra être effectué dans les quinze jours qui suivront la déclaration, et les droits, s'il en a été perçu, devront être remboursés.

Art. 16. — Les déclarations doivent contenir toutes les indications nécessaires pour l'application des droits ; ainsi, outre la nature, l'espèce, la qualité, la provenance et la destination de la marchandise, elles doivent énoncer le poids, le nombre, la mesure ou la valeur, suivant le cas.

Si, par suite de circonstances exceptionnelles, le déclarant se trouve dans l'impossibilité d'énoncer la quantité à soumettre aux droits, la Douane pourra lui permettre de vérifier lui-même, à ses frais, dans un local désigné ou agréé par elle, le poids, la mesure ou le nombre, après quoi l'importateur sera tenu de faire la déclaration détaillée de la marchandise dans les délais voulus par la législation de chaque Pays.

Art. 17. — A l'égard des marchandises qui acquittent les droits sur le poids net, si le déclarant entend que la perception ait lieu d'après le *net réel*, il devra énoncer ce poids dans sa déclaration. A défaut, la liquidation des droits sera établie sur le poids brut, sauf défalcation de la tare légale.

Art. 18. — Il est convenu entre les Hautes Parties contractantes que les droits fixés par le présent Traité ne subiront aucune réduction du chef d'avarie ou de détérioration quelconque des marchandises.

Art. 19. — Pour la fixation des droits établis sur les tissus de lin, de chanvre ou de jute écrus, blanchis ou ardoisés, l'Administration des Douanes françaises se conformera aux types arrêtés entre les deux Gouvernements, suivant les procès-verbaux du 1er mai 1861 et du 13 juin 1863, qui seront annexés au présent Traité.

Dans la vérification des tissus belges par le compte fils, toute fraction de fil sera négligée.

Art. 20. — L'importateur de machines et mécaniques entières ou en pièces détachées et de toutes autres marchandises énumérées dans le présent Traité est affranchi de l'obligation de produire, à la Douane de l'un ou de l'autre Pays, tout modèle ou dessin de l'objet importé.

Art. 21. — Les marchandises de toute nature venant de l'un des deux États ou y allant seront réciproquement exemptes dans l'autre État de tout droit de transit.

Le transit des contrefaçons est interdit ; celui de la poudre à tirer, des armes et des munitions de guerre pourra également être interdit ou soumis à des autorisations spéciales.

Le traitement de la nation la plus favorisée est réciproquement garanti à chacun des deux Pays pour tout ce qui concerne le transit.

Art. 22. — Les voyageurs de commerce belges voyageant en France pour le compte d'une maison belge seront soumis à une patente fixe de 20 francs, centimes additionnels compris.

Réciproquement, les voyageurs de commerce français voyageant en Belgique pour le compte d'une maison française seront soumis à une patente de 20 francs, centimes additionnels compris.

Art. 23. — Les objets passibles d'un droit d'entrée qui servent d'échantillons et qui sont importés en Belgique par des commis voyageurs de maisons françaises, ou en France par des commis voyageurs belges, seront, de part et d'autre, admis en franchise temporaire, moyennant les formalités de Douane nécessaires pour en assurer la réexportation ou la réintégration en entrepôt. Ces formalités seront les mêmes en France et en Belgique, et elles seront réglées d'un commun accord entre les deux Gouvernements.

Art. 24. — Les dispositions du présent Traité de commerce sont applicables à l'Algérie, tant pour l'exportation des produits de cette possession que pour l'importation des marchandises belges.

Art. 25. — Chacune des deux Hautes Parties contractantes s'engage à faire profiter l'autre de toute faveur, de tout privilège ou abaissement dans les tarifs des droits à l'importation ou à l'exportation des articles mentionnés ou non dans le présent Traité, que l'une d'elles pourrait accorder à une tierce Puissance.

Elles s'engagent en outre à n'établir l'une envers l'autre aucun droit ou prohibition qui ne soit en même temps applicable aux autres Nations.

Art. 26. — Il est entendu que chacune des deux Hautes Parties contractantes se réserve le droit de prononcer, à l'égard des marchandises spécifiées ou non dans le présent Traité, les prohibitions ou les restrictions temporaires d'entrée, de sortie ou de transit qu'elle jugerait nécessaire d'établir pour des motifs sanitaires, pour empêcher la propagation d'épizooties ou la destruction des récoltes, ou bien en vue d'évènements de guerre.

Art. 27. — Le présent Traité entrera en vigueur le 9 février 1882, et restera exécutoire jusqu'au 1er février 1892.

Dans le cas où aucune des deux Hautes Parties contractantes n'aurait notifié, douze mois avant la fin de ladite période, son intention d'en faire cesser les effets, le Traité demeurera obligatoire jusqu'à l'expiration d'une année à partir du jour où l'une ou l'autre des Hautes Parties contractantes l'aura dénoncé.

Les Hautes Parties contractantes se réservent la faculté d'introduire d'un commun accord, dans ce Traité, toutes modifications qui ne seraient pas en opposition avec son esprit ou ses principes, et dont l'utilité serait démontrée par l'expérience.

Art. 28. — Le présent Traité sera ratifié, et les ratifications en seront échangées à Paris, avant le 1er février 1882, et simultanément avec celles des deux Conventions relatives à la navigation et à la propriété littéraire.

En foi de quoi, les Plénipotentiaires respectifs l'ont signé et y ont apposé leurs cachets.

Fait en double expédition à Paris, le trente et unième jour du mois d'octobre de l'an mil huit cent quatre-vingt-un.

(L. S.) BARTHÉLEMY SAINT-HILAIRE.
(L. S.) P. TIRARD.
(L. S.) HORACE DE CHOISEUL.
(L. S.) Baron BEYENS.
(L. S.) Baron LAMBERMONT.
(L. S.) J. KINDT.
(L. S.) A. DEFACQZ.

ANNEXE N° 1

Procès-verbal dressé en exécution de l'article 28 du Traité de commerce conclu entre la France et la Belgique le 1er mai 1861.

M. Van der Straeten, Inspecteur au Département des Finances de Belgique, Commissaire pour les Conférences relatives à la négociation du Traité de Commerce, et M. Ozenne, Sous-Directeur, chargé de la direction du Commerce Extérieur, Commissaire aux mêmes Conférences, ont procédé, conformément aux dispositions arrêtées entre MM. les Plénipotentiaires français et belges, au classement des types qui doivent servir à l'application des droits sur les toiles écrues et blanchies à l'entrée en France.

Le type actuel n° 1 reste applicable aux toiles de 8 fils et moins.

Le type actuel n° 3 devient le type n° 2, et sera appliqué aux toiles de 9 à 12 fils inclusivement.

Le type actuel n° 4 devient le type n° 3 et sera appliqué aux toiles de 13 fils et au-dessus,

Paris, le 1er mai 1861.

(Signé) OZENNE.
(Signé) VAN DER STRAETEN.

ANNEXE N° 2

Procès-verbal dressé en exécution de l'article 6 de la Convention conclue le 12 mai 1863 entre la France et la Belgique.

Conformément aux dispositions de l'article 6 de la Convention conclue le 12 mai 1863, entre la France et la Belgique,

M. Ozenne, Directeur du Commerce extérieur au Ministère de l'Agriculture, du Commerce et des Travaux publics, et M. le baron Beyens, Conseiller de la Légation de S. M. le Roi des Belges à Paris, se sont réunis au susdit Ministère, le 13 juin 1863, pour procéder au choix des types d'après lesquels les toiles dites *ardoisées*, d'origine belge, doivent être classées pour l'acquittement des droits de douane, à leur importation en France.

Après avoir examiné les types présentés par M. Charles de Brouckere, délégué à cet effet par le Gouvernement belge, les soussignés ont reconnu d'un commun accord qu'ils devaient être adoptés comme la limite extrême de la couleur que peuvent avoir les toiles dites *ardoisées*, pour être assimilées aux toiles écrues, et admises aux mêmes droits que ces dernières toiles.

En conséquence, ils ont apposé leurs cachets sur les types choisis par eux et signé le présent procès-verbal, auquel lesdits types demeureront annexés.

Fait à Paris, en double expédition, le 13 juin 1863.

(Signé) OZENNE.
(Signé) Baron BEYENS.

ANNEXE AU TRAITÉ DE COMMERCE ENTRE LA FRANCE ET LA BELGIQUE

Tarif A.

DROITS A L'ENTRÉE EN FRANCE

NUMÉROS des articles.	DÉNOMINATION DES ARTICLES	DROITS
		les 100 kil.
	Animaux et matiéres animales.	
14-16	Volailles vivantes et mortes	5 »
15	Cochons de lait pesant moins de 8 kilogrammes	Ex.
20	Peaux brutes, fraîches ou sèches, grandes ou petites	Ex.
21	Pelleteries brutes	Ex.
22	Laines, y compris celles d'alpaga, de lama, de vigogne, de yack et le poil de chameau, en masse	Ex.
	— peignées ou cardées	25 »
	— teintes	25 »
	— déchets de laine	Ex.
23	Crins bruts, préparés ou frisés	Ex.
24	Poils bruts	Ex.
	— peignés de chèvre	10 »
	— peignés, autres	10 »
	— en bottes de longueurs assorties	10 »
30	Graisses animales autres que de poisson :	
	— suifs	Ex.
	— saindoux	Ex.
	— autres	Ex.
31	Dégras de peaux	Ex.
32	Cire brute, jaune, brune ou blanche	Ex.
33	Œufs de volaille et de gibier	Ex.
34	Lait	Ex.
36	Beurre frais ou fondu	Ex.
	— salé	2 »
38	Engrais	Ex.
39	Os calcinés à blanc	Ex.
40	Noirs d'os	Ex.
41	Oreillons	Ex.
44	Poissons frais d'eau douce	Ex.
	— frais de mer	5 »
45	— secs, salés ou fumés : morues (y compris le klippfish)	48 »
	— secs, salés ou fumés, autres	10 »
47	Huîtres fraîches, autres que naissain, le 1,000	1 50
48	Homards et langoustes frais	5 »
49	Moules et autres coquillages pleins	Ex.
65	Os et sabots de bétail, bruts	Ex.
66	Cornes de bétail, brutes	Ex.
	— préparées ou débitées en feuilles	3 »
	Matiéres végétales.	
75	Légumes secs et leurs farines	Ex.
78	Pommes de terre	Ex.
83	Graines oléagineuses	Ex.
84	— à ensemencer	Ex.
86	Sucre raffiné autre que candi	48 »
	— candi	51 »
101	Huiles fixes, pures, autres que les huiles d'olive, de palme, de coco, de touloucouna et d'illipé	6 »
114	Jus de réglisse	4 »
118	Bois communs : bois à construire, bruts ou équarris et sciés, de toutes dimensions	Ex.
119	— mâts, mâtereaux, espars, pigouilles, manches de gaffe, de fouine et de pinceau à goudron, avirons et rames	Ex.
120	— merrains	Ex.
121	— bois en éclisses, les 1,000 feuilles	» 10
122	— bois feuillard	Ex.
123	— perches et échalas, les 1,000 pièces	» 25
125	— bois à brûler	Ex.
	— charbons de bois ou de chenevotte	Ex.
126	— bois communs autres	Ex.

NUMÉROS des articles.	DÉNOMINATION DES ARTICLES	DROITS
		les 100 kil.
130	Bois de teinture moulus	Ex.
131	Coton en laine ou non égrené	Ex.
	— en feuilles cardées et gommées (ouate)	10 »
132	Lin et chanvre bruts, teillés, peignés ou en étoupes	Ex.
133	Jute en brins, teillé, tordu ou peigné (1)	Ex.
134	Phormium tenax, abaca et autres filaments végétaux non dénommés bruts, teillés, tordus, peignés ou en étoupes (1)	Ex.
135	Joncs et roseaux bruts	Ex.
142	Ecorces à tan, moulues ou non	Ex.
146	Légumes verts	Ex.
148	Houblon	12 50
150	Betteraves	Ex.
151	Racines de chicorée vertes	» 25
	— sèches, non torréfiées	1 »
152	Fourrages (y compris la jarosse)	Ex.
154	Tourteaux de graines oléagineuses	Ex.
	Matiéres minérales.	
158	Marbres blancs statuaires, bruts, équarris ou simplement sciés	Ex.
	— autres bruts ou équarris	Ex.
	— autres sciés ayant d'épaisseur $0^m,16$ ou plus	Ex.
	— autres sciés ayant d'épaisseur moins de $0^m,16$	1 50
	— sculptés ou polis : statues modernes	Ex.
	— pendules, coupes, encriers, chiques	4 »
	— autres	1 50
159	Pierres de construction et écaussines (2), à l'exclusion des marbres proprement dits : brutes, taillées ou sciées	Ex.
	— sculptées ou polies : statues modernes	Ex.
	— autres	» 50
167	Matériaux : ardoises pour constructions brutes	Ex.
	— ardoises pour toiture, le mille	2 »
168	— carreaux, briques (y compris les briques en terre réfractaire) et tuiles	Ex.
170	— pavés	Ex.
171	— chaux et plâtre	Ex.
175	Houille : crue ou carbonisée (coke)	» 12
177	Goudron minéral provenant de la distillation de la houille	Ex.
178	Bitumes	Ex.
181	Huiles de pétrole, de schiste et autres huiles minérales propres à l'éclairage : brutes	18 »
	— raffinées	25 »
	Métaux.	
186	Fer : minerai	Ex.
187	— fonte brute, fonte épurée dite mazée et fonte moulée pour lest de navires	1 50
	— en massiaux, prismes ou barres, contenant 4 p. 100 de scories ou plus	4 50
	— autres	5 »
189	— étiré en barres, fer d'angle et à T, rails de toutes formes et de toutes dimensions, essieux et bandages bruts de forge	5 »

(1) Ne sont considérés comme tordus que les filaments n'ayant subi dans les pays hors d'Europe que la torsion nécessaire pour les besoins de transport.

(2) Ne seront considérées comme écaussines que les pierres calcaires, à cristallisation confuse, dites aussi pierres-bleues, granit de Flandre et petit granit.

NUMÉROS des articles.	DÉNOMINATION DES ARTICLES	DROITS les 100 kil.
190	Fer feuillard en bandes : de plus d'un millimètre d'épaisseur..........	6 »
	— feuillard en bandes : d'un millimètre d'épaisseur ou moins..........	7 50
191	— dit machine servant à la fabrication des fils de fer..........	6 »
192	— tôles laminées ou martelées, planes, de plus d'un millimètre d'épaisseur : non découpées..........	7 »
	— tôles laminées ou martelées, planes, de plus d'un millimètre d'épaisseur : découpées d'une façon quelconque..........	7 50
	— tôles minces et fers noirs en feuilles planes, d'un millimètre d'épaisseur ou moins : non découpées..........	9 »
	— tôles minces et fers noirs en feuilles planes, d'un millimètre d'épaisseur ou moins : découpées d'une façon quelconque..........	10 »
193	— étamé (fer-blanc) cuivré, zingué ou plombé.	12 »
194	Fils de fer, qu'ils soient ou non étamés, cuivrés ou zingués : de 5/10ᵉ de millimètre de diamètre ou moins..........	10 »
	— de fer, qu'ils soient ou non étamés, cuivrés ou zingués : autres..........	6 »
195	Acier en barres : rails, essieux et bandages de roues, bruts de forge..........	6 »
	— en barres autres de toute espèce et feuillards..........	9 »
196	— en tôles ou bandes brunes, laminées à chaud ayant plus de 5/10ᵉ de millimètre d'épaisseur : non découpées..........	9 »
	— en tôles ou bandes brunes, laminées à chaud ayant plus de 5/10ᵉ de millimètre d'épaisseur : découpées d'une façon quelconque..........	9 90
	— en tôles ou bandes brunes, laminées à chaud ayant 5/10ᵉ de millimètre d'épaisseur ou moins : non découpées..........	15 »
	— en tôles ou bandes brunes, laminées à chaud ayant 5/10ᵉ de millimètre d'épaisseur ou moins : découpées d'une façon quelconque..........	16 50
	— en tôles ou bandes, blanches, laminées à froid de toute épaisseur : non découpées..........	15 »
	— en tôles ou en bandes, blanches, laminées à froid de toute épaisseur : découpées d'une façon quelconque..........	16 50
197	— filé, même blanchi pour cordes d'instruments..........	20 »
198	Limailles et pailles..........	Ex.
199	Ferrailles (débris de vieux ouvrages en fer ou en fonte)..........	2 »
	— (débris de vieux ouvrages en acier)..........	3 »
200	Mâchefer et scories de forge..........	Ex.
201	Cuivre : minerai..........	Ex.
	— pur ou allié de zinc ou d'étain, de première fusion, en masses, barres, saumons ou plaques..........	Ex.
	— pur ou allié de zinc ou d'étain, laminé ou battu, en barres ou en planches..........	10 »
	— pur ou allié de zinc ou d'étain, en fils de toutes dimensions, polis ou non, autres que dorés ou argentés..........	10 »
	— doré ou argenté, en masses ou lingots, battu, tiré, laminé ou filé sur fils ou sur soie..........	100 »
	— limailles et débris de vieux ouvrages..........	Ex.
202	Plomb : minerai et scories de toutes sortes..........	Ex.
	— en masses brutes, saumons, barres ou plaques..........	Ex.
	— allié d'antimoine, en masses..........	3 »
	— battu ou laminé..........	3 »
	— limailles et débris de vieux ouvrages..........	Ex.
203	Etain : minerai..........	Ex.
	— en masses brutes, saumons, barres ou plaques..........	Ex.
	— allié d'antimoine (métal britannique) en lingots..........	5 »
	— pur ou allié, battu ou laminé..........	6 »
	— limailles et débris de vieux ouvrages..........	Ex.
204	Zinc : minerai cru ou grillé, pulvérisé ou non..	Ex.
	— en masses brutes, saumons, barres ou plaques..........	Ex.
	— laminé..........	4 »
	— limailles et débris de vieux ouvrages..........	Ex.
205	Nickel : minerai..........	Ex.
	— speiss..........	Ex.
	— pur ou allié d'autres métaux, notamment	

NUMÉROS des articles.	DÉNOMINATION DES ARTICLES	DROITS les 100 kil.
	de cuivre ou de zinc (Argentan) : en lingots ou masses brutes..........	Ex.
	Nickel battu, laminé ou étiré..........	10 »

Produits chimiques

NUMÉROS des articles.	DÉNOMINATION DES ARTICLES	DROITS
218	Acides : chlorhydrique (y compris la taxe de compensation des frais de surveillance des fabriques de soude)..........	0 30
	— nitrique..........	Ex.
	— oléique..........	Ex.
	— stéarique..........	8 »
224	Soude caustique (y compris la taxe de compensation des frais de surveillance des fabriques de soude)..........	6 50
225	— naturelle ou artificielle (carbonate de soude) (1) :	
	— brute, titrant au moins 30 degrés..........	1 90
	— brute, titrant moins de 30 degrés..........	5 85
	— raffinée (sel de soude), titrant au moins 60 degrés..........	4 10
	— raffinée (sel de soude), titr. moins de 60 degr.	14 »
	— raffinée, cristallisée (cristaux de soude)...	1 90
226	Natron..........	1 90
236	Alun d'ammoniaque ou de potasse et sulfate d'alumine..........	0 90
240	Carbonate de plomb..........	Ex.
243	Chlorure de chaux (y compris la taxe de compensation des frais de surveillance des fabriques de soude)..........	3 50

Couleurs

NUMÉROS des articles.	DÉNOMINATION DES ARTICLES	DROITS
273	Outremer naturel..........	15 »
	— factice (y compris la taxe de compensation afférente aux sels de soude entrant dans la fabrication de l'outremer artificiel)...	15 »
276	Vernis à l'alcool (non compris la taxe de consommation afférente à l'alcool)..........	30 »
	— à l'essence..........	20 »
	— à l'huile ou à l'essence et à l'huile mélangées..........	30 »
277	Encres à écrire, à dessiner ou à imprimer..........	20 »
278	Noir d'ivoire..........	5 »
	— d'Espagne ou de fumée..........	1 20
282	Verts de Schweinfurt et verts métis, cendres bleues ou vertes..........	Ex.
283	— de montagne, de Brunswick et autres verts résultant du mélange du chromate de plomb et du bleu de Prusse..........	Ex.
285	Couleurs broyées, à l'huile, y compris le carbonate de plomb ayant reçu la même préparation..........	4 »
286	— en pâte préparées à l'eau pour papiers peints..........	7 50
287	— non dénommées..........	5 p. 100 de la valeur, avec faculté de convertir en droit spécifique.

Compositions diverses.

NUMÉROS des articles.	DÉNOMINATION DES ARTICLES	DROITS
288	Savons de parfumerie..........	8 »
289	— autres que de parfumerie..........	6 »
294	Chicorée brûlée ou moulue..........	4 »
295	Amidon..........	4 »
296	Fécules indigènes..........	4 »
298	Bougies de toutes sortes, non compris les taxes intérieures..........	16 »
299	Cire et acide stéarique ouvrés autrement qu'en bougies..........	16 »
302	Colle forte..........	Ex.
304	Pain d'épice..........	10 »
306	Cirage..........	4 »
316	Eaux minérales (cruchons compris)..........	Ex.

Poteries.

NUMÉROS des articles.	DÉNOMINATION DES ARTICLES	DROITS
317 318 319	Poteries de terre commune, cuites en dégourdi : cornues à gaz; creusets de toute sorte, y compris ceux en graphite ou en plombagine; tuyaux de drainage et autres..........	Ex.

(1) Y compris la taxe de compensation des frais de surveillance des fabriques de soude.

NUMÉROS des articles	DÉNOMINATION DES ARTICLES	DROITS
		les 100 kil.
320	Poteries : pipes de terre.........................	Ex.
321	— autres, non vernissées.....................	Ex.
	— autres, vernissées, sans décorations de sculpture ou de peinture (poterie grossière).........................	Ex.
	— autres, vernissées, avec décorations à reliefs unicolores ou multicolores (platerie et creux).........................	5 »
322	— de terre commune, cuites en grès, ustensiles et appareils pour la fabrication des produits chimiques................	Ex.
323	— autres, communes de toutes sortes (platerie et creux), comprenant la forme bouteille, les carafes, les objets de ménage, ustensiles de cuisine et autres objets cuits en grès.........................	4 »
	— autres, fines, poteries unies et décorées, faites avec des pâtes fines, lavées et cuites.	8 »
324	Carreaux céramiques cuits en grès, avec ou sans ornementation, de couleur, pâte ou grains différents.........................	3 »
	— sans ornementation, formés dans toute leur masse de mêmes couleur, pâte et grain.	1 »
325	Faïences stannifères, à pâte colorée, couverte blanche ou colorée, avec reliefs, godrons, cannelures ou dentelures unicolores obtenus par moulage sans retouche.......	Ex.
	— à glaçure multicolore, avec dessins imprimés ou peintures à la main ou avec moulures en relief retouchées à la main.	12 »
326	— fines (poterie à pâte fine et blanche, cuite en dégourdi) blanches ou couvertes d'un vernis de couleur uniforme........	8 »
	— fines (poterie à pâte fine et blanche, cuite en dégourdi) décorées, d'une seule couleur..............................	8 »
	— décorées de plusieurs couleurs............	12 »
327	Porcelaine blanche, isolateurs pour fils télégraphiques.........................	7 »
	— blanche, autre..........................	10 »
	— décorée..............................	20 »
	— décorée et d'épaisseur renforcée..........	12 »
	— Parian et biscuit blanc ou coloré..........	20 »

Verres et cristaux.

NUMÉROS des articles	DÉNOMINATION DES ARTICLES	DROITS
328	Glaces ayant de superficie moins d'un demi-mètre carré..............................	20 »
	— d'un demi-mètre carré ou plus, brutes, le mètre carré..........................	1 »
	— d'un demi-mètre carré ou plus, polies ou étamées, le mètre carré..............	3 »
329	Gobeleterie de verre et de cristal, unie et moulée, blanche ou unicolore et teintée dans la masse.........................	3 50
	— taillée et gravée autrement que pour effacer les traces de l'attache dite pontil....	10 »
	— décorée d'or ou de couleur..............	25 »
330	Verres à vitre ordinaires...................	3 50
	— de couleur, gravés ou polis..............	15 »
333	Bouteilles pleines ou vides.................	3 »
334	Groisil ou verre cassé.....................	Ex.

Fils.

NUMÉROS des articles	DÉNOMINATION DES ARTICLES	DROITS
337	Fils de lin ou de chanvre pur, simples, écrus, mesurant au kilogramme :	
	2,000 mètres ou moins....................	13 »
	de 2,000 à 5,000 mètres..................	14 50
	de 5,000 à 10,000 mètres.................	18 50
	de 10,000 à 20,000 mètres................	26 50
	de 20,000 à 30,000 mètres................	32 25
	de 30,000 à 40,000 mètres................	40 25
	de 40,000 à 60,000 mètres................	55 »
	de 60,000 à 80,000 mètres................	75 »
	plus de 80,000 mètres....................	100 »
	— écrus blanchis ou teints................	Droits des fils écrus augmenté de 25 p. 100.
	— retors, écrus, blanchis ou teints..........	Droits des fils simples écrus, blanchis ou teints. aug. de 25 p. 100.

NUMÉROS des articles	DÉNOMINATION DES ARTICLES	DROITS
		les 100 kil.
	Fils de lin ou de chanvre mélangés, le lin ou le chanvre dominant en poids.	Mêmes droits que fils de lin ou de chanvre pur, selon l'espèce et la classe.
338	— de jute purs, écrus, mesurant au kilogramme :	
	— moins de 1,400 mètres.................	5 »
	— de 1,400 mèt. inclus. à 3,700 mèt. exclusiv.	6 »
	— de 3,700 mèt. inclus. à 4,200 mèt. exclusiv.	7 »
	— de 4,200 mèt. inclus. à 6,000 mèt. inclusiv.	10 »
	— plus de 6,000 mètres...................	Mêmes droits que les fils de lin ou de chanvre, selon la classe.
	— purs, blanchis ou teints, mesurant au kilog. :	
	— moins de 1,400 mètres.................	7 »
	— de 1,400 mèt. inclus. à 3,700 mèt. exclusiv.	9 »
	— de 3,700 mèt. inclus. à 4,200 mèt. exclusiv.	10 »
	— de 4,200 mèt. inclus. à 6,000 mèt. inclusiv.	14 »
	— plus de 6,000 mètres...................	Mêmes droits que les fils de lin ou de chanvre, selon la classe.
	— de jute mélangés, le jute dominant en poids.	Mêmes droits que les fils de jute pur.
339	— de phormium tenax, d'abaca et d'autres végétaux filamenteux non dénommés, purs ou mélangés, le phormium, l'abaca, etc., dominant en poids.	Mêmes droits que les fils de jute.
340	— de coton pur, simples, écrus, mesurant au 1/2 kil.: 20.500 mètres ou moins.......	15 »
	Plus de 20.500 pas plus de 30.500 mètres.....	20 »
	— 30.500 — 40.500 —	30 »
	— 40.500 — 50.500 —	40 »
	— 50.500 — 60.500 —	50 »
	— 60.500 — 70.500 —	60 »
	— 70.500 — 80.500 —	70 »
	— 80.500 — 90.500 —	90 »
	— 90.500 — 100.500 —	100 »
	— 100.500 — 110.500 —	120 »
	— 110.500 — 120.500 —	140 »
	— 120.500 — 130.500 —	160 »
	— 130.500 — 140.500 —	200 »
	— 140.500 — 170.500 —	250 »
	— 170.500	300 »
	Fils de coton pur, simples, blanchis...........	Mêmes droits que les fils écrus, augmentés de 15 p. 100.
	— de coton pur, simples, teints ou chinés....	25 centimes par kilogramme en sus du droit sur le fil écru.
341	— de coton pur, retors, en 2 et 3 bouts en échevettes ordinaires, écrus................	Mêmes droits que les fils simples, augmentés de 20 p. 100.
	— blanchis..............................	Mêmes droits que les fils retors écrus, augmentés de 15 p. 100.
	— teints ou chinés........................	25 centimes par kilogramme en sus du droit sur le fil retors écru.
342	— de coton pur, retors, en échevettes ordinaires à 4 bouts ou plus, écrus, blanchis ou teints, à simple torsion par 1,000m de fil simple..............................	0 015
	— à double torsion et câblés (1)............	0 02
	— retors, fabriqués, c'est-à-dire mis en pelotes, bobines, petits écheveaux, cartes ou autres formes de mercerie, quel que soit le nombre de bouts, écrus, blanchis ou teints, à simple torsion (1)......	0 02
	— retors, fabriqués, c'est-à-dire mis en pelotes, bobines, petits écheveaux, cartes ou autres formes de mercerie, quelque soit le nombre de bouts, écrus, blanchis ou teints, à double torsion et câblés..............................	0 025
	— chaînes ourdies écrues..................	Droit sur le fil dont elles se composent, augmenté de 30 p. 100.

(1) Par 1,000 mètres de fil simple.

— 8 —

NUMÉROS des articles	DÉNOMINATION DES ARTICLES	DROITS
		les 100 kil.
342	Fils de coton pur : chaînes ourdies blanchies....	Droit sur les chaînes ourdies écrues, augmenté de 15 p. 100.
	— chaînes ourdies teintes..............	0,25 cent. par kilogramme en sus du droit sur les chaînes ourdies écrues.
343	— mélangé, le coton dominant en poids.....	Mêmes droits que les fils de coton pur.
344	— de laine pure, simples, blanchis ou non, peignés, mesurant au kilogramme :	
	30.500 mètres ou moins (1).......	20 »
	— Plus de 30.500 pas plus de 40.000 mètres.	28 »
	— — 40.500 — 50.500 — ..	36 »
	— — 50.500 — 60 500 — ..	44 »
	— — 60.500 — 70 500 — ..	52 »
	— — 70.500 — 80.500 — ..	60 »
	— — 80.500 — 90.500 — ..	68 »
	— — 90 500 — 100.500 — ..	76 »
	— — 100.500...............	80 »
	— cardés, mesurant au kil. :	
	10 000 mètres ou moins.........	12 »
	— Plus de 10.000 pas plus de 15.000 mètres...	18 »
	— — 15 000 — 20 000 — ..	24 »
	— — 20.000 — 30.500 — ..	29 50
	— — 30.500...............	36 »
	— teints, peignés, mesurant au kil. :	
	30.500 mètres ou moins.........	45 »
	— Plus de 30.500 pas plus de 40.500 mètres.	53 »
	— — 40.500 — 50.500 — ..	61 »
	— — 50.500 — 60 500 — ..	69 »
	— — 60.500 — 70.500 — ..	77 »
	— — 70.500 — 80.500 — ..	85 »
	— — 80.500 — 90.500 — ..	93 »
	— — 90.500 — 100.500 — ..	101 »
	— — 100.500...............	105 »
	— teints, cardés, mesurant au kil. :	
	10.000 mètres ou moins.........	37 »
	— Plus de 10.000 pas plus de 15.000 mètres.	43 »
	— — 15.000 — 20 000 — ..	49 »
	— — 20.000 — 30.500 — ..	54 »
	— — 30.500...............	61 »
345	— retors pour tissage, blanchis ou non, peignés mesurant au kilogr. (2) :	
	30.500 mètres ou moins.........	24 »
	— Plus de 30 500 pas plus de 40.500 mètres.	33 60
	— — 40.500 — 50.500 — ..	43 20
	— — 50.500 — 60.500 — ..	52 80
	— — 60.500 — 70.500 — ..	62 40
	— — 70.500 — 80.500 — ..	72 »
	— — 80.500 — 90 500 — ..	81 60
	— — 90.500 — 100.500 — ..	91 20
	— — 100.500...............	96 »
	— blanchis ou non, cardés mesurant au kil. :	
	10 000 mètres ou moins.........	14 40
	— Plus de 10 000 pas plus de 15.000 mètres.	21 60
	— — 15.000 — 20 000 — ..	28 80
	— — 20.000 — 30.500 — ..	35 50
	— — 30 500...............	43 20
	— teints peignés mesurant au kilogr. :	
	30 500 mètres ou moins.........	49 »
	— Plus de 10.000 pas plus de 40 500 mètres.	58 60
	— — 40 500 — 50.500 — ..	68 20
	— — 50.500 — 60.500 — ..	77 80
	— — 60.500 — 70.500 — ..	87 40
	— — 70.500 — 80.500 — ..	97 »
	— — 80.500 — 90.500 — ..	106 60
	— — 90 500 — 100.500 — ..	116 20
	— — 100.500...............	121 »
	— teints, car lés mesurant au kilogr. :	
	10.000 mètres ou moins.........	39 40
	— Plus de 10.000 pas plus de 15.000 mètres.	46 60
	— — 15.000 — 20.000 — ..	53 80
	— — 20.000 — 30.500 — ..	60 50
	— — 30.500...............	68 20
346	— retors pour tapisserie peignés, blanchis ou non, mesurant au kilogr. en fil simple :	
	30.500 mètres ou moins.........	30 »
	— Plus de 30 500 pas plus de 40.500 mètres	42 »
	— — 40 500 — 50.500 — ..	54 »
	— — 50.500 — 60.500 — ..	66 »
	— — 60.500 — 70.500 — ..	78 »
	— — 70.500 — 80.500 — ..	90 »
	— — 80 500 — 90.500 — ..	102 »
	— Plus de 90.000 pas plus de 100.500 — ..	114 »
	— — 100.500...............	120 »
	Fils de laine pure retors pour tapisserie, peignés, teints mesurant au kilogramme en fil simple :	
	30 500 mètres au moins.........	55 »
	— Plus de 30.500 pas plus de 40.500 mètres ..	67 »
	— — 40.000 — 50.000 — ..	79 »
	— — 50 500 — 60.500 — ..	91 »
	— — 60.500 — 70.500 — ..	103 »
	— — 70 500 — 80.500 — ..	115 »
	— — 80.500 — 90 500 — ..	127 »
	— — 90 500 — 100.500 — ..	139 »
	— — 100.500...............	145 »
347	— d'alpaga, de lama, de vigogne ou de poil de chameau : purs..	
	— mélangés de laine, quelle que soit la proportion du mélange................	Mêmes droits que les fils de laine pure.
	— mélangés d'autres filaments, la laine d'alpaga, de lama ou de vigogne, ou le poil de chameau dominant en poids........	
348 b.	— de poils de chèvre, purs ou mélangés, le poil de chèvre dominant en poids......	24 »
	— d'autres poils..	Exempts.
348 t.	— de laine mélangée de filaments autres que la laine d'alpaga, de lama ou de vigogne, ou le poil de chameau, la laine dominant en poids	Mêmes droits que les fils de laine pure.

Tissus.

NUMÉROS des articles	DÉNOMINATION DES ARTICLES	DROITS
350	Tissus de lin ou de chanvre pur :	
	— unis ou ouvrés, présentant en chaîne et en trame, dans l'espace de 5 millimètres carrés, après division du total par 2 (1) écrus (2) :	
	— 6 fils ou moins............	22 »
	— 7 et 8 fils............	28 »
	— 9, 10 et 11 fils............	55 »
	— 12 fils............	65 »
	— 13 et 14 fils............	90 »
	— 15, 16 et 17 fils............	115 »
	— 18, 19 et 20 fils............	170 »
	— 21, 22 et 23 fils............	260 »
	— plus de 23 fils............	300 »
	— blanchis, teints ou imprimés............	Droit des tissus écrus augmenté de 25 p. 100.
351	— toile cirée............	15 »
352	— toiles damassées pour literie et ameublement : écrues............	90 »
	— toiles crémées, blanchies ou mélangées de fils blancs ou teints............	Droit des toiles damassées écrues augmenté de 25 p. 100.
353	— linge de table damassé écru, présentant en chaîne, dans l'espace de 5 millimètres carrés (3) :	
	— 12 fils ou moins............	75 »
	— 13 et 14 fils............	104 »
	— 15, 16 et 17 fils............	133 »
	— 18, 19 et 20 fils............	195 »
	— 21, 22 et 23 fils............	300 »
	— plus de 23 fils............	345 »
	— linge chiné, blanchi ou mélangé de fils blancs ou teints............	Droit du linge écru augmenté de 25 p. 100.
354	Tissus de lin ou de chanvre pur : Coutils écrus............	97 »
355	— crémés, blancs ou mélangés de fils écrus et de fils blanchis ou teints............	Droits ci-dessus augmentés de 25 p. 100.
356	Passementerie et rubannerie, écrue, bise ou herbée............	120 »
	— crémée, blanchie ou teinte............	140 »
	— Bonneterie............	80 »

(1) Les 100 kilogrammes.
(2) En fil simple.

(1) Dans le compte des fils de chaîne, comme dans celui des fils de trame, les fractions de fils sont négligées ; la somme des deux nombres est divisée par 2 ; si le quotient de la division est fractionnaire, la fraction de fil est également négligée. Toutefois, lorsque les toiles de 12 fils ou moins ne présenteront en trame qu'un fil de plus qu'en chaîne, on se bornera à compter les fils de chaîne. On agira de même pour les toiles de plus de 12 fils qui ne présenteront en trame que 2 fils de plus qu'en chaîne.
(2) Y compris les toiles dites ardoisées. La distinction entre les toiles écrues ou ardoisées et les toiles blanchies continuera d'avoir lieu au moyen des types arrêtés suivant les procès-verbaux du 1er mai 1861 et du 13 juin 1863.
(3) Dans le compte des fils de chaîne, les fractions doivent être négligées.

NUMÉROS des articles	DÉNOMINATION DES ARTICLES	DROITS	NUMÉROS des articles	DÉNOMINATION DES ARTICLES	DROITS
		les 100 kil.			les 100 kil.
357	Tissus de lin ou de chanvre pur : Dentelles et guipures de lin............	Droit des dentelles et guipures de coton.	372	Tissus piqués, couvertures et couvre-pieds en piqué et reps, écrus, pesant aux 100 mètres carrés plus de 18 kilog............	100 »
358	— Mouchoirs brodés et autres broderies sur tissus de lin............	360 »		— pesant 18 kilog. et moins............	145 »
358 bis	— de lin ou de chanvre mélangé, le lin ou le chanvre dominant en poids.........	Droit des tissus de lin ou de chanvre pur, selon l'espèce.	374	— Basins, damassés et linge de table, écrus..	92 »
359	— de jute pur présentant en chaîne et en trame dans l'espace de 5 millimètres carrés, après division du total par 2 (1) :		375	— Guipures pour ameublement, écrues......	149 »
	— écrus, 3 fils au plus............	11 »		(Les articles qui précèdent : tissus brillantés ou façonnés ; piqués, etc. ; basins, etc. ; guipures, etc. ; s'ils sont blanchis ou teints, acquittent le droit de l'écru augmenté des surtaxes afférentes au blanchiment ou à la teinture.)	
	— écrus, 4 et 5 fils............	16 »			
	— écrus, 6, 7 et 8 fils............	24 »	376	— Couvertures............	55 »
	— écrus, plus de 8 fils............	Mêmes droits que les tissus de lin.	377	— Bonneterie (coton et fil perse) :	
				— Ganterie............	600 »
360	— blanchis ou teints, 3 fils au plus............	15 »		— Autre, coupée et sans couture............	90 »
	— blanchis ou teints, 4 et 5 fils............	23 »		— Proportionnée ou avec pied proportionné..	225 »
	— blanchis ou teints, 6, 7 et 8 fils............	35 »	378	— Passementerie............	190 »
	— blanchis ou teints, plus de 8 fils............	Mêmes droits que les tissus de lin.	379	— Rubannerie de coton pur	100 »
				— mélangée de laine, le coton dominant.....	120 »
361	— tapis ras ou à poils............	20 »	380	— Tulle gros bobins, moins de 7 mailles au centimètre carré............	400 »
362	— mélangé, le jute dominant en poids......	Mêmes droits que les tissus de jute pur.		— Bobins fins, 7 mailles et plus au centimètre carré............	562 »
363	— de phormium tenax, d'abaca et d'autres végétaux filamenteux non dénommés.....	Mêmes droits que les tissus de jute.	381	— Plumetis et gazes façonnés............	496 »
364	— de coton pur, unis, croisés et coutils, présentant en chaîne et en trame (2), dans l'espace de 5 millimètres carrés, écrus, ceux pesant :		382	— Dentelles et blondes soit à la mécanique, soit au fuseau et à la main............	400 »
	— 11 kilogr. et plus les 100 mètres carrés :		383	— de coton : Rideaux de mousseline brodée, non encadrés : pesant aux 100 mètres carrés moins de 10 kilog............	160 »
	30 fils ou moins............	50 »		— 10 kilogr. et plus............	320 »
	31 fils ou plus............	72 »		— encadrés, quel que soit le poids aux 100 mètres carrés, séparés ou en pièces.....	320 »
	— 7 kil. inclusivement à 11 kil. exclusivement :			— de tulle application, de grenadins, de tulle brodé............	720 »
	35 fils ou moins............	60 »	384	— Mousselines brochées ou brodées au crochet, pour ameublement ou pour vêtements, écrues............	190 »
	36 à 43 fils inclusivement............	100 »		— blanchies............	Droit de l'écru augmenté de 15 p. 100.
	44 fils ou plus............	180 »			
	— 5 kil. inclusivement à 7 kil. exclusivement :		385	— Broderies à la main ou à la mécanique....	645 »
	27 fils ou moins............	80 »	386	— Mèches de lampes et mèches tressées pour bougies............	60 »
	28 à 35 fils inclusivement............	117 »	387	— Toiles cirées : pour emballage............	5 »
	36 à 43 fils inclusivement............	190 »		— pour ameublement, tentures et autres usages............	15 »
	44 fils ou plus............	242 »		— moleskine cuir............	25 »
	— 3 kil. inclusivement à 5 kil. exclusivement :		388	— de coton mélangé, le coton dominant en poids :	
	20 fils ou moins............	110 »		— Etoffes de soie, bourre de soie et coton...	300 »
	21 à 27 fils inclusivement............	148 »		— Autres............	100 »
	28 à 35 fils inclusivement............	193 »	388 bis	— Passementerie et rubannerie, soie et coton.	300 »
	36 à 43 fils inclusivement............	270 »		Autres............	Mêmes droits que les tissus de coton pur.
	44 fils ou plus............	403 »	389	Lames en fils retors pour tissage, vernies ou non.	50 »
	— Moins de 3 kil. les 100 mètres carrés.....	540 »	390	Tissus de laine pure : draps, casimirs et autres tissus foulés et tissus ras non foulés : Etoffes pour ameublement, pesant plus de 400 grammes au mètre carré............	100 »
365	— blanchis............	Droit des tissus écrus, augmenté de 15 p. 100.	391	Moire............	50 »
366	— de coton pur, unis, croisés et coutils teints.	Droit des tissus écrus, augmentés de 25 francs les 100 kil.	392	— Autres, pesant au mètre carré, 400 gr. au plus............	140 »
367	— imprimés de 1 et 2 couleurs............	Droit des tissus écrus, augmenté de 2 francs par 100 mèt. car.		— de 400 gr. à 550 gr.	123 »
				— plus de 550 gr............	106 »
	— imprimés de 3 à 6 couleurs............	Droit des tissus écrus, augmenté de 4 francs par 100 mèt. car.	393	— Tapis moquette, bouclée............	45 »
				— veloutée............	55 »
	— imprimés de 7 couleurs et plus............	Droit des tissus écrus, augmenté de 7 fr. 50 cent par 100 mèt. car.		— à la Jacquart, chenille et autres à l'exclusion des tapis persans	80 »
368	— Velours : façon soie dits velvets, écrus....	115 »	394	— Bonneterie, ganterie et vêtements non ajustés............	524 »
	— — teints ou imprimés............	140 »		— autre, coupée et sans couture............	120 »
369	— autres (cords, moleskins, etc.), écrus...	80 »		— proportionnée ou avec pied proportionné............	242 »
	— — teints ou imprimés............	105 »	394 bis	— Passementerie, rubannerie............	200 »
370	— fabriqués en tout ou en partie avec des fils teints............	Droit des tissus écrus, augmenté de 40 francs par 100 kil.	395	— Tapisseries............	500 »
				— Châles brochés ou façonnés, autres que les cachemires de l'Inde et les tartans..	320 »
371	— brillantés écrus ou façonnés............	Droit des tissus, unis, écrus, selon la classe, augmenté de 10 p. 100.	396	— Châles dits tartans, non brochés, en laine pure ou mélangée de coton dans la proportion de 25 p. 100 au moins............	Régime des tissus mélangés, laine dominant.
				— Châles dits tartans, non brochés, en laine mélangée de coton dans la proportion de 25 p. 100 exclusivement à 50 p. 100 inclusivement............	80 »
			397	— Dentelles............	300 »
			398	— Velours pour ameublement............	180 »
			399	— Toile à blutoir, sans couture............	160 »
			400	— Couvertures............	55 »

(1) Il sera procédé au comptage des fils, conformément à ce qui est réglé ci-dessus à l'égard des toiles de lin ou de chanvre.

(2) Dans le compte des fils de chaîne et de trame, les fractions de fil sont négligées.

NUMÉROS des articles	DÉNOMINATION DES ARTICLES	DROITS
		les 100 kil.
403	Tissus de laine mélangée :	
	Draps, casimirs et autres tissus foulés, chaîne coton, tissus ras non foulés, la laine dominant, pesant au mètre carré :	
	de 200 grammes au plus	140 »
	200 grammes à 300 inclusivement	115 »
	300 grammes à 400 inclusivement	90 »
	400 grammes à 550 inclusivement	65 »
	550 grammes à 700 inclusivement	50 »
	plus de 700 grammes	35 »
	— chaîne bourre de soie, la laine dominant en poids	240 »
	— tapis de laine mélangée d'autres matières, quelle que soit la proportion du mélange	Droits des tapis de laine pure.
	— bonneterie	Droits de la bonneterie de laine pure.
	— autres, la laine dominant en poids	Droits des tissus de laine pure.
404	— d'alpaga, de lama, de vigogne, de yack ou de poil de chameau, purs	
	— mélangés de laine, quelle que soit la proportion du mélange	Mêmes droits que les tissus de laine pure.
	— mélangés d'autres filaments, la laine d'alpaga, de lama, de vigogne, de yack ou le poil de chameau dominant en poids.	
405	— de poils de chèvre purs ou mélangés, fabriqués dans un pays d'Europe	Droits des tissus de laine selon l'espèce.
	Autres tissus de poils purs ou mélangés d'autres filaments, le poil dominant en poids	30 »
406	— de crin (passementerie et autres), purs ou mélangés, le crin dominant en poids.	400 »
407	Tissus de soie et de bourre de soie :	
	— foulards, crêpes, tulle, bonneterie, passementerie et dentelles de soie pure..	Ex.
	— bonneterie et passementerie de bourre de soie pure, écrus, blanchis, teints ou imprimés	200 »
	— de bourrette pour ameublements, pesant plus de 250 grammes au mètre carré...	150 »
	— de soie mélangée de bourre de soie	Mêmes droits que les tissus de bourre de soie pure.
	— tissus de soie ou de bourre de soie mélangée d'autres matières textiles, la soie ou la bourre de soie dominant en poids.	300 »
	— tissus, passementerie et dentelles de soie ou de bourre de soie avec or ou argent fin.	1.200 »
	— tissus, passementerie et dentelles de soie ou de bourre de soie, avec or ou argent mi-fin ou faux	350 »
	— rubans de soie ou de bourre de soie pure ou mélangée d'autres matières textiles, la soie ou la bourre de soie dominant en poids : velours	500 »
	— rubans de soie ou de bourre de soie pure ou mélangée d'autres matières textiles, la soie ou la bourre de soie dominant en poids : autres	400 »

Papier et ses applications.

NUMÉROS des articles	DÉNOMINATION DES ARTICLES	DROITS
409	Papier dit de fantaisie, colorié, marbré, gaufré, qu'il soit ou non recouvert de métal	15 »
	— autre de toutes sortes	8 »
410	Carton en feuilles	8 »
413	Livres	Ex.
414	Gravures, estampes, lithographies, photographies et dessins de toutes sortes sur papier	Ex.
415	Cartes géographiques ou marines	Ex.
416	Musique gravée ou imprimée	Ex.
417	Etiquettes imprimées, gravées ou coloriées	Ex.
419	Tuyaux et conduits en papier bitumé	1 »

Peaux, etc.

NUMÉROS des articles	DÉNOMINATION DES ARTICLES	DROITS
420	Peaux préparées : vernies ou maroquinées	60 »
	— teintes, de mouton	45 »
	— teintes, autres	60 »
	— autres, de chèvre, de mouton, d'agneau et de veau	10 »
	— autres, non dénommées	20 »

NUMÉROS des articles	DÉNOMINATION DES ARTICLES	DROITS
		les 100 kil.
	Ouvrages en peau ou en cuir :	
421	Bottes, la paire	1 60
	Bottines pour hommes et pour femmes, la paire..	1 »
422	Souliers, la paire	» 50
424	Gants d'agneau ou de veau simplement cousus, la douzaine	» 50
	— piqués, la douzaine	» 75
	— de chevreau ou de chevrette simplement cousus, la douzaine	1 »
	— piqués, la douzaine	1 25
425	Articles de sellerie fine (autres que selles)	160 »
426	Selles pour hommes, la pièce	6 »
	— pour femmes, la pièce	8 »
427	Articles de bourrellerie	40 »
428	Courroies de transmission	50 »
429	Tuyaux de cuir	50 »
430	Malles en bois ou en carton, recouvertes en cuir	60 »
431	Maroquinerie souple	160 »
	— dure	120 »
432	Autres	80 »

Ouvrages en métaux.

NUMÉROS des articles	DÉNOMINATION DES ARTICLES	DROITS
452	Machines et mécaniques (appareils complets) :	
	à vapeur : fixes et locomobiles, avec ou sans chaudières, avec ou sans volants	6 »
453	— pour la navigation, avec ou sans chaudières	12 »
454	— locomotives	9 »
455	— tenders de machines locomotives	7 »
456	— à bouter les plaques et rubans de cardes	6 »
457	— cardes non garnies	9 »
458	— à nettoyer et ouvrir le lin, la laine, le coton et les autres matières textiles	6 »
459	— pour la filature	5 »
460	— pour le tissage	5 »
461	— métiers à tulle	10 »
462	— à fabriquer le papier	6 »
463	— à imprimer	6 »
464	— pour l'agriculture (moteurs non compris)	5 »
465	— chaudières à vapeur : en tôle de fer, cylindriques ou sphériques, avec ou sans bouilleurs ou réchauffeurs, et chaudières à deux ou trois tubes ou bouilleurs intérieurs en fer	8 »
	— tubulaires, en tôle de fer, à tubes en fer, cuivre ou laiton étirés ou en tôle clouée, à foyers intérieurs, et toutes autres chaudières de forme non cylindrique ou sphérique, simples	12 »
	— en tôle d'acier, de toute forme	25 »
466	— gazomètres, chaudières découvertes, poêles et calorifères en tôle ou en fonte et tôle	8 »
467	— appareils à sucre, à distiller, de chauffage, en cuivre	10 »
468	— à coudre	6 »
469	— outils et machines non dénommées contenant en fonte : 75 p. 100 et plus	6 »
	— de 50 p. 100 inclusivement à 75 p. 100 exclusivement	10 »
	— moins de 50 p. 100	15 »
	— et mécaniques. — Pièces détachées :	
470	plaques et rubans de cardes sur cuir, sur caoutchouc ou sur tissus, purs ou mélangés, boutés	50 »
471	— plaques et rubans, manchons, frotteurs, lanières et diviseurs pour cardes continues, de cuir, de caoutchouc et de tissus spécialement destinés pour cardes, non boutés	20 »
473	— dents de rots en fer ou en cuivre	30 »
	— rots, ferrures et peignes à tisser, de fer ou de cuivre	30 »
474	— autres en fonte, polies, limées et ajustées..	6 »
	— autres en fer forgé, polies, limées et ajustées ou non, quel que soit leur poids (y compris les essieux, ressorts, bandages et centres de roues)	9 »
	— autres en acier forgé, ressorts pour carrosserie, wagons et locomotives	10 »
	— autres en acier forgé, autres polies, limées, ajustées ou non, pesant plus d'un kilogramme, y compris les essieux, bandages et centres de roues de wagons et de locomotives)	10 »

NUMÉROS des articles	DÉNOMINATION DES ARTICLES	DROITS
		les 100 kil.
474	Machines et mécaniques (pièces détachées) : en acier forgé, autres polies, limées, ajustées ou non, pesant un kilogramme ou moins.	20 »
	— autres en cuivre pur ou allié de tous autres métaux	20 »
475	Outils emmanchés ou non, en fer pur............	10 »
	— en fer rechargé d'acier.................	13 50
	— en acier........................	20 »
	— en cuivre.......................	20 »
479	Toiles métalliques en fer ou en acier..........	10 »
	— en cuivre ou en laiton....	20 »
479 bis	Grillages en fer ou en acier : à mailles de moins de 2 centimètres de côté.................	10 »
	— autres	8 »
480	Aiguilles à coudre ayant de longueur : moins de 5 centimètres.	200 »
	— 5 centimètres ou plus.	100 »
481	Broches à tricoter, passe-lacets et autres objets analogues non dénommés, en acier, fer ou cuivre.	25 »
482	Epingles.............................	50 »
484	Plumes en métal autre que l'or et l'argent.....	100 »
485	Coutellerie commune : couteaux de cuisine, de boucher et ciseaux de tailleur, communs.	125 »
	— rasoirs communs.....................	250 »
	— autre...........................	375 »
	— fine............................	600 »
486	Cylindres en cuivre pour impression, gravés ou non gravés.	15 »
487	Statues en métal de grandeur naturelle au moins.	Ex.
	Autres ouvrages en métaux :	
488	— en fonte moulée, non tournés ni polis, coussinets de chemins de fer, plaques ou autres pièces coulées à découvert....	2 50
489	— en fonte moulée, non tournés ni polis, tuyaux cylindriques droits; poutrelles et colonnes pleines ou creuses; cornues pour la fabrication du gaz; barreaux pleins et leurs assemblages; grilles et plaques de foyers; arbres de transmission, bâtis de machines et autres objets sans ornement ni ajustage.	3 25
490	— en fonte moulée, non tournés ni polis, poterie et tous autres objets non désignés dans les deux classes ci-dessus	4 »
	— en fonte moulée, polis ou tournés........	6 »
	— en fonte moulée, étamés, émaillés ou vernissés.	10 »
491	— objets bruts en fonte malléable............	8 »
492	— en fer : ferronnerie, pièces de charpente; courbes et solives de navires; ferrures de charrettes et de wagons; gonds, pentures, gros verrous, équerres et autres gros ferrements de portes ou croisées, non tournés ni polis; grilles en fer plein, lits, sièges et meubles de jardin ou autres, avec ou sans ornements accessoires en fonte, cuivre ou acier........	8 »
493	— en fer : Serrurerie. Serrures et cadenas en fer de toute sorte; fiches et charnières en tôle, loquets, targettes et tous autres objets en fer ou tôle, tournés, polis ou limés pour ferrures de meubles, portes et croisées................................	12 »
494	— en fer : ancres, câbles et chaînes..........	8 »
495	— en fer : clous forgés à la mécanique......	8 »
	— en fer : clous forgés à la main	12 »
496	— en fer : vis à bois, pitons ou crochets munis de pas de vis ayant de diamètre 7 millimètres ou moins..........................	10 80
	— en fer : vis à bois, pitons ou crochets munis de pas de vis ayant de diamètre plus de 7 millimètres.......................	7 20
497	— en fer : boulons et écrous..............	8 »
498	— en fer : tubes étirés, soudés par simple rapprochement d'un diamètre intérieur de 9 millimètres ou plus.................	9 90
	— en fer : tubes étirés, soudés par simple rapprochement d'un diamètre intérieur de moins de 9 millimètres.............	18 »
	— en fer : tubes étirés, soudés par recouvrement ou doublés.................	18 »
	— en fer : tubes, raccords de toute espèce..	18 »
499	— en fer : articles de ménage et tous autres ouvrages non dénommés en fer ou en tôle, polis ou peints.................	14 »
	— en fer : articles de ménage et tous autres ouvrages non dénommés en fer ou en tôle, étamés, émaillés ou vernissés......	16 »
500	— en acier : câbles en fil d'acier............	25 »

NUMÉROS des articles	DÉNOMINATION DES ARTICLES	DROITS
		les 100 kil.
501	Ouvrages en acier : petits objets en acier, tels que perles, coulants, broches, dés à coudre............................	20 »
502	— en acier : articles de ménage et autres ouvrages en acier pur non dénommés...	20 »
503	— en fonte et fer : non polis, le poids du fer étant inférieur à la moitié du poids total.	4 50
	— en fonte et fer : non polis, le poids du fer étant égal ou supérieur à la moitié du poids total................................	7 20
504	— en fonte et fer : polis, émaillés ou vernissés, même avec ornements accessoires en fer, cuivre, laiton ou acier.	10 80
505	— en cuivre pur ou allié de zinc ou d'étain : chandronnerie....................	20 »
	— en cuivre pur ou allié de zinc ou d'étain : objets d'art et d'ornement et autres ouvrages, émaux cloisonnés..............	20 »
	— en cuivre pur ou allié de zinc ou d'étain : objets d'art et d'ornement et autres ouvrages, bronzes.	20 »
	— en cuivre pur ou allié de zinc ou d'étain : objets d'art et d'ornement et autres ouvrages, autres.	20 »
506	— tuyaux et autres ouvrages en plomb, de toute sorte.	3 »
507	— poteries et autres ouvrages en étain pur ou allié d'antimoine	30 »
508	— en zinc, de toute espèce................	8 »
509	— en nickel, allié au cuivre ou au zinc (Argentan)............................	100 »

Armes, etc.

NUMÉROS des articles	DÉNOMINATION DES ARTICLES	DROITS
511	Armes de commerce, blanches..............	40 »
	— de commerce, à feu, se chargeant par la bouche............................	240 »
	— de commerce, à feu, se chargeant par la culasse...........................	300 »
	— de commerce, canons de fusils, bruts de forge	60 »
513	Capsules de poudre fulminante, de chasse.......	60 »
514	Cartouches de chasse, vides (enveloppes de cartouches amorcées ou non)...............	60 »
516	Mèches de mineurs, ordinaires	35 »
	— de mineurs, à rubans.....................	50 »
	— de mineurs, en gutta-percha.............	80 »

Meubles.

NUMÉROS des articles	DÉNOMINATION DES ARTICLES	DROITS
518	Meubles en bois courbés, montés ou non montés.	7 »
519	Meubles autres qu'en bois courbés :	
	— sièges sans sculpture, ni marqueterie, ni ornements de cuivre, en bois commun...	7 »
	— sièges sans sculpture, ni marqueterie, ni ornements de cuivre, en bois d'ébénisterie	10 »
	— sièges sculptés ou marquetés, ou ornés de cuivre, de toute espèce de bois..........	15 »
520	— autres que sièges : plaqués, sans sculptures, ni marqueterie, ni ornements de cuivre.	10 »
	— autres que sièges : plaqués, sculptés, marquetés, ornés de cuivre.................	25 »
	— autres que sièges : massifs, en bois commun.	5 »
	— autres que sièges : massifs, en bois d'ébénisterie, avec ou sans moulures, mais non sculptés, ni marquetés, ni ornés de cuivre.	10 »
	— autres que sièges massifs, en bois d'ébénisterie, sculptés, marquetés ou ornés de cuivre	18 »
	— garnis et recouverts, de toute espèce.	15 p. 100 en sus du droit ci-dessus, selon les catégor.
521	Cadres, baguettes en bois de toute nature et en bois doré	15 »

Ouvrages en bois.

NUMÉROS des articles	DÉNOMINATION DES ARTICLES	DROITS
522	Futailles vides, neuves, montées ou démontées : cerclées en bois.......................	Ex.
	— cerclées en fer.......................	1 »
523	Balais communs...........................	Ex.
524	Pièces de charpente et de charronnage : brutes, équarries ou sciées.	Ex.
	— façonnées............................	Ex.
526	Sabots communs..........................	12 »

NUMÉROS des articles.	DÉNOMINATION DES ARTICLES	DROITS
		les 100 kil.
526	Sabots peints, vernis ou garnis de fourrures	25 »
528	Planches et frises ou lames de parquet, rabotées, rainées, et (ou) bouvetées :	
	— en chêne ou bois dur	1 50
	— en sapin ou bois tendre	» 75
529	Boissellerie grossière ou fine	4 »
530	Autres ouvrages en chêne ou bois dur	7 »
	— en sapin ou bois tendre	5 »
	Ouvrages de sparterie, de vannerie et de corderie.	
532	Tresses ou nattes : de sparte à trois bouts, exclusivement destinées à la fabrication des cordages	0 50
	— autres	1 10
533	— de paille, d'écorce et de bois blanc, grossières, pour paillassons	1 »
	— autres	5 »
533 bis	Tapis en coco, en aloès ou en sparte (régime des tapis de jute)	
534	Joncs, rotins, roseaux, moelles de 3 millimètres de diamètre et plus, arrondis à la filière	5 »
534 bis	— préparés ou filés de moins de 3 millimètres de diamètre	15 »
535	— rotins, roseaux préparés ou ouvrés, arrondis ou non, vernis ou non et rotins filés	15 »
536	Vannerie : en végétaux bruts	5 »
	— en rubans de bois	9 »
	— fine, d'osier, de paille ou d'autres fibres avec ou sans mélange de fils de divers textiles	45 »
537	Chapeaux de paille (cousus ou remmaillés, ni dressés ni garnis)	10 »
	— d'écorce, de sparte et de fibres de palmier ou de toute autre matière végétale, ni dressés ni garnis	10 »
	— de l'une ou l'autre catégorie ci-dessus, garnis ou dressés	300 »
538	Cordages, fils polis et ficelles : de sparte, de tilleul et de jonc	3 75
	— autres mesurant par kilog. de fil simple, 2,000 mètres ou moins	15 »
	— autres mesurant par kilog. de fil simple plus de 2,000 mètres	(Droit des fils retors de lin ou de chanvre.)
540	Carrosserie. Voitures pour voies non ferrées :	
	— Carrosserie proprement dite. Voitures pesant 125 kil. ou plus	50 »
	— Carrosserie proprement dite. Voitures pesant moins de 125 kil. et vélocipèdes	120 »
	— Voitures de commerce, d'agriculture et de roulage suspendues	12 »
	— Voitures de commerce, d'agriculture et de roulage non suspendues	6 »
	— Voitures de voies ferrées :	
	— pour chemins à voies ordinaires, pour chemin de fer : wagons de voyageurs de 1re classe	16 »

NUMÉROS des articles.	DÉNOMINATION DES ARTICLES	DROITS
		les 100 kil.
	Carrosserie. Voitures pour chemins à voies ordinaires, pour chemins de fer : wagons de voyageurs de 2e et 3e classes	11 »
	— pour chemins à voies ordinaires, pour chemins de fer : wagons de marchandises	9 »
	— pour chemins à voies ordinaires : voitures de tramways	20 »
	— pour chemins à voies étroites, pour chemins de fer : wagons de voyageurs	20 »
	— pour chemins à voies étroites, pour chemins de fer : wagons de marchandises	10 »
	— pour chemins à voies étroites : voitures de tramways	25 »
	— wagons de terrassement	5 »
	Embarcations en état de servir :	
542	— bâtiments de mer, en bois ou en fer, à voiles ou à vapeur, gréés et armés (par tonneau de jauge)	2 »
543	— coques de bâtiments de mer en bois ou en fer (par tonneau de jauge)	2 »
544	— bateaux de rivière de toutes dimensions, en bois (par tonneau de jauge)	10 »
	— bateaux de rivière de toutes dimensions, en fer (par tonneau de jauge)	40 »
547	Ouvrages en caoutchouc et en gutta-percha :	
	— purs ou mélangés	20 »
	— appliqués sur tissus en pièces ou sur d'autres matières	100 »
	— en tissus élastiques	150 »
	— chaussures	60 »
	— vêtements confectionnés	120 »
	— peignes	100 »
548	Feutres à doublage	25 »
549	— pour tapis et semelles de chaussures	35 »
550	— pour machines et pour pianos	250 »
551	— autres	35 »
551 bis	— de drap pour ameublements, chaussures et vêtements, en laine pure	Droit du tarif sur les draps.
552	Chapeaux de feutre non garnis, la pièce	» 30
	— de feutre garnis, la pièce	» 65
553	— de laine, la pièce	» 35
554	— de soie, la pièce	1 20
	Instruments et appareils scientifiques :	
560	— Instruments d'optique, de calcul, d'observation et de précision	Ex.
561	— Instruments de chirurgie	Ex.
562	— Instruments de chimie, pour laboratoire	Ex.
568	Tabletterie d'os, de corne, de bois, de caoutchouc durci et d'ivoire ou d'écaille factice	150 »
570	Brosserie commune, montée sur bois :	
	— garnie de fibres végétales ou de fibres de baleine	30 »
	— garnie de poils ou de crins	60 »
	— fine, montée sur os, sur ivoire ou sur métaux	100 »
575	Ouvrages de modes	Ex.
576	Fleurs artificielles	Ex.
579	Objets de collection hors de commerce	Ex.

Barthélemy-Saint-Hilaire. Baron Beyens.

P. Tirard. Baron Lambermont.

Horace de Choiseul. J. Kindt.

  A. Defacqz.

ANNEXE AU TRAITÉ DE COMMERCE ENTRE LA FRANCE ET LA BELGIQUE

Tarif B.

DROITS A L'ENTRÉE EN BELGIQUE

MARCHANDISES.	Bases	Quotité
Ardoises pour toiture	Le mille.	2 »
Bimbeloterie	Valeur.	10 0⁄0
Bois de chêne et de noyer	Mètre cube.	1 »
Bois divers (autres que de construction et d'ébénisterie), comprenant les bois de chauffage et les bois en grume de moins de 75 centimètres de circonférence au gros bout	»	Exempts.
Bois ouvrés, futailles cerclées en bois	»	Exemptes.
Bois ouvrés, futailles cerclées en fer	»	Exemptes.
— autres (a)	Valeur.	10 0⁄0
Bougies	Idem.	Idem.
Caoutchouc ouvré (a)	Idem.	Idem.
Carrosserie. Voitures de chemins de fer pour voyageurs et marchandises	Même régime que les machines et mécaniques.	
— Voitures autres	Valeur.	10 p. 100
Carton moulé, coupé et assemblé	Idem.	Idem.
Chevaux et poulains	»	Ex.
Conserves alimentaires. Conserves à l'eau-de-vie (1) (taxe intérieure comprise)	100 kil.	80 »
— au sucre (2)	Idem.	25 »
— légumes, poissons et viandes conservés (même en boîtes) à l'aide de substances qui ne sont soumises à aucun droit d'entrées ni de consommation	»	Ex.
— autres (3)	100 kil.	10 »
Coutellerie	Valeur.	10 p. 100
Crin brut, frisé, ou autrement préparé	»	Ex.
— ouvré	Valeur.	10 p. 100
Cuivre et nickel : cuivre brut, pur, ou allié d'étain ou de zinc	»	Ex.
— dorés ou argentés, filés sur fil ou sur soie	100 kil.	10 »
— battus, étirés ou laminés	Idem.	Idem.
— ouvrages en cuivre (a)	Valeur	10 p. 100
— ouvrages en nickel (a)	Idem.	Idem.
— toiles en fils de cuivre ou de laiton pour machines	100 kil.	12 »
Eaux minérales, cruchons compris	»	Ex.
Encre : à écrire ou à dessiner	Valeur	10 p. 100
— à imprimer	»	Ex.
Epices préparées, sauce et moutarde	Valeur.	15 p. 100
Etain, plomb et zinc :		
Bruts	»	Ex.
Etain laminé, comprenant l'étain de glace	»	Idem.
Plomb laminé ou étiré	»	Idem.
Zinc laminé ou étiré	»	Idem.
Ouvrages en étain, plomb et zinc, purs ou mélangés, y compris la chaudronnerie (a)	Valeur	10 p. 100
Fer et acier :		
Fonte brute et vieux fer	100 kil.	0 50
— ouvrée (a)	Idem.	2 »
Fer battu, étiré ou laminé	Idem.	1 »
— ouvré (a)	Idem.	4 »
Acier fondu brut	Idem.	» 50
— en barres, feuilles ou fils	Idem.	1 »
— ouvrés (a)	Idem.	4 »

MARCHANDISES.	Bases	Quotité
Fer-blanc, non ouvré	100 kil.	3 »
— ouvré (a)	Valeur	10 p. 100
Toiles métalliques en fer ou en acier (a)	100 kil.	4 »
Fils de coton, écrus ou blanchis, mesurant au 1/2 kilogramme :		
— de 20,000 mètres ou moins	Idem.	15 »
— de 20,000 à 30,000 mètres	Idem.	20 »
— de 30,000 à 40,000 mètres	Idem.	30 »
— de 40,000 à 65,000 mètres	Idem.	40 »
— Plus de 65,000 mètres	Idem.	10 »
— de coton, teints ou ourdis, mesurant au 1/2 kilogramme :		
— de 20,000 mètres ou moins	Idem.	25 »
— de 20,000 à 30,000 mètres	Idem.	30 »
— de 30,600 à 40,000 mètres	Idem.	40 »
— de 40,000 à 65,000 mètres	Idem.	50 »
— Plus de 65,000 mètres	Idem.	10 »
— de laine (1), non tors et non teints	Idem.	20 »
— tors ou teints	Idem.	30 »
— de lin, de chanvre et de jute	»	Ex.
— de poils non spécialement tarifés	»	Idem.
— de soie	»	Idem.
Fils mélangés	Régime des fils de la matière qui domine en poids dans le mélange.	Ex.
Fromages communs, mous et blancs	»	Ex.
— autres, de toutes sortes	100 kil.	10 »
Fruits : pommes fraîches	»	Ex.
— non spécialement tarifés (autres que les amandes, les citrons, les oranges, les figues, les pruneaux et les raisins secs)	Valeur.	10 p. 100
Graines oléagineuses	»	Ex.
— à ensemencer	»	Idem.
Habillements, y compris les chapeaux, les ouvrages de mode et les fleurs artificielles	Valeur.	10 p. 100
Horlogerie : montres de toutes espèces et fournitures pour montres	»	Ex.
— horloges et pendules	Même régime que les meubles.	
— fournitures pour horloges et pendules	Valeur.	5 p. 100
Instruments de musique	Idem.	6 p. 100
Jus de réglisse	100 kil.	10 »
Légumes confits au vinaigre	Idem.	Idem.
— frais ou conservés à l'aide de matières qui ne sont soumises à aucun droit d'entrée ni de consommation (même en boîtes)	»	Ex.
Liège brut et râpé de toutes sortes	»	Ex.
— ouvré	Valeur.	10 p. 100
Machines et mécaniques en fonte	100 kil.	2 »
— en fer ou acier	Idem.	4 »
— en bois	Valeur.	10 p. 100
— en cuivre ou toute autre matière	100 kil.	12 »
Mercerie, quincaillerie et parfumerie (2)	Valeur.	10 p. 100
Meubles et articles de ménage	Idem.	Idem.
Miel	100 kil.	10 »
Or et argent ouvrés : bijouterie	»	Ex.
— Autres ouvrages	Valeur.	5 p. 100
Outils servant à l'exercice d'un métier	Même régime que les machines et mécaniques.	
Papiers à meubler	100 kil.	8 »
— autres, y compris le carton	Idem.	4 »

(1) Y compris les préparations renfermant à la fois de l'alcool et du sucre.

(2) Comprenant les fruits et les légumes confits au sucre ou au miel; les marmelades, gelées, confitures et jus de fruits préparés au sucre ou miel; les pâtisseries et toutes les préparations, même non alimentaires fabriquées à l'aide de sucre ou de miel.

Ne sont pas rangés dans cette classe et sont assimilés au sucre raffiné : le sucre caramélisé ou brûlé, les sirops autres que ceux provenant des fabriques et des raffineries de sucre, les pralines, dragées, pastilles, nougats, pâtes de jujube ou de guimauve et autres sucreries de l'espèce.

(3) Cette classe comprend notamment : les conserves et préparations au vinaigre; les jus de fruits renfermant moins de 8 p. 100 d'alcool; le jus de réglisse; le pain d'épice; les fruits, marmelades et pâtes de fruits préparés sans alcool, ni sucre, ni miel, ou ne renfermant pas plus de 20 p. 100 de sucre; les biscuits qui ne renferment pas de sucre ou qui n'en renferment pas plus de 20 p. 100 (à l'exclusion des biscuits de mer et autres préparations de pure farine qui suivent le régime du pain).

(a) Ouvrages qui ne rentrent pas dans une classe plus favorable du tarif et qui n'appartiennent pas à la catégorie des articles de mercerie et de quincaillerie, ni à celle des meubles et articles de ménage.

(1) Les fils de poil de chèvre, d'alpaga, de lama, de vigogne et de chameau sont assimilés aux fils de laine.

(2) Cette classe comprend les aiguilles, les épingles, les boutons, la brosserie, les cartes à jouer, la cire à cacheter, la coutellerie, les crayons, les gravures et photographies encadrées, les jouets d'enfants, les parapluies et parasols, les plumes métalliques, les ouvrages en aluminium, en ambre, en baleine, en carton, en papier, en cheveux, en acier, en corne, en os, en écaille, en ivoire, en liège, en nacre, etc.

Les eaux de senteur et de toilette rentrent dans la catégorie des articles de parfumerie, à l'exception de celles qui sont fabriquées à l'alcool; ces dernières suivent le régime des liquides alcooliques qui ne servent pas comme boissons.

(a) Ouvrages qui ne rentrent pas dans une classe plus favorable du tarif et qui n'appartiennent pas à la catégorie des articles de mercerie et de quincaillerie, ni à celle des meubles et articles de ménage.

MARCHANDISES.	DROITS D'ENTRÉE	
	Bases	Quotité
Peaux (1) de chèvre et de mouton tannées en croûte, et de chevreau mégies en croûte.	100 kil.	10 »
— teintes, vernies, laquées, maroquinées, et pelleteries apprêtées	Idem.	30 »
— autrement préparées	Idem.	15 »
— ouvrées	Valeur.	10 p. 100
Plumes à écrire brutes	»	Ex.
— apprêtées	Valeur.	10 p. 100
Poteries communes de terre et de grès, vernissées ou non de toute sorte	100 kil., 1 fr. 50, ou au choix de l'importateur, valeur, 10 p. 100.	
— Faïences et porcelaines	Valeur.	10 p. 100.
— Carreaux pour pavement et construction, de toute espèce	»	Exempts.
— Terre cuite : briques et tuiles, tuyaux de drainage et autres objets de même nature	»	Idem.
— Pipes de terre	»	Exemptes.
— Cornues à gaz, creusets de toute sorte	»	Idem.
Safran	Valeur, 15 p. 100, ou au choix de l'importateur, les 100 kil. 200 fr.	
Savons, autres qu'à l'alcool	100 kil.	6 »
Tissus de coton unis, croisés et coutils écrus :		
— 1re classe, pesant 11 kil. et plus les 100 m. carrés de 35 fils et moins aux 5 mil. carrés	Idem.	50 »
— de 36 fils et plus aux 5 mil. carrés	Idem.	72 »
— 2e classe, pesant de 7 à 11 k. exclusivement les 100 m. carrés, de 35 fils et moins aux 5 mil. carrés	Idem.	60 »
— de 36 à 43 fils aux 5 mil. carrés	Idem.	100 »
— de 44 fils et plus aux 5 mil. carrés	Idem.	180 »
— 3e classe, pesant de 3 à 7 kil. exclusivement les 100 m. carrés, de 27 fils et moins aux 5 mil. carrés	Idem.	80 »
— de 28 à 35 fils aux 5 mil. carrés	Idem.	120 »
— de 36 à 43 fils aux 5 mil. carrés	Idem.	190 »
— de 44 fils et plus aux 5 mil. carrés	Idem.	300 »
— de coton unis, croisés et coutils blanchis :		
— 1re classe, pesant 11 k. et plus les 100 m carrés, de 35 fils et moins aux 5 mil. carrés	Idem.	57 50
— de 36 fils et plus aux 5 mil. carrés	Idem.	82 80
— 2e classe, pesant de 7 à 11 k. exclusivement les 100 m. carrés, de 35 fils et moins aux 5 mil. carrés	Idem.	69 »
— de 36 à 43 fils aux 5 mil. carrés	Idem.	115 »
— de 44 fils et plus aux 5 mil. carrés	Idem.	207 »
— 3e classe, pesant de 3 à 7 k. exclusivement les 100 m. carrés, de 27 fils et moins aux 5 mil. carrés	Idem.	92 »
— de 28 à 35 fils aux 5 mil. carrés	Idem.	138 »
— de 36 à 43 fils aux 5 mil. carrés	Idem.	218 50
— de 44 fils et plus aux 5 mil. carrés	Idem.	345 »
Tissus de coton unis, croisés et coutils teints :		
— 1re classe pesant 11 k. et plus les 100 m. carrés, de 35 fils et moins aux 5 mil. carrés	Idem.	75 »
— de 36 fils et plus aux 5 mil. carrés	Idom.	97 »
— de coton unis, croisés et coutils. — Teints, 2e classe, pesant de 7 à 11 kilog. exclusivement les 100 mètres carrés :		
— de 35 fils et moins aux 5 mil. carrés	Idem.	85 »
— de 36 à 43 fils aux 5 mil. carrés	Idem.	125 »
— de 44 fils et plus aux 5 mil. carrés	Idem.	205 »
— de coton unis, croisés et coutils. — Teints, 3e classe, pesant de 3 à 7 kil. exclusivement les 100 mètres carrés :		
— de 27 fils et moins aux 5 mil. carrés	Idem.	105 »
— de 28 à 35 fils aux 5 mil. carrés	Idem.	145 »
— de 36 à 43 fils aux 5 mil. carrés	Idem.	215 »
— de 44 fils et plus aux 5 mil. carrés	Idem.	325 »
— de coton unis, croisés et coutils. — Imprimés	Valeur.	15 p. 100
— Velours façon soie (velvets), écrus	les 100 kil.	85 »
— teints ou imprimés	Idem.	110 »
— autres (cords, moleskins, etc.) écrus	Idem.	60 »
— teints ou imprimés	Idem.	85 »
— piqués, basins, façonnés, damassés et		

MARCHANDISES.	DROITS D'ENTRÉE	
	Bases	Quotité
brillantés, pesant 3 kilog. et plus par 100 mètres carrés	Valeur,	15 p. 100
— dentelles fabriquées à la main et aux fuseaux	»	Ex.
— tous autres (1)	Valeur.	10 p. 100
Tissus de laine :		
Châles et écharpes de cachemire des Indes	Idem.	5 p. 100
Lisières de drap, entières ou coupées	»	Ex.
Tous autres (2)	Valeur.	10 p. 100
Tissus de lin, de chanvre et de jute :		
Dentelles fabriquées à la main et aux fuseaux	»	Ex.
Tous autres (3)	Valeur.	10 p. 100
Tissus de soie et de bourre de soie :		
Dentelles fabriquées à la main et aux fuseaux	»	Ex.
Tous autres (4)	100 k., 300 f., ou au choix de l'importat., val. 10 p. 100.	
Tissus non spécialement tarifés	Valeur.	10 p. 100
Tresses de paille de toute sorte	»	Ex.
Truffes	Val. 15 p. 100, ou au choix de l'importat., 100 k., 200 f.	
Vannerie	Valeur.	10 p. 100
Vergeoises		Mêmes droits que les sucres bruts
Verreries communes (bouteilles ordinaires)	100 k., 1 fr. ou au choix de l'importat.. Val. 10 p. 100.	
— glaces et verres de vitrage	Valeur	10 p. 100
— autres objets en verre ou en cristal, unis ou moulés, non coloriés ou taillés	Idem.	Idem.
— autres taillés, gravés ou coloriés	Idem.	Idem.
Autres marchandises exemptes de droits :		
Antimoine et bismuth	»	Libres.
Balais communs	»	Idem.
Betteraves	»	Idem.
Beurre	»	Idem.
Caoutchouc et gutta-percha bruts, en feuilles (sans addition de tissus) ou filés	»	Idem.
Caractères typographiques	»	Idem.
Cartes géographiques de portefeuille	»	Idem.
Chaux et plâtre	»	Idem.
Cire brute, jaune ou blanche	»	Idem.
Coquillages	»	Idem.
Corail brut ou taillé et non monté	»	Idem.
Cordages	»	Idem.
Coton (y compris les ouates)	»	Idem.
Dessins industriels de toute sorte, sur papier	»	Idem.
Drogueries (substances animales, minérales et végétales brutes propres à la médecine)	»	Idem.
Ecorces à tan de toute sorte, même moulues	»	Idem.
Engrais	»	Idem.
Etiquettes imprimées, gravées ou coloriées	»	Idem.
Fanons de baleine bruts	»	Idem.
Filets et autres ustensiles pour la pêche maritime	»	Idem.
Graisses	»	Idem.
Graphite et plombagine	»	Idem.
Gravures, photographies et lithographies de portefeuille	»	Idem.
Houblon	»	Idem.
Instruments d'optique, de calcul d'observation et de précision; instruments de chirurgie; instruments de chimie pour laboratoire	»	Idem.
Joncs et roseaux bruts	»	Idem.
Laines	»	Idem.
Lait	»	Idem.
Livres en langues française, mortes ou étrangères	»	Idem.
Matières animales brutes, savoir : oreillons, os et sabots de bétail et cornes de bétail bruts	»	Idem.
Musique gravée	»	Idem.
Navires et bateaux	»	Idem.
Objets d'art et de collection non spécialement tarifés	»	Idem.

(1) Il est entendu que les droits de 30 et de 15 francs seront respectivement abaissés à 25 et 10 francs dans le cas où la France réduirait à 10 francs les 100 kilogrammes son droit d'entrée sur les peaux autres non dénommées, taxées à 20 francs les 100 kilogrammes dans le tableau A annexé au présent traité.

(1) Cette classe comprend les tulles unis et brodés, les gazes et mousselines brodées ou brochées, la bonneterie, la passementerie, la rubannerie et les tissus mélangés, le coton dominant en poids.

(2) Cette classe comprend les couvertures, tapis, bonneterie, passementerie, rubannerie, dentelles, chaussons, etc, et feutres autres que ceux pour piano et à doublage ; les tissus mélangés, la laine dominant en poids.

(3) Cette classe comprend les batistes et linons, bonneterie, passementerie, rubannerie, tapis et tapisseries, tulles, tissus mélangés, le lin dominant en poids.

(4) Cette classe comprend les bonneterie, passementerie, rubannerie, couvertures, tapis et tapisseries, taffetas, gazes, etc., et les tissus mélangés, la soie dominant en poids.

MARCHANDISES.	DROITS D'ENTRÉE		MARCHANDISES.	DROITS D'ENTRÉE	
	Bases	Quotités		Bases	Quotités
Parchemin..........................	»	Libres.	potasse, soude et sels de soude (1).....	»	Libres.
Peaux de chiens de mer et de phoques, brutes, fraîches ou sèches....................	»	Idem.	Résines de bitumes	»	Idem.
Pierres brutes, taillées ou sciées..............	»	Idem.	Statues en métal; statues et statuettes en marbre, en albâtre, en pierre, en plâtre et en ciment...........................	»	Idem.
— polies ou sculptées (y compris les marbres et l'albâtre).......................	»	Idem.	Teintures et couleurs (2)	»	Idem.
— meules et pierres à aiguiser..............	»	Idem.	Tourteaux	»	Idem.
Pierres gemmes de toute sorte	»	Idem.	Volailles mortes ou vivantes...............	»	Idem.
Plantes alcalines......................	»	Idem.			
Plumes à lit de toute sorte, duvet et autres	»	Idem.			
Poissons d'eau douce.....................	»	Idem.			
Pommes de terre	»	Idem.			
Produits chimiques : acides nitrique, sulfurique et hydrochlorique; chlorure de chaux ; sels ammoniacaux ; sels de					

(1) En cas de rétablissement de l'impôt du sel, la Belgique se réserve la faculté de rétablir, sur les carbonates et les sulfates et sulfites de soude, les droits de 3 francs et de 1 fr. 50 les 100 kilogrammes, qui étaient inscrits dans le traité du 1er mai 1861.

(2) Rentrent dans cette classe : le bleu de Prusse, les carmins de toute sorte, le kermès en poudre, les dérivés de l'essence de houille, servant comme couleurs, les cendres bleues ou vertes, la laque, le vert de montagne, le stil de grain, les teintures et couleurs préparées autrement qu'à l'huile ou à l'alcool.

BARTHÉLEMY-SAINT-HILAIRE.

TIRARD.

HORACE DE CHOISEUL.

Baron BEYENS.

Baron LAMBERMONT.

J. KINDT.

A. DEFACQZ.

Art. 2. — Le Président du Conseil, Ministre des Affaires étrangères, est chargé de l'exécution du présent décret.

Fait à Paris, le 13 mai 1882.

JULES GRÉVY.

Par le Président de la République :
Le Président du Conseil, Ministre des Affaires étrangères,
C. DE FREYCINET

Le Président de la République Française,

Sur la proposition du Président du Conseil, Ministre des Affaires étrangères,

Décrète :

Art. 1er. — Le Sénat et la Chambre des Députés ayant approuvé la Convention de navigation, signée le 31 octobre 1881, entre la France et la Belgique, et les Ratifications de cet Acte ayant été échangées, le 12 mai 1882, ladite Convention, dont la teneur suit, recevra sa pleine et entière exécution.

CONVENTION DE NAVIGATION
conclue le 31 octobre 1881
ENTRE LA FRANCE ET LA BELGIQUE

Le Président de la République Française et S. M. le Roi des Belges,

Animés d'un égal désir de contribuer au développement des relations maritimes entre les deux Pays, ont résolu de conclure une Convention à cet effet, et ont commis pour leurs Plénipotentiaires respectifs, savoir :

Le Président de la République française,

M. Barthélemy Saint Hilaire, Sénateur, Ministre des Affaires Etrangères, Chevalier de l'Orde national de la Légion d'honneur, etc., etc., etc. ;

M. Tirard, Député, Ministre de l'Agriculture et du Commerce, etc., etc., etc.;

Et M. le comte Horace de Choiseul, Député, Sous-Secrétaire d'Etat au Ministère des Affaires Etrangères, Décoré de la Médaille militaire, Chevalier de l'Ordre national de la Légion d'honneur, etc., etc., etc. ;

Et Sa Majesté le Roi des Belges :

M. le baron Beyens, son Envoyé Extraordinaire et Ministre Plénipotentiaire près le Gouvernement de la République Française, Grand Officier de son Ordre royal de Léopold, Grand Officier de l'Ordre national de la Légion d'honneur, etc., etc., etc.;

M. le baron Lambermont, Envoyé Extraordinaire et Ministre Plénipotentiaire, Secrétaire général du Ministère des Affaires Etrangères à Bruxelles, Grand Officier de son Ordre royal de Léopold, Grand Officier de l'Ordre national de la Légion d'honneur, etc., etc., etc.;

M. Kindt, Conseiller de Légation honoraire, Inspecteur général de l'Industrie, Commandeur de son Ordre royal de Léopold, Commandeur de l'Ordre de la Légion d'honneur, etc., etc., etc ;

Et M. Defacqz , Inspecteur général des Douanes, Officier de son Ordre royal de Léopold, Officier de l'Ordre national de la Légion d'honneur, etc., etc., etc. ;

Lesquels, après s'être communiqué leurs pleins pouvoirs, trouvés en bonne et due forme, sont convenus des articles suivants :

Art. 1er. — Il y aura pleine et entière liberté de commerce et de navigation entre les nationaux des deux Hautes Parties contractantes ; ils ne payeront pas, à raison de leur commerce ou de leur industrie, dans les ports, villes ou lieux quelconques des deux Etats, soit qu'ils s'y établissent, soit qu'ils y résident temporairement, de droits, taxes ou impôts, sous quelque dénomination que ce soit, autres ou plus élevés que ceux qui se percevront sur les nationaux ; et les privilèges, immunités ou autres faveurs quelconques dont jouissent, en matière de commerce, d'industrie ou de navigation, les citoyens de l'un des deux Etats seront communs à ceux de l'autre.

Art. 2. — Les navires français, chargés ou non, ainsi que leurs cargaisons en Belgique, et les navires belges, chargés ou non, ainsi que leurs cargaisons en France ou en Algérie, à leur arrivée d'un port quelconque et quel que soit le lieu d'origine ou de destination de leur cargaison, jouiront, sous tous les rapports, à l'entrée, pendant leur séjour et à la sortie, du même traitement que les navires nationaux et leurs cargaisons.

Il est fait exception à la disposition qui précède pour le cabotage dont le régime demeure soumis aux lois respectives des deux Pays.

Il est d'ailleurs convenu que les navires des deux nations naviguant au cabotage seront traités, de part et d'autre, sur le même pied que les navires des nations les plus favorisées.

Art. 3. — Seront complètement affranchis des droits de tonnage et d'expédition dans les ports respectifs :

1° Les navires qui, entrés sur lest de quelque lieu que ce soit, en sortiront sur lest ;

2° Les navires qui, passant d'un port de l'un des deux États dans un ou plusieurs ports du même État, soit pour y déposer tout ou partie de leur cargaison, soit pour y composer ou compléter leur chargement, justifieront avoir déjà acquitté ces droits ;

3° Les navires qui, entrés avec chargement dans un port, soit volontairement, soit en relâche forcée, en sortiront sans avoir fait aucune opération de commerce.

Ne seront pas considérés, en cas de relâche forcée, comme opération de commerce : le débarquement et le rechargement des marchandises pour la réparation du navire, le transbordement sur un autre navire en cas d'innavigabilité du premier, les dépenses nécessaires au ravitaillement des équipages et la vente des marchandises avariées, lorsque l'Administration des douanes en aura donné l'autorisation.

Art. 4. — Les deux Hautes Parties contractantes se réservent la faculté d'imposer sur tout article mentionné dans le présent Traité ou sur tout autre article, des droits de débarquement ou d'embarquement affectés à la dépense des établissements nécessaires au port d'importation ou d'exportation.

Mais en ce qui concerne le placement des navires, leur chargement ou leur déchargement dans les ports, rades, havres ou bassins, et généralement pour toutes les formalités ou dispositions quelconques auxquelles peuvent être soumis les navires de commerce, leurs équipages et leurs cargaisons, il ne sera accordé aux navires nationaux, dans l'un des deux États, aucun privilège ni aucune faveur qui ne le soit également aux navires de l'autre Puissance, la volonté des Hautes Parties contractantes étant, sous ce rapport aussi, que les bâtiments français et les bâtiments belges soient traités sur le pied d'une parfaite égalité.

Art. 5. — La nationalité des bâtiments sera admise de part et d'autre, d'après les lois et règlements particuliers à chaque Pays, au moyen de titres et patentes délivrés, par les autorités compétentes, aux capitaines, patrons et bateliers.

Art. 6. — Les navires français entrant dans un port de Belgique et réciproquement les navires belges entrant dans un port de France, et qui n'y voudraient décharger qu'une partie de leur cargaison, pourront, en se conformant aux lois et règlements des États respectifs, conserver à leur bord la partie de leur cargaison qui serait destinée à un autre port, soit du même Pays, soit d'un autre, et la réexporter sans être astreints à payer, pour cette dernière partie de leur cargaison, aucun droit de douane, sauf celui de surveillance, lequel, d'ailleurs, ne pourra être perçu qu'au taux fixé pour la navigation nationale.

Art. 7. — Les stipulations des articles 1er, 2, 3, 4, 5 et 6 s'appliquent tant à la navigation par rivières et canaux qu'à la navigation maritime.

Les bateliers français naviguant dans les eaux intérieures de la Belgique, et réciproquement les bateliers belges naviguant dans les eaux intérieures de la France jouiront du même traitement que les bateliers nationaux, quant au droit de patente.

Art. 8. — Il est fait exception aux stipulations de la présente Convention en ce qui concerne les avantages dont les produits de la pêche nationale sont ou pourront être l'objet dans l'un ou l'autre Pays.

Art. 9. — Les Consuls généraux, Consuls, Vice-Consuls et Agents consulaires de chacune des deux Hautes Parties contractantes résidant dans les États de l'autre recevront des autorités locales toute aide et assistance pour la recherche, saisie et arrestation des marins et autres individus faisant partie de l'équipage des navires de guerre ou de commerce de leurs Pays respectifs, qu'ils soient ou non inculpés de crimes, délits ou contraventions commis à bord desdits bâtiments.

A cet effet, ils s'adresseront par écrit aux tribunaux, juges ou fonctionnaires compétents, et justifieront, par l'exhibition des registres du bâtiment, rôles d'équipage ou autres documents officiels, ou bien, si le navire était parti, par la copie desdites pièces, dûment certifiée par eux, que les hommes qu'ils réclament ont réellement fait partie dudit équipage. Sur cette demande ainsi justifiée, la remise ne pourra leur être refusée.

Les marins déserteurs, lorsqu'ils auront été arrêtés, resteront à la disposition des Consuls généraux, Consuls, Vice-Consuls ou Agents consulaires, et pourront même être détenus et gardés dans les prisons du Pays, à la réquisition et aux frais des Agents précités, qui, selon l'occasion, les réintégreront à bord du bâtiment auquel ils appartiennent, ou les renverront dans leurs Pays sur un navire de la même ou de toute autre nation, ou les rapatrieront pas la voie de terre.

Le rapatriement par la voie de terre se fera sous l'escorte de la force publique, à la réquisition et aux frais des Agents précités, qui devront, à cet effet, s'adresser aux Autorités compétentes. Si dans les deux mois, à compter du jour de leur arrestation, les marins déserteurs n'étaient pas réintégrés à bord du bâtiment auquel ils appartiennent, ou s'ils n'étaient pas rapatriés par la voie de mer ou de terre, ou enfin si les frais de leur emprisonnement n'étaient pas régulièrement acquittés par la partie à la requête de laquelle l'arrestation aura été opérée, lesdits marins déserteurs seront remis en liberté sans qu'ils puissent être arrêtés de nouveau pour la même cause.

Néanmoins, si le déserteur avait commis en outre quelque délit à terre, sa remise pourra être différée par les Autorités locales jusqu'à ce que le tribunal compétent ait dûment statué sur le dernier délit et que le jugement intervenu ait reçu son entière exécution.

Il est également entendu que les marins ou autres individus faisant partie de l'équipage, sujets du pays où la désertion a eu lieu, sont exceptés des stipulations du présent article.

Art. 10. — Toutes les opérations relatives au sauvetage des navires français naufragés sur les côtes de Belgique seront dirigées par les Consuls généraux, Consuls ou Vice-Consuls de France, et réciproquement, les Consuls généraux, Consuls et Vice-Consuls belges dirigeront les opérations relatives au sauvetage des navires de leur nation naufragés ou échoués sur les côtes de France.

L'intervention des Autorités locales aura seulement lieu dans les deux Pays pour maintenir l'ordre, garantir les intérêts des sauveteurs s'ils sont étrangers aux équipages naufragés et assurer l'exécution des dispositions à observer pour l'entrée et la sortie des marchandises sauvées. En l'absence et jusqu'à l'arrivée des Consuls généraux, Consuls ou Vice-Consuls, les Autorités locales devront d'ailleurs prendre toutes les mesures nécessaires pour la protection des individus et la conservation des effets naufragés.

Il est, de plus, convenu que les marchandises sauvées ne seront tenues à aucun droit de douane, à moins qu'elles ne soient admises à la consommation intérieure.

Art. 11. — Lesdits Consuls généraux, Consuls, Vice-Consuls et Chanceliers des Hautes Parties contractantes jouiront respectivement dans les deux Pays des avantages de toutes sortes accordés ou qui pourront être accordés à ceux de la nation la plus favorisée, le tout, bien entendu, sous condition de réciprocité.

Art. 12. — Les deux Hautes Parties ne pourront accorder aucun privilège, faveur ou immunité concernant le commerce ou la navigation à un autre État qui ne soit aussi et à l'instant étendu à leurs sujets respectifs.

Art. 13. — La présente Convention entrera en vigueur en même temps que le Traité de commerce signé aujourd'hui entre les Hautes Parties contractantes et demeurera exécutoire jusqu'au 1er février 1892.

Dans le cas où aucune des deux Hautes Parties contractantes n'aurait signifié, douze mois avant cette date, son intention d'en faire cesser les effets, la Convention continuera à rester en vigueur encore une année, et ainsi de suite, d'année en année, jusqu'à l'expiration d'une année à partir du jour où l'une des Hautes Parties contractantes l'aura dénoncée.

Art. 14. — Les ratifications de la présente Convention seront échangées à Paris, en même temps que celles du Traité de commerce signé sous la date de ce jour, avant le 1er février 1882.

En foi de quoi, les Plénipotentiaires respectifs l'ont signée et y ont apposé leurs cachets.

Fait en double expédition à Paris, le trente et unième jour du mois d'octobre de l'an de grâce mil huit cent quatre-vingt-un.

(L. S.) BARTHÉLEMY SAINT-HILAIRE.
(L. S.) P. TIRARD.
(L. S.) HORACE DE CHOISEUL.
(L. S.) Baron BEYENS.
(L. S.) Baron LAMBERMONT.
(L. S.) J. KINDT.
(L. S.) A. DEFACQZ.

Art. 2. — Le Président du Conseil, Ministre des affaires étrangères, est chargé de l'exécution du présent décret.

Fait à Paris, le 13 mai 1882.

JULES GRÉVY.

Par le Président de la République :

Le Président du Conseil
Ministre des Affaires étrangères,

G. DE FREYCINET.

LOI portant approbation de la convention signée, le 31 octobre 1881, entre la France et la Belgique, pour la garantie réciproque de la propriété littéraire, artistique et industrielle.

Article unique. — Le Président de la République est autorisé à ratifier et, s'il y a lieu, à faire exécuter la convention signée à Paris, le 31 octobre 1881, entre la France et la Belgique, pour la garantie réciproque de la propriété littéraire, artistique et industrielle.

Une copie authentique de ce document demeurera annexée à la présente loi.

La présente loi, délibérée et adoptée par le

Sénat et par la Chambre des députés, sera exécutée comme loi de l'Etat.

Fait à Paris, le 11 mai 1882.

JULES GRÉVY.

Par le Président de la République :

Le Président du Conseil,
Ministre des Affaires étrangères,
C. DE FREYCINET.

———◆———

Le Président de la République Française,

Sur la proposition du Président du Conseil, Ministre des Affaires étrangères,

Décrète :

Art. 1er. — Le Sénat et la Chambre des Députés ayant approuvé la Convention pour la garantie réciproque de la propriété littéraire, artistique et industrielle, signée le 31 octobre 1881, entre la France et la Belgique, et les ratifications de cet Acte ayant été échangées à Paris, ladite Convention, dont la teneur suit, recevra sa pleine et entière exécution.

———

CONVENTION

———

Le Président de la République Française,

Et Sa Majesté le Roi des Belges,

Egalement animés du désir de protéger les sciences, les arts et les lettres, et d'encourager leur application à l'industrie, ont à ces fins résolu d'adopter, d'un commun accord, les mesures qui leur ont paru le plus propres à assurer réciproquement, dans les deux Pays, aux auteurs et aux industriels ou à leurs ayants cause, la propriété des œuvres de littérature ou d'art, et des marques, modèles ou dessins de fabrique, et ont, à cet effet, nommé pour leurs Plénipotentiaires, savoir :

Le Président de la République Française,

M. Barthélemy Saint-Hilaire, Sénateur, Ministre des Affaires Etrangères, Chevalier de l'Ordre national de la Légion d'honneur, etc., etc., etc. ;

M. Tirard, Député, Ministre de l'Agriculture et du Commerce, etc., etc., etc. ;

Et M. le comte Horace de Choiseul, Député, Sous-Secrétaire d'Etat au Ministère des Affaires Etrangères, Décoré de la Médaille militaire, Chevalier de l'Ordre national de la Légion d'honneur, etc., etc., etc. ;

Et Sa Majesté le Roi des Belges,

M. le baron Beyens, son Envoyé Extraordinaire et Ministre Plénipotentiaire près le Gouvernement de la République Française, Grand Officier de son Ordre royal de Léopold, Grand Officier de l'Ordre national de la Légion d'honneur, etc., etc., etc. ;

M. le baron Lambermont, Envoyé Extraordinaire et Ministre Plénipotentiaire, Secrétaire général du Ministère des Affaires Etrangères à Bruxelles, Grand Officier de son Ordre royal de Léopold, Grand Officier de l'Ordre national de la Légion d'honneur, etc. ;

M. Kindt, Conseiller de Légation honoraire, Inspecteur général de l'Industrie, Commandeur de son Ordre royal de Léopold, Commandeur de l'Ordre national de la Légion d'honneur, etc., etc., etc. ;

Et M. Defacqz, Inspecteur général des Douanes, Officier de son Ordre royal de Léopold, Officier de l'Ordre national de la Légion d'honneur, etc., etc., etc. ;

Lesquels, après s'être communiqué leurs pleins pouvoirs, trouvés en bonne et due forme, sont convenus des articles suivants :

Art. 1er. — Les auteurs de livres, brochures ou autres écrits, d'ouvrages dramatiques, de compositions musicales, d'œuvres de dessin ou d'illustrations, de peinture, de sculpture, de gravure, de lithographie, de photographie et de toutes autres productions analogues du domaine littéraire ou artistique, jouiront dans chacun des deux Etats, réciproquement, des avantages qui y sont ou y seront attribués par la loi aux propriété des ouvrages de littérature ou d'art, et ils auront la même protection et le même recours légal contre toute atteinte portée à leurs droits, que si cette atteinte avait été commise à l'égard d'auteurs d'ouvrages publiés pour la première fois dans le Pays même.

Toutefois, ces avantages ne leur sont réciproquement assurés que pendant l'existence de leurs droits dans le Pays où la publication originale a été faite, et la durée de leur jouissance dans l'autre Pays ne pourra excéder celle fixée par la loi pour les auteurs nationaux.

La propriété des œuvres musicales s'étend aux morceaux dits *arrangements*, composés sur des motifs extraits de ces mêmes œuvres. Les contestations qui s'élèveraient sur l'application de cette clause demeureront réservées à l'appréciation des tribunaux respectifs.

Tout privilège et avantage, qui serait accordé ultérieurement par l'un des deux Pays à un autre Pays, en matière de propriété d'œuvres de littérature ou d'art, dont la définition a été donnée dans le présent article, sera acquis de plein droit aux citoyens de l'autre Pays.

Art. 2. — La publication en Belgique des chrestomathies composées de fragments ou d'extraits d'auteurs français est autorisée, pourvu que ces recueils soient spécialement destinés à l'enseignement.

Art. 3. — Pour assurer à tous les ouvrages d'esprit ou d'art la protection stipulée à l'article 1er de la Convention et pour que les auteurs ou éditeurs de ces ouvrages soient admis, en conséquence, devant les tribunaux des deux Pays, à exercer des poursuites contre les contrefaçons, il suffira que lesdits auteurs ou éditeurs justifient de leurs droits de propriété en établissant, par un certificat émanant de l'autorité publique compétente en chaque Pays, que l'ouvrage en question est une œuvre originale qui, dans le pays où elle a été publiée, jouit de la protection légale contre la contrefaçon ou la reproduction illicite.

Pour les ouvrages publiés en France, ce certificat sera délivré par le Bureau de la librairie au Ministère de l'Intérieur et légalisé par la Légation de Belgique à Paris ; pour les ouvrages publiés en Belgique, il sera délivré par le Ministère de l'Intérieur à Bruxelles et légalisé par la Légation de France.

Art. 4. — Les stipulations de l'article 1er s'appliqueront également à la représentation ou exécution des œuvres dramatiques ou musicales publiées ou représentées pour la première fois dans l'un des deux Pays après le 12 mai 1854.

Le droit des auteurs dramatiques ou compositeurs sera perçu d'après les bases qui seront arrêtées entre les parties intéressées.

Art. 5. — Sont expressément assimilées aux ouvrages originaux les traductions faites dans l'un des deux Etats d'ouvrages nationaux ou étrangers. Ces traductions jouiront, à ce titre, de la protection stipulée par l'article 1er, en ce qui concerne leur reproduction non autorisée dans l'autre Etat. Il est bien entendu, toutefois, que l'objet du présent article est simplement de protéger le traducteur, par rapport à la version qu'il a donnée de l'ouvrage original, et non pas de conférer le droit exclusif de traduction au premier traducteur d'un ouvrage quelconque écrit en langue morte ou vivante, si ce n'est dans le cas et les limites prévus par l'article ci-après.

Art. 6. — L'auteur de tout ouvrage publié dans l'un des deux Pays jouira seul du droit de traduction pendant dix années, à partir du jour de la publication de l'ouvrage original, sous les conditions suivantes :

1° Il faudra que l'auteur ait indiqué, en tête de son ouvrage, l'intention de se réserver le droit de traduction ;

2° Ladite traduction autorisée devra paraître en totalité dans le délai de trois ans, à compter de la date de la publication de l'ouvrage original ;

3° Pour les ouvrages publiés par livraisons, il suffira que la déclaration par laquelle l'auteur se réserve le droit de traduction soit faite dans la première livraison. Toutefois, en ce qui concerne le terme de dix ans assigné par cet article pour l'exercice du droit privilégié de traduction, chaque livraison sera considérée comme un ouvrage séparé ;

4° Relativement à la publication et à la représentation en traduction des ouvrages dramatiques, l'auteur qui voudra se réserver le droit exclusif dont il s'agit au présent article devra faire paraître ou représenter sa traduction dans les trois ans qui suivront la publication ou la représentation de l'ouvrage original.

Dans le cas où la législation de la Belgique sur le droit de traduction viendrait à être modifiée pendant la durée de la présente Convention, les avantages nouveaux, qui seraient consacrés en faveur des auteurs belges, seraient, de plein droit, étendus aux auteurs français.

En même temps, les auteurs belges jouiraient en France des avantages plus grands qui pourraient résulter de la législation générale en faveur des nationaux.

Ces droits respectifs seront d'ailleurs soumis aux conditions prévues par le paragraphe 2 de l'article 1er.

Art. 7. — Les mandataires légaux ou ayants cause des auteurs, traducteurs, compositeurs, dessinateurs, peintres, sculpteurs, graveurs, lithographes, photographes, etc., jouiront des mêmes droits que ceux que la présente Convention accorde aux auteurs, traducteurs, compositeurs, dessinateurs, peintres, sculpteurs, graveurs, lithographes ou photographes eux-mêmes.

Art. 8. — Nonobstant les stipulations des articles 1er et 5 de la présente Convention, les articles extraits de journaux ou recueils périodiques publiés dans l'un des deux Pays pourront être reproduits ou traduits dans les journaux ou recueils périodiques de l'autre Pays, pourvu qu'on y indique la source à laquelle on les aura puisés.

Toutefois, cette permission ne s'étendra pas à la reproduction, dans l'un des deux Pays, des articles de journaux ou de recueils périodiques publiés dans l'autre, lorsque les auteurs auront formellement déclaré, dans le journal ou le recueil même où ils les auront fait paraître, qu'ils en interdisent la reproduction.

En aucun cas, cette interdiction ne pourra atteindre les articles de discussion politique.

Art. 9. — L'introduction, l'exportation, la circulation, la vente et l'exposition, dans chacun des deux Etats, d'ouvrages ou objets de reproduction non autorisée, définis par les articles 1er, 4, 5 et 6, sont prohibées, soit que les reproductions non autorisées proviennent de l'un des deux Pays, soit qu'elles proviennent d'un pays étranger quelconque.

Art. 10. — En cas de contravention aux

dispositions des articles précédents, la saisie des objets de contrefaçon sera opérée, et les tribunaux appliqueront les pénalités déterminées par les législations respectives, de la même manière que si l'infraction avait été commise au préjudice d'un ouvrage ou d'une production d'origine nationale.

Les caractères constituant la contrefaçon seront déterminés par les tribunaux de l'un et de l'autre Pays, d'après la législation en vigueur dans chacun des deux Etats.

Art. 11. — Les livres d'importation licite et les autres productions mentionnées dans la présente Convention, venant de Belgique, continueront à être admis en France, tant à l'entrée qu'au transit direct ou par entrepôt, par tous les bureaux qui leur sont actuellement ouverts ou qui pourraient l'être par la suite.

Si les intéressés le désirent, les livres déclarés à l'entrée seront expédiés directement en France, au Ministère de l'Intérieur, et en Belgique, à l'Entrepôt de Bruxelles, pour y subir les vérifications nécessaires qui auront lieu, au plus tard, dans le délai de quinze jours.

Art. 12. — Les dispositions de la présente Convention ne pourront porter préjudice, en quoi que ce soit, au droit qui appartiendrait à chacune des deux Hautes Parties contractantes de permettre, de surveiller ou d'interdire, par des mesures de législation ou de police intérieure, la circulation, la représentation ou l'exposition de tout ouvrage ou production à l'égard desquels l'autorité compétente aurait à exercer ce droit.

Chacune des Hautes Parties contractantes conserve d'ailleurs le droit de prohiber l'importation dans ses propres Etats des livres qui, d'après ses lois intérieures ou des stipulations souscrites avec d'autres Puissances, sont ou seraient déclarés être de contrefaçon.

Art. 13. — Le Gouvernement français et le Gouvernement belge prendront les mesures nécessaires pour interdire l'entrée, sur leurs territoires respectifs, des ouvrages que des éditeurs français ou belges auraient acquis le droit de réimprimer avec la réserve que ces réimpressions ne seraient autorisées que pour la vente en France ou en Belgique et sur des marchés tiers.

Les ouvrages auxquels cette disposition est applicable devront porter sur leurs titre et couverture les mots : « Edition interdite en *Belgique* (en *France*) et autorisée pour la *France* (la *Belgique*) et l'étranger. »

Art. 14. — Les Français en Belgique et, réciproquement, les Belges en France jouiront de la même protection que les nationaux pour tout ce qui concerne la propriété des marques de fabrique ou de commerce, ainsi que des dessins ou modèles industriels et de fabrique de toute espèce.

Le droit exclusif d'exploiter un dessin ou modèle industriel ou de fabrique peut avoir, au profit des Belges en France et, réciproquement, au profit des Français en Belgique, une durée plus longue que celle fixée par la loi du Pays à l'égard des nationaux.

Si le dessin ou modèle industriel ou de fabrique appartient au domaine public dans le pays d'origine, il ne peut être l'objet d'une jouissance exclusive dans l'autre Pays.

Les dispositions des deux paragraphes qui précèdent sont applicables aux marques de fabrique ou de commerce.

Les droits des Français en Belgique, et réciproquement les droits des Belges en France, ne sont pas subordonnés à l'obligation d'y exploiter les modèles ou dessins industriels ou de fabrique.

Art. 15. — Les nationaux de l'un des deux Pays qui voudront s'assurer, dans l'autre, la propriété d'une marque, d'un modèle ou d'un dessin, devront remplir les formalités prescrites à cet effet par la législation respective des deux Etats.

Les marques de fabrique auxquelles s'appliquent les articles 14 et 15 de la présente Convention sont celles qui, dans les deux Pays, sont légitimement acquises aux industriels ou négociants qui en usent, c'est-à-dire que le caractère d'une marque de fabrique française doit être apprécié d'après la loi française, de même que celui d'une marque belge doit être jugé d'après la loi belge.

Art. 16. — La présente Convention entrera en même temps que le Traité de commerce et la Convention de navigation conclus aujourd'hui entre les Hautes Parties contractantes, et elle produira ses effets jusqu'au 1er février 1892.

Dans le cas où aucune des deux Hautes Parties contractantes n'aurait notifié, une année avant l'expiration de ce terme, son intention d'en faire cesser les effets, la Convention continuera à être obligatoire encore une année, et ainsi de suite, d'année en année, à partir du jour où l'une des Parties l'aura dénoncée.

Art 17. — La présente Convention sera ratifiée, et les ratifications en seront échangées à Paris avant le 1er février 1882, et simultanément avec celles du Traité de commerce et de la Convention de navigation conclus sous la date de ce jour entre les deux Hautes Parties contractantes.

En foi de quoi, les Plénipotentiaires respectifs l'ont signée et y ont apposé leurs cachets.

Fait en double expédition à Paris, le trente et unième jour du mois d'octobre de l'an de grâce mil huit cent quatre-vingt-un.

(L.S.) Barthélemy Saint-Hilaire.
(L.S.) P. Tirard.
(L.S.) Horace de Choiseul.
(L.S.) Baron Beyens.
(L.S.) Baron Lambermont.
(L.S.) J. Kindt.
(L.S.) A. Defacqz.

DÉCLARATION INTERPRÉTATIVE

ANNEXÉE

à la Convention conclue le 31 octobre 1881, entre la France et la Belgique, pour la garantie réciproque de la propriété littéraire, artistique et industrielle.

Les soussignés, à ce dûment autorisés, déclarent que les auteurs et les ayants droit des auteurs de l'un des deux Pays auront, dans tous les cas, la faculté d'invoquer, dans l'autre Pays, le bénéfice du traitement de la nation la plus favorisée en ce qui concerne le droit de traduction de leurs ouvrages et le droit de représentation en traduction des ouvrages dramatiques.

La présente Déclaration aura la même force, valeur et durée que la Convention du 31 octobre 1881, à laquelle elle sert de complément.

Fait à Paris, le 4 janvier 1882.

(L. S.) Léon Gambetta.
(L. S.) Beyens.

Art. 2. — Le Président du Conseil, Ministre des Affaires étrangères, est chargé de l'exécution du présent décret.

Fait à Paris, le 15 mai 1882.

JULES GRÉVY.

Par le Président de la République :

Le Président du Conseil,
Ministre des Affaires étrangères,

C. DE FREYCINET.

ESPAGNE

LOI portant approbation du traité de commerce et de navigation signé à Paris, le 6 février 1882, entre la France et l'Espagne.

Le Sénat et la Chambre des députés ont adopté,

Le Président de la République promulgue la loi dont la teneur suit :

Article unique. — Le Président de la République est autorisé à ratifier et, s'il y a lieu, à faire exécuter le traité de commerce et de navigation signé à Paris, le 6 février 1882, entre la France et l'Espagne.

Une copie authentique de ce traité sera annexée à la présente loi.

La présente loi, délibérée et adoptée par le Sénat et par la Chambre des députés, sera exécutée comme loi de l'Etat.

Fait à Paris, le 11 mai 1882.

JULES GRÉVY.

Par le Président de la République :

Le Président du Conseil,
Ministre des Affaires étrangères ,

C. DE FREYCINET.

Le Président de la République Française,

Sur la proposition du Président du Conseil, Ministre des Affaires étrangères,

Décrète :

Art. 1er. — Le Sénat et la Chambre des Députés ayant approuvé le traité de commerce et de navigation, signé le 6 février 1882, entre la France et l'Espagne, et les ratifications de cet Acte ayant été échangées, le 12 mai 1882, ledit traité, dont la teneur suit, recevra sa pleine et entière exécution.

TRAITÉ DE COMMERCE ET DE NAVIGATION

Conclu le 6 février 1882

ENTRE LA FRANCE ET L'ESPAGNE

Le Président de la République française,

Et Sa Majesté le Roi d'Espagne,

Egalement animés du désir de resserrer les liens d'amitié qui unissent les deux Pays, et voulant améliorer et étendre les relations de commerce et de navigation entre les deux Etats, ont résolu de conclure un Traité à cet effet et ont nommé pour leurs Plénipotentiaires, savoir :

Le Président de la République Française,

M. C. de Freycinet, Sénateur, Président du Conseil, Ministre des Affaires Etrangères ;

M. P. Tirard, Député, Ministre du Commerce ;

M. Maurice Rouvier, Député, ancien Ministre du Commerce et des Colonies ;

Et Sa Majesté le Roi d'Espagne,

M. Manuel Falco d'Adda, duc de Fernan-Nuñez, de Montellano et del Arco, comte de Cervellon, marquis de Almonacir, Grand d'Espagne de 1re classe, Chevalier de l'Ordre de Charles III, Chevalier de Calatrava, Sénateur du Royaume, son Ambassadeur Extraordinaire et Plénipotentiaire près la République française ;

Et Don Salvador de Abacete y Albert, ex-Ministre d'Outre-Mer, Député aux Cortès, Grand'-Croix de l'Ordre d'Isabelle la Catholique, Commandeur de l'Ordre de Charles III, Commandeur de la Légion d'honneur et Chambellan de Sa Majesté en exercice ;

Lesquels, après s'être communiqué leurs pleins pouvoirs, trouvés en bonne et due forme, sont convenus des articles suivants :

Art. 1er. — Il y aura pleine et entière liberté de commerce et de navigation entre la République française et le Royaume d'Espagne.

Les ressortissants des deux Etats ne payeront pas à raison de leur commerce et de leur industrie, dans les ports, villes ou lieux quelconques des pays respectifs, soit qu'ils s'y établissent, soit qu'ils y résident temporairement, de droits, taxes, impôts ou patentes, sous quelque dénomination que ce soit, autres ni plus élevés que ceux qui sont ou seront perçus sur les nationaux; et les privilèges, immunités et autres faveurs quelconques dont jouiraient, en matière de commerce, d'industrie et de navigation, les citoyens de l'un des deux Etats, seront communs à ceux de l'autre, sous réserve des exceptions contenues dans le présent traité.

Art. 2. — Les ressortissants de chacune des deux Hautes Parties contractantes auront réciproquement, au même titre que les nationaux, la faculté d'entrer avec leurs navires et chargements dans tous les ports et rivières des Etats, provinces et possessions de l'autre, de voyager, de résider, de s'établir partout où ils le jugeront convenable pour leurs intérêts, d'acquérir, de posséder toute espèce de biens meubles et immeubles; d'exercer toute espèce d'industrie ou métier, de faire le commerce tant en gros qu'en détail, de louer les maisons, magasins et boutiques qui leur seront nécessaires; d'expédier et de recevoir des marchandises ou des valeurs par voie de terre ou de mer et de recevoir des consignations aussi bien de l'intérieur que de l'étranger ; le tout sans payer d'autres droits que ceux qui sont ou pourront être perçus sur les nationaux.

Ils auront le droit, dans leurs ventes et achats, d'établir le prix des marchandises et des objets quels qu'ils soient tant importés que nationaux, soit qu'ils les vendent à l'intérieur du pays, soit qu'ils les destinent à l'exportation, sauf à se conformer aux lois et règlements du pays.

Ils auront la faculté de faire et administrer eux-mêmes leurs affaires ou de se faire suppléer par des personnes dûment autorisées soit dans l'achat où la vente de leurs biens, effets ou marchandises, soit pour le chargement, le déchargement et l'expédition de leurs navires.

Art. 3. — Les Français en Espagne et les Espagnols en France jouiront réciproquement d'une constante et complète protection pour leurs personnes et leurs propriétés, et auront les mêmes droits (excepté les droits politiques, et les mêmes privilèges qui sont ou seront accordés aux nationaux, à la condition toutefois, de se soumettre aux lois du pays.

Ils auront, en conséquence, un libre et facile accès auprès des tribunaux de justice, tant pour réclamer que pour défendre leurs droits, à tous les degrés de juridiction établis par les lois ; ils pourront employer dans toutes les instances les avocats, avoués et agents de toute classe qu'ils jugeront à propos, et jouiront enfin, sous ce rapport, des mêmes droits et avantages déjà accordés ou qui seront accordés aux nationaux.

Art. 4. — Les Français en Espagne et les Espagnols en France seront soumis au payement des contributions tant ordinaires qu'extraordinaires, afférentes aux biens immeubles qu'ils possèdent dans le pays de leur résidence et à la profession ou industrie qu'ils y exercent, conformément aux lois et aux règlements généraux des Etats respectifs. Ils seront également soumis, comme les nationaux, aux charges et prestations en nature, ainsi qu'aux impôts municipaux, urbains, provinciaux et départementaux auxquels ils pourraient être assujettis pour leurs biens meubles, leur profession ou industrie.

D'ailleurs, les Français en Espagne, comme les Espagnols en France, seront exempts de toute contribution de guerre, avances de contributions, prêts et emprunts et de toute autre contribution extraordinaire, de quelque nature qu'elle soit, qui serait établie dans l'un des deux pays par suite de circonstances exceptionnelles, en tant que ces contributions ne seraient pas imposées sur la propriété foncière.

Ils seront également exempts de toute charge ou emploi municipal et de tout service personnel, soit dans les armées de terre ou de mer, soit dans la garde ou milice nationale, ainsi que de toute réquisition aux services de la milice.

Art. 5. — Les ressortissants des deux Etats pourront disposer à leur volonté par donation, vente, échange, testament ou de toute autre manière, de tous les biens qu'ils possèderaient dans les territoires respectifs et retirer intégralement leurs capitaux du pays. De même les ressortissants de l'un des deux Etats, habiles à hériter de biens situés dans l'autre, pourront prendre possession, sans empêchement, des biens qui leur seraient dévolus, même *ab intestat* ; et lesdits héritiers ou légataires ne seront pas tenus à acquitter des droits de succession autres ni plus élevés que ceux qui seraient imposés, dans des cas semblables, aux nationaux eux-mêmes.

Art. 6. — Les ressortissants des deux Hautes Parties contractantes ne pourront être assujettis respectivement à aucune saisie, ni être retenus avec leurs navires, équipages, voitures et effets de commerce, quels qu'ils soient, pour aucune expédition militaire ni pour aucun service public, sans qu'il soit accordé aux intéressés une indemnité préalablement convenue. Ils seront néanmoins soumis aux réquisitions pour transports (bagages); mais, dans ce cas, ils auront droit à la rémunération officiellement établie par l'autorité compétente, dans chaque département ou localité, pour les nationaux.

Art. 7. — Les Français en Espagne et réciproquement les Espagnols en France jouiront de la même protection que les nationaux pour tout ce qui concerne la propriété des marques de fabrique ou de commerce, ainsi que des dessins ou modèles industriels et de fabrique de toute espèce.

Le droit exclusif d'exploiter un dessin ou modèle industriel de fabrique ne peut avoir, au profit des Espagnols en France, et réciproquement au profit des Français en Espagne, une durée plus longue que celle fixée par la loi du pays à l'égard des nationaux.

Si le dessin ou modèle industriel ou de fabrique appartient au domaine public dans le pays d'origine, il ne peut être l'objet d'une jouissance exclusive dans l'autre pays.

Les dispositions des deux paragraphes qui précèdent sont applicables aux marques de fabrique ou de commerce.

Les droits des Français en Espagne et, réciproquement, les droits des Espagnols en France ne sont pas subordonnés à l'obligation d'y exploiter les modèles ou dessins industriels ou de fabrique.

Art. 8. — Les nationaux de l'un des deux pays qui voudront s'assurer dans l'autre la propriété d'une marque, d'un modèle ou d'un dessin devront remplir les formalités prescrites à cet effet par la législation respective des deux Etats.

Les marques de fabrique auxquelles s'appliquent l'article présent et l'article précédent sont celles qui, dans les deux pays, sont légitimement acquises aux industriels ou négociants qui en usent, c'est-à-dire que le caractère d'une marque de fabrique française doit être apprécié d'après la loi française, de même que celui d'une marque espagnole doit être jugé d'après la loi espagnole.

Art. 9. — Les fabricants et marchands ainsi que les voyageurs de commerce français voyageant en Espagne pour le compte d'une maison française, et réciproquement les fabricants et marchands, ainsi que les voyageurs de commerce espagnols voyageant en France pour le compte d'une maison espagnole, pourront faire, sans y être soumis à aucun droit, des achats pour les besoins de leur industrie et recueillir des commandes avec ou sans échantillons, mais sans colporter de marchandises.

Art. 10. — Les objets passibles d'un droit d'entrée qui servent d'échantillons et qui sont importés en Espagne par des fabricants, des marchands ou des voyageurs de commerce français, et en France par des fabricants, des marchands ou des voyageurs de commerce espagnols, seront, de part et d'autre, admis en franchise temporaire, moyennant les formalités de douane nécessaires pour en assurer la réexportation ou la réintégration en entrepôt. Ces formalités seront réglées d'un commun accord entre les deux Gouvernements.

Art. 11. — Les objets d'origine ou de manufacture espagnole énumérés dans le tarif A, joint au présent traité, et importés directement par terre ou par mer, seront admis en France aux droits fixés par ledit tarif et par les notes qui y sont inscrites, tous droits additionnels compris.

Les objets d'origine ou de manufacture française énumérés dans le tarif B, joint au présent traité, et importés directement par terre ou par mer, seront admis en Espagne aux droits fixés par ledit tarif et par les notes qui y sont inscrites, tous droits additionnels compris.

Il est entendu, d'une part, que les exemptions inscrites au tarif général espagnol seront maintenues et que, d'autre part, les droits actuellement inscrits dans la seconde colonne de ce tarif général ne pourront pas être augmentés en ce qui concerne les articles auxquels la franchise est accordée dans le tarif A, joint au présent Traité.

Art. 12. — Les droits d'exportation de l'un des deux Etats dans l'autre seront fixés conformément aux tarifs C et D, annexés au présent Traité.

Les produits non dénommés dans ces deux tarifs ne pourront être frappés de droits ou de prohibitions de sortie qu'en cas de guerre et pour les seules marchandises considérées comme articles de guerre.

Pour faciliter la circulation des produits agricoles sur la frontière des deux pays, les céréales en gerbes ou en épis, les foins, la paille et les fourrages verts seront réciproquement importés et exportés en franchise de droits.

Art. 13. — Les marchandises de toute nature traversant chacun des deux pays seront exemptes de tout droit de transit.

Le transit des contrefaçons est interdit. Celui de la poudre à tirer, des armes et des munitions de guerre pourra également être interdit ou soumis à une autorisation spéciale.

Art. 14. — Chacune des deux Hautes Parties contractantes s'engage à faire profiter l'autre, immédiatement et sans compensation, de toute faveur, de tout privilège ou abaissement dans les tarifs des droits à l'importation et à l'exportation des articles mentionnés ou non dans le présent traité qu'une d'elles a accordé ou pourrait accorder à une tierce puissance.

Les Hautes Parties contractantes s'engagent, en outre, à n'établir l'une envers l'autre aucun droit ou prohibition d'importation ou d'exportation qui ne soit en même temps applicable aux autres nations.

Le traitement de la nation la plus favorisée est réciproquement garanti à chacune des Hautes Parties contractantes, pour tout ce qui concerne la consommation, l'entreposage, la réexportation, le transit, le transbordement de marchandises, le commerce et la navigation en général.

Art. 15. — Le principe reconnu dans l'article précédent n'est pas applicable :

1° A l'importation, à l'exportation et au transit des marchandises qui sont ou seraient l'objet de monopoles de l'État ;

2° Aux marchandises spécifiées ou non dans le présent traité pour lesquelles une des Hautes Parties contractantes jugerait nécessaire d'établir des prohibitions ou des restrictions temporaires d'entrée et de transit par des motifs sanitaires, pour empêcher la propagation d'épizooties ou la destruction des récoltes, ou bien en vue d'événements de guerre.

Art. 16. — Les drawbacks à l'exportation des produits français, et réciproquement les drawbacks qui seraient établis à l'exportation des produits espagnols ne pourront être que la représentation exacte des droits d'accise ou de consommation intérieure grevant lesdits produits ou les matières employées à leur fabrication.

Art. 17. — Les marchandises de toute nature originaires de l'un des deux pays et importées dans l'autre ne pourront être assujetties à des droits d'accise ou de consommation supérieurs à ceux qui grèvent ou grèveraient les marchandises similaires de production nationale.

Toutefois, les droits à l'importation pourront être augmentés des sommes que représenteraient les frais occasionnés aux producteurs nationaux par le système de l'accise.

Art. 18. — Le Gouvernement espagnol garantit que, dans aucun cas, les produits français ne seront assujettis, par les provinces, les communes, les établissements ou corporations quelconques, à des droits d'octroi, de consommation ou à des taxes, sous quelque dénomination que ce soit, autres ou plus élevés que ceux auxquels seraient assujettis les produits du pays ; et, de son côté, le Gouvernement français garantit que, dans aucun cas, les produits de l'Espagne ne seront assujettis par les départements, les communes, les établissements ou corporations quelconques à des droits d'octroi ou de consommation ou à des taxes, sous quelque dénomination que ce soit, autres ou plus élevés que ceux auxquels seraient assujettis les produits du pays.

Art. 19. — Les articles d'orfèvrerie et de bijouterie en or ou en argent importés de l'un des deux pays seront soumis dans l'autre au régime de contrôle établi pour les articles similaires de fabrication nationale et payeront, s'il y a lieu, sur la même base que ceux-ci, les droits de marque et de garantie.

Art. 20. — Chacune des deux Hautes Parties contractantes pourra exiger que l'importateur, pour établir que les produits sont d'origine ou de manufacture nationale, présente à la douane du pays d'importation une déclaration officielle faite par le producteur ou le fabricant de la marchandise ou par toute autre personne dûment autorisée par lui, devant les autorités locales du lieu de production ou d'entreposage ; les consuls ou agents consulaires respectifs légaliseront, sans frais, les signatures des autorités locales.

Art. 21. — Les navires français, chargés ou non, ainsi que leurs cargaisons en Espagne, et les navires espagnols, chargés ou non, ainsi que leurs cargaisons en France ou en Algérie, à leur arrivée d'un port quelconque et quel que soit le lieu d'origine ou de destination de leur cargaison, jouiront sous tous les rapports, à l'entrée, pendant leur séjour et à la sortie, du même traitement que les navires nationaux et leurs cargaisons.

Art. 22. — Les navires français entrant dans un port d'Espagne et, réciproquement, les navires espagnols entrant dans un port de France et qui n'y voudraient décharger qu'une partie de leur cargaison pourront, en se conformant aux lois et règlements des États respectifs, conserver à leur bord la partie de leur cargaison qui serait destinée à un autre port, soit du même pays, soit d'un autre, et la réexporter sans être astreints à payer pour cette dernière partie de leur cargaison aucun droit

de douane, sauf celui de surveillance, lequel, d'ailleurs, ne pourra être perçu qu'au taux fixé pour la navigation nationale.

Art. 23. — Seront complètement affranchis des droits de navigation, de port, de tonnage et d'expédition dans les ports respectifs :

1° Les navires qui, entrés sur lest, de quelque lieu que ce soit, en repartiront sur lest ;

2° Les navires qui, passant d'un port de l'un des deux États dans un ou plusieurs ports du même État, soit pour y déposer tout ou partie de leur cargaison, soit pour y composer ou compléter leur chargement, justifieront avoir déjà acquitté ces droits ;

3° Les navires qui, entrés en chargement dans un port, soit volontairement, soit en relâche forcée, en sortiront sans avoir fait aucune opération de commerce.

Ne seront pas considérés, en cas de relâche forcée, comme opérations de commerce, le débarquement et le rechargement des marchandises pour la réparation du navire, le transbordement sur un autre navire en cas d'innavigabilité du premier, les dépenses nécessaires au ravitaillement des équipages et la vente des marchandises avariées lorsque l'administration des douanes en aura donné l'autorisation.

Art. 24. — Les épaves et les marchandises avariées provenant d'un navire de l'une des deux Hautes Parties contractantes, et qui ne sont pas admises à la consommation intérieure ne pourront être assujetties au payement de droits d'aucune espèce.

Art. 25. — Seront respectivement considérés comme navires français ou espagnols ceux qui, naviguant sous le pavillon de l'un des deux États, seront possédés et enregistrés selon les lois du pays et munis de titres et patentes régulièrement délivrés par les autorités compétentes.

Les Hautes Parties contractantes conviennent de régler, d'un commun accord, les conditions auxquelles les certificats de jaugeage respectifs seront réciproquement admis dans l'un et l'autre pays.

Art. 26. — Les deux Hautes Parties contractantes se réservent la faculté d'imposer sur tout article mentionné dans le présent traité ou sur tout autre article, en temps qu'ils pèseront également sur les navires nationaux, des droits de débarquement ou d'embarquement affectés à la dépense des établissements nécessaires au port d'importation ou d'exportation.

En ce qui concerne le placement des navires, leur chargement ou leur déchargement dans les ports, rades, havres ou bassins, et généralement pour toutes les formalités ou dispositions quelconques auxquelles peuvent être soumis les navires de commerce, leurs équipages et leurs cargaisons, il ne sera accordé aux navires nationaux, dans l'un des deux États, aucun privilège ni aucune faveur qui ne le soit également aux navires de l'autre puissance, la volonté des Hautes Parties contractantes étant que, sous ce rapport aussi, les bâtiments français et les bâtiments espagnols soient traités sur le pied d'une parfaite égalité.

Art. 27. — Les marchandises non originaires d'Espagne qui seront importées d'Espagne en France, soit par terre, soit par mer, ne pourront pas être grevées de surtaxes supérieures à celles dont seraient passibles les marchandises de même nature importées en France de tout autre pays européen autrement qu'en droiture par navire français et, réciproquement, les marchandises non originaires de France en Espagne soit par terre, soit par mer, ne pourront pas être grevées de surtaxes supérieures à celles dont seraient passibles les marchandises de même nature importées en Espagne de tout autre pays européen autrement qu'en droiture par navire espagnol.

Art. 28. — Les paquebots chargés d'un service postal et appartenant à des compagnies subventionnées par l'un des deux États ne pourront être, dans les ports de l'autre, dé-

tournés de leur destination ni être sujets à saisie-arrêt, embargo ou arrêt de prise.

Toutefois, en ce qui concerne l'application du présent article, les Hautes Parties contractantes conviennent de prendre d'un commun accord les dispositions nécessaires pour assurer, vis-à-vis de l'administration, la garantie des compagnies subventionnées relativement aux responsabilités qui pourraient être encourues tant par les capitaines de leurs paquebots que par lesdites compagnies elles-mêmes.

Art. 29. — Les dispositions du présent Traité ne s'appliquent pas au régime du cabotage ni au régime de la pêche.

Chacune des deux Hautes Parties contractantes réserve pour ses nationaux exclusivement l'exercice de la pêche dans ses eaux territoriales.

Art. 30. — Les dispositions du présent Traité de commerce et de navigation sont applicables, d'une part, à l'Algérie, et, de l'autre, aux îles adjacentes et aux Canaries, ainsi qu'aux possessions espagnoles de la côte du Maroc.

Art. 31. — Les dispositions contenues dans les articles 2, 3, 4, 5 et 6 du présent traité sont applicables dans les possessions d'outre-mer de l'un et de l'autre État, sous les réserves que comporte le régime spécial auquel ces possessions sont soumises.

En ce qui concerne ces mêmes possessions, les Hautes Parties contractantes se garantissent réciproquement, en matière de commerce, d'industrie et de navigation, le traitement que le régime spécial de ces possessions comporte pour la nation la plus favorisée.

Il est, d'ailleurs, entendu que chacune des Hautes Parties contractantes garantit aux ressortissants de l'autre la jouissance dans lesdites possessions des privilèges, immunités et autres faveurs quelconques qui sont ou seraient accordées aux ressortissants d'une tierce puissance.

Art. 32. — Le présent Traité entrera en vigueur le 16 mai 1882 et restera exécutoire jusqu'au 1er février 1892.

Dans le cas où aucune des deux Hautes Parties contractantes n'aurait notifié douze mois avant ladite période, son intention d'en faire cesser les effets, il demeurera obligatoire jusqu'à l'expiration d'une année à partir du jour où l'une ou l'autre des Hautes Parties contractantes l'aura dénoncé.

Art. 33. — Le présent Traité sera soumis à l'approbation des Chambres de chacun des deux États et les ratifications en seront échangées à Paris, au plus tard le 12 mai 1882.

En foi de quoi, les Plénipotentiaires respectifs l'ont signé et y ont apposé leurs cachets.

Fait à Paris, en double original, le sixième jour du mois de février mil huit cent quatre-vingt-deux.

(L. S.) C. DE FREYCINET.
(L. S.) P. TIRARD.
(L. S.) M. ROUVIER.
(L. S.) DUC DE FERNAN-NUNEZ.
(L. S.) SALVADOR DE ALBACETE.

Art. 2. — Le Président du Conseil, Ministre des Affaires étrangères, est chargé de l'exécution du présent décret.

Fait à Paris, le 13 mai 1882.

JULES GRÉVY.

Par le Président de la République :

Le Président du Conseil, Ministre des Affaires étrangères,

C. DE FREYCINET.

TARIFS ANNEXÉS AU TRAITÉ DE COMMERCE ET DE NAVIGATION ENTRE LA FRANCE ET L'ESPAGNE

Tarif A

DROITS A L'ENTRÉE EN FRANCE

DÉNOMINATION DES ARTICLES	UNITÉS	DROITS
Gibier et volaille morts ou vivants	100 kil	5 »
Viandes fraîches de boucherie	Idem.	3 »
— salées, y compris la taxe intérieure du sel	Idem.	4 50
Conserves de viandes en boîtes	Idem.	8 »
Peaux brutes, fraîches ou sèches, grandes ou petites	Idem.	Exemptes.
Laines en masse et déchets de laine	Idem.	Idem.
Soies en cocons	Idem.	Idem.
— grèges ou moulinées	Idem.	Idem.
— teintes, à coudre, à broder ou autres	Idem.	Idem.
Bourre de soie en masse	Idem.	Idem.
Cheveux non ouvrés	Idem.	Idem.
Graisses animales autres que de poisson	Idem.	Idem.
Engrais	Idem.	Idem.
Poissons frais de mer	Idem.	5 »
— secs, salés ou fumés, autres que la morue et le klippfish	Idem.	10 »
— conservés au naturel, marinés ou autrement préparés	Idem.	10 »
Huîtres fraîches : naissain	Idem.	Exempt.
— — autres	le mille.	1 50
— marinées	100 kil.	10 »
Homards et langoustes frais	Idem.	5 »
— conservés au naturel ou préparés	Idem.	10 »
Corail brut	Idem.	Exempt.
Os, sabots et cornes de bétail, bruts	Idem.	Idem.
Légumes secs et leurs farines	Idem.	Idem.
Marrons, châtaignes et leurs farines	Idem.	Idem.
Alpiste et millet en grains et farines	Idem.	Idem.
Pommes de terre	Idem.	Idem.
Fruits de table frais : citrons, oranges et leurs variétés	Idem.	2 »
— caroube ou carouge	Idem.	Exempt.
— autres	Idem.	Idem.
Fruits de table secs ou tapés : figues	Idem.	Idem.
— raisins, pommes et poires	Idem.	6 »
— amandes, noix, noisettes et avelines	Idem.	Exemptes.
Fruits de table confits ou conservés sans sucre ni miel	Idem.	8 »
Anis vert	Idem.	Exempt.
Fruits et graines oléagineux	Idem.	Idem.
Chocolat	Idem.	88 »
Huile d'olive	Idem.	3 »
Essences d'orange, de citron et de leurs variétés	Idem.	100 »
Jus de réglisse	Idem.	4 »
Bois communs, excepté ceux en éclisses et les perches et échalas	Idem.	Exempts.
Joncs et roseaux bruts, y compris le sparte	Idem.	Idem.
Écorces à tan, moulues ou non	Idem.	Idem.
Racines, herbes, feuilles, fleurs, baies, graines et fruits propres à la teinture et au tannage	Idem.	Idem.
Légumes verts	Idem.	Idem.
— salés ou confits	Idem.	3 »
Fourrages, y compris la jarosse	Idem.	Exempts.
Son de toutes sortes de grains	Idem.	Idem.
Tourteaux de graines oléagineuses	Idem.	Idem.
Soufre non épuré (y compris le minerai et les pyrites) sublimé ou épuré	Idem.	Idem.
Goudron minéral, provenant de la distillation de la houille	Idem.	Idem.
Jais	Idem.	Idem.
Minerais et scories de toute sorte	Idem.	Idem.
Cendres d'orfèvre	Idem.	Idem.
Fonte de fer	Idem.	1 50
Ferrailles et débris de vieux ouvrages en fer ou en fonte	Idem.	2 »
— débris de vieux ouvrages en acier	Idem.	3 »
Cuivre pur ou allié de zinc ou d'étain de 1re fusion en masses, barres, saumons ou plaques	Idem.	Exempt.
Limailles et débris de vieux ouvrages en cuivre	Idem.	Idem.
Plomb en masses brutes, saumons, barres ou plaques	Idem.	Idem.
Limailles et débris de vieux ouvrages en plomb	Idem.	Idem.
Zinc en masses brutes, saumons, barres ou plaques	Idem.	Idem.

DÉNOMINATION DES ARTICLES	UNITÉS	DROITS
Mercure natif..........	100 kil.	Exempt.
Acide citrique liquide (jus de citron naturel ou concentré)........	Idem.	Idem.
— gallique : extrait de châtaignier et autres sucs tannins, liquides ou concrets........	Idem.	Idem.
Oxydes de plomb :		
— minium..........	Idem.	Idem.
— litharge et autres........	Idem.	Idem.
Sulfate d'ammoniaque brut........	Idem.	Idem.
Carbonate de plomb........	Idem.	Idem.
Citrate de chaux........	Idem.	Idem.
Glycérine industrielle........	Idem.	3 75
Sulfate de magnésie........	Idem.	Exempt.
Sulfate de soude impur, anhydre, contenant en nature 25 p. 100 de chlorure de sodium ou moins........	Idem.	1 75
Tartrates de potasse (y compris les lies de vin)........	Idem.	Exempts.
Produits chimiques dérivés du goudron de houille :		
— essence de houille, benzine et autres huiles légères........	Idem.	Idem.
— huiles lourdes........	Idem.	Idem.
Cochenille........	Idem.	Idem.
Colle forte, gélatine et albumine........	Idem.	Idem.
Vins de toute sorte, fûts compris........	l'hectol. de liquide	2 » (1)
Vinaigres autres que ceux de parfumerie........	Idem.	2 »
Alcools : eaux-de-vie en bouteilles........	Idem.	30 »
— autrement qu'en bouteilles........	l'hect. d'alcool pur	30 »
Liqueurs........	l'hect. de liquide.	30 »
Poteries de terre commune, cuites en dégourdi, vernissées sans décorations de sculpture ou de peinture (poterie grossière).	100 kil.	Exemptes.
— avec décorations, à reliefs unicolores ou multicolores (platerie et creux)........	Idem.	5 »
Faïences stannifères à pâte colorée, couverte blanche ou colorée, avec reliefs, godrons, cannelures ou dentelures unicolores, obtenues par moulage sans retouche........	Idem.	Exemptes.
— à glaçure multicolore, avec dessins imprimés ou peintures à la main, ou avec moulures en relief retouchées à la main.	Idem.	12 »
Tissus de coton pur, unis, croisés, et coutils présentant en chaîne et en trame dans l'espace de 5 millim. carrés :		
— écrus, ceux pesant 11 kilog. et plus les 100 mètres carrés :		
30 fils ou moins........	Idem.	50 »
31 fils ou plus........	Idem.	72 »
— écrus, ceux pesant de 7 kilog. inclusivement à 11 kilog. exclusivement les 100 mètres carrés :		
35 fils ou moins........	Idem.	60 »
36 à 43 fils inclusivement........	Idem.	100 »
44 fils ou plus........	Idem.	180 »
— écrus, ceux pesant de 5 kilog. inclusivement à 7 kilog. exclusivement les 100 mètres carrés :		
27 fils ou moins........	Idem.	80 »
28 à 35 fils inclusivement........	Idem.	117 »
36 à 43 fils inclusivement........	Idem.	190 »
44 fils ou plus........	Idem.	242 »
— écrus, ceux pesant de 3 kilog. inclusivement à 5 kilog. exclusivement les 100 mètres carrés :		
20 fils ou moins........	Idem.	110 »
21 à 27 fils inclusivement........	Idem.	148 »
28 à 35 fils inclusivement........	Idem.	193 »
36 à 43 fils inclusivement........	Idem.	270 »
44 fils ou plus........	Idem.	403 »
— blanchis........		Droits des tissus écrus augmentés de 15 p. 100
— teints........		Droits des tissus écrus augmentés de 25 fr. les 100 kil.
— imprimés : de 1 à 2 couleurs........		Droits des tissus écrus augmentés de 2 fr. par 100 mèt. car.
— de 3 à 6 couleurs........		Droits des tissus écrus augmentés de 4 fr. par 100 mèt. car.
— de 7 couleurs et plus........		Droits des tissus écrus augmentés de 7 fr. 50 par 100 m. c.
Tissus de laine pure :		
Draps, casimirs et autres tissus foulés et tissus ras, non foulés, pesant au mètre carré 400 grammes au plus.....	100 kil.	140 »
— pesant au mètre carré de 400 à 550 grammes........	Idem.	123 »
— pesant au mètre carré plus de 550 grammes........	Idem.	106 »
Tissus de laine mélangée :		
Draps, casimirs et autres tissus foulés, chaîne coton et tissus ras non foulés, la laine dominant, pesant au mètre carré 200 grammes au plus........	Idem.	140 »
— pesant au mètre carré 200 à 300 gr. inclus........	Idem.	115 »
— pesant au mètre carré 300 à 400 gr. inclus........	Idem.	90 »
— pesant au mètre carré 400 à 550 gr. inclus........	Idem.	65 »
— pesant au mètre carré 550 à 700 gr. inclus........	Idem.	50 »
— pesant au mètre carré plus de 700 grammes........	Idem.	35 »
Papier de toute sorte autre que de fantaisie........	Idem.	8 »
Carton en feuilles........	Idem.	8 »
Livres, gravures, estampes, lithographies, photographies et dessins de toute sorte sur papier, cartes géographiques ou marines, musique gravée ou imprimée........	Idem.	Exempt.

(1) Les vins titrant plus de 15 degrés centésimaux acquitteront le droit d'importation de l'alcool (30 centimes par degré) sur la quantité d'esprit excédant 15 degrés et le droit d'importation du vin sur le reste du liquide.

DÉNOMINATION DES ARTICLES	UNITÉS	DROITS
Gants d'agneau ou de veau, simplement cousus..	La douzaine.	0 50
— piqués...	Idem.	0 75
— de chevreau ou de chevrette, simplement cousus...	Idem.	1 »
— piqués...	Idem.	1 25
Futailles vides, neuves, montées ou démontées, cerclées en bois..	100 kil.	Exemptes.
— cerclées en fer..	Idem.	1 »
Nattes ou tresses de sparte à trois bouts exclusivement destinées à la fabrication des cordages.....................	Idem.	0 50
— autres...	Idem.	1 »
Tapis de sparte...	Idem.	10 »
Cordages de sparte..	Idem.	3 75
— autres mesurant par kilogramme de fil simple 2,000 mètres ou moins..	Idem.	15 »
Corail taillé non monté..	Idem.	Exempt.
Liège ouvré : bouchons d'une longueur de 50 millimètres et plus..	Idem.	20 »
— d'une longueur inférieure à 50 millimètres..	Idem.	13 »
— autre...	Idem.	5 »
Cheveux ouvrés...	Idem.	Exempts.

Tarif B

DROITS A L'ENTRÉE EN ESPAGNE

NUMÉRO du tarif.	DÉNOMINATION DES ARTICLES	UNITÉS	DROITS
»	Carreaux, briques et tuiles ordinaires pour constructions..	100 kil.	0 06
9	Verre creux ordinaire..	Idem.	6 50
10	Cristal et verre cristallisé..	Idem.	34 67
11	Verre et cristal en feuilles...	Idem.	16 04
12	Verre et cristal étamés et verres de lunettes et de montres...	Idem.	69 34
14	Faïences et terre vernissée fine..	Idem.	26 58
15	Porcelaine...	Idem.	37 50
21	Fonte en ouvrages communs..	Idem.	6 14
22	Fonte en ouvrages fins, soit ouvrages polis, émaillés ou avec ornements en autres métaux..............	Idem.	11 82
29	Fer et acier en ouvrages communs, quand même ils seraient recouverts de plomb, étain ou zinc, peints ou vernis, et tubes recouverts d'une feuille de cuivre jaune..	Idem.	19 84
30	Fer et acier en ouvrages fins, soit ouvrages polis, émaillés et avec ornements d'autres métaux et ouvrages en acier non spécifiés dans le tarif..	Idem.	21 09
33	Fer-blanc ouvré..	Idem.	50 97
41	Cuivre et laiton en planches et clous et fils de cuivre..	Idem.	33 19
42	Cuivre et laiton en tuyaux, grandes pièces non finies, telles que fonds de chaudières et de poêlons......	Idem.	46 28
43	Fils de laiton..	Idem.	20 63
45	Cuivre et laiton ouvrés et tous les alliages de métaux communs dans lesquels entre le cuivre, y compris les objets de quincaillerie..	Idem.	86 68
46	Les mêmes métaux, alliages et objets en articles dorés, argentés, nickelés ou vernis..................	Idem.	216 70
50	Zinc ouvré..	Idem.	23 69
92	Parafine, stéarine, cires et blanc de baleine en masses...	Idem.	21 »
93	Les mêmes matières ouvrées..	Idem.	33 91
94	Parfumerie et essences...	le kil.	1 74
100	Tissus de coton, serrés, unis, écrus, blancs ou teints, en pièces et mouchoirs, présentant en chaîne et en trame dans l'espace de 6 millimètres carrés : 25 fils ou moins....................................	Idem.	1 54
101	— 26 fils et plus..	Idem.	1 74
102	— Imprimés, ainsi que les tissus croisés ou façonnés, présentant en chaîne et en trame dans l'espace de 6 millimètres carrés : 25 fils ou moins...	Idem.	2 40
103	— 26 fils et plus..	Idem.	2 49
104	Tissus clairs, tels que mousselines, batistes, linons, organdis et gazes de toute sorte.................	Idem.	2 24
105	Piqués et ouatés...	Idem.	2 12
106	Pannes, velours et autres tissus doubles pour habillements...	Ieem.	2 49
107	Tulles..	Idem.	4 18
108	Crochets de toute forme...	Idem.	2 36
109	Dentelles de toute autre sorte que le crochet...	Idem.	5 41

NUMÉRO du tarif.	DÉNOMINATION DES ARTICLES	UNITÉS	DROITS
110	Tricots en pièces, chemisettes et pantalons..	le kil.	1 97
111	Les mêmes en bas, chaussettes, gants et autres objets..	Idem.	2 54
119	Tissus de lin ou de chanvre unis, jusqu'à 10 fils inclusivement................................	Idem.	0 87
120	— de 11 à 24 fils inclusivement..	Idem.	2 17
121	— de 25 fils et au-dessus...	Idem.	3 85
122	Tissus croisés et façonnés...	Idem.	1 83
123	— dentelles...	Idem.	12 50
124	— tricots...	Idem.	4 58
125	— tapis...	Idem.	0 25
133	Tissus de laine : tapis de laine...	100 kil.	102 93
134	— feutres...	le kil.	0 60
135	— couvertures...	Idem.	1 79
136	— draps et tous autres tissus du genre draperie en laine pure.............................	Idem.	4 30
137	— draps et tous autres tissus du genre draperie en laine mélangée de coton................	Idem.	2 60
138	— autres tissus de laine pure...	Idem.	3 50
139	— mélangés de coton...	Idem.	2 17
140	— tricots de laine pure ou mélangée de coton...	Idem.	3 47
145	Tissus de soie : unis et croisés...	Idem.	10 »
146	— velours et peluches...	Idem.	12 »
147	— de filoselle, bourre de soie, soie grège et bourre de soie mélangée de soie	Idem.	5 »
148	— tulles et dentelles de soie ou bourre de soie...	Idem.	7 »
149	— tricots de soie ou de bourre de soie..	Idem.	10 »
	— velours et peluches de soie avec toute la chaîne ou la trame en coton...................	Idem.	8 »
	— autres tissus de soie avec toute la chaîne ou la trame en coton........................	Idem.	4 »
	— tissus de soie avec la chaîne ou la trame en laine.	Idem.	5 »
151	Papier à écrire, à lithographier et à estamper..	100 kil.	27 50
152	Papier coupé, fait à la main, rayé et papier-carte..	Idem.	49 76
154	Livres reliés ou non et autres imprimés en langue étrangère.................................	Idem.	10 »
155	Gravures, cartes et dessins...	le kil.	1 25
156	Papiers de tenture imprimés sur fond naturel..	100 kil.	23 84
157	— sur fond mat ou lustré..	Idem.	43 34
158	— avec or, argent, verre ou laine.	Idem.	130 02
160	Papiers non dénommés..	Idem.	35 »
168	Bois communs ouvrés en toute sorte d'objets, sculptés ou non, peints ou vernis, et les baguettes vernies ou préparées pour être dorées...	Idem.	18 75
169	Bois fins en meubles ou autres objets sculptés, polis et vernis et ceux en bois communs plaqués en bois fins ou garnis d'autres étoffes que de soie et baguettes dorées........................	Idem.	33 75
170	Les mêmes bois en objets dorés, avec marqueterie et moulures de métal ou garnis de tissus de soie...	Idem.	102 65
184	Peaux vernies et peaux de veau tannées..	le kil.	2 50
185	Peaux tannées, autres..	Idem.	1 25
188	Gants de peau...	Idem.	18 33
189	Chaussures..	Idem.	5 67
190	Articles de sellerie et de bourrellerie..	Idem.	2 17
191	Autres articles en peau ou couverts de peau...	Idem.	4 58
192	Plumes de parure brutes et ouvrées.	Idem.	9 17
198	Pianos..	la pièce.	174 14
221	Beurre..	100 kil.	52 50
249	Vins mousseux, y compris le contenant...	Hectol.	5 »
250	— autres, fût compris...	Idem.	2 »
253	Conserves alimentaires, viandes fourrées de toutes sortes, moutardes et sauces..............	le kil.	0 92
255	Confitures..	Idem.	0 87
260	Parures et ornements de toutes sortes, autres que ceux en or et en argent...................	Idem.	6 »
265	Boutons de toute sorte, autres que ceux en or et en argent..................................	Idem.	0 50
276	Jeux et jouets, autres que ceux en écaille, en ivoire, en nacre, en or ou en argent.........	Idem.	1 30
277	Parapluies et ombrelles montés en soie...	Pièce.	1 25
278	— en toute autre étoffe...	Idem.	0 75
279	Passementerie en soie...	Kilogr.	7 50
280	— en laine..	Idem.	2 50
281	— autre.....	Idem.	2 »
283	Chapeaux et bonnets de paille..	Idem.	12 50
284	Chapeaux de toute autre matière..	Pièce.	1 83
285	Bonnets de toute autre matière...	Idem.	0 92
286	Chapeaux et bonnets montés et garnis...	Idem.	6 87

NOTES

PREMIÈRE NOTE

TISSUS COMPOSÉS DE FILS DE TROIS MATIÈRES DIFFÉRENTES

Chaîne ou trame.	*Trame ou chaîne.*	Seront considérés comme :
Fils de coton...........	Fils de lin ou chanvre, et laine...........	Tissus de laine mélangée de coton.
Idem...........	Fils de lin ou chanvre, et de soie...........	Tissus de soie mélangée de coton.
Idem...........	Fils de laine et de soie...........	Idem.
Fils de lin ou de chanvre...........	Fils de coton et de laine...........	Tissus de laine mélangée de lin ou de chanvre.
Idem...........	Fils de coton et de soie...........	Tissus de soie mélangée de lin ou de chanvre.
Idem...........	Fils de laine et de soie...........	Idem.
Fils de laine...........	Fils de lin ou chanvre, et coton...........	Tissus de laine mélangée de coton.
Idem...........	Fils de lin ou chanvre, et soie...........	Tissus de soie mélangée de laine.
Idem...........	Fils de soie et coton...........	Idem.
Fils de soie...........	Fils de lin ou chanvre, et coton...........	Tissus de soie mélangée de coton.
Idem...........	Fils de lin ou chanvre, et laine...........	Tissus de soie mélangée de laine.
Idem...........	Fils de coton et de laine...........	Idem.

Toutefois, lorsque, dans la partie mélangée (chaîne ou trame), les fils de la matière la plus fortement imposée ne représentent pas plus de 10 p. 100 du poids total du tissu, ces fils n'entreront pas en compte pour la perception des droits, qui seront perçus comme sur les tissus mélangés des deux autres matières.

DEUXIÈME NOTE

Les tissus de laine mélangés de coton sont ceux qui ont la chaîne composée entièrement de fils de coton et la trame entièrement composée de fils de laine ou de fils de laine mélangés de fils de coton, quelle que soit la proportion du mélange.

TROISIÈME NOTE

Les tissus brodés à la main ou mécaniquement et ceux mélangés de métaux fins ou faux acquitteront le droit des tissus non brodés, selon l'espèce, et une surtaxe de 30 p. 100 dudit droit.

Les vêtements confectionnés acquitteront le droit du tissu dont est composée la partie extérieure du vêtement et une surtaxe de 30 p. 100 dudit droit; si le tissu est brodé, cette surtaxe est perçue sur le droit du tissu brodé.

Les pièces de lingerie cousues acquitteront les mêmes droits que les vêtements confectionnés.

Tarif C

DROITS A LA SORTIE DE FRANCE

DÉSIGNATION DES ARTICLES	DROITS
Chiens de forte race exportés par la frontière de terre...........	Prohibés.
Contrefaçons...........	Idem.
Armes et munitions de guerre...........	Régime spécial.
Toutes autres marchandises...........	Exemptes.

Tarif D

DROITS A LA SORTIE D'ESPAGNE

Nᵒˢ D'ORDRE	DÉSIGNATION DES ARTICLES	UNITÉ	TAUX
1	Liège en tables de la province de Gérone...........	100 kilog.	5 pesetas.
2	Drilles de lin, chanvre ou coton et articles usés des mêmes matières...........	Idem.	4 —
3	Toutes autres marchandises...........	Idem.	Exemptes.

GRANDE-BRETAGNE

LOI portant approbation de la convention concernant les relations commerciales et maritimes entre la France et la Grande-Bretagne, signée à Paris, le 28 février 1882.

Le Sénat et la Chambre des députés ont adopté,

Le Président de la République promulgue la loi dont la teneur suit :

Article unique. — Le Président de la République est autorisé à ratifier et, s'il y a lieu, à faire exécuter la Convention concernant les relations commerciales et maritimes entre la France et la Grande-Bretagne, signée à Paris, le 28 février 1882.

Une copie authentique de cette Convention demeurera annexée à la présente loi.

La présente loi, délibérée et adoptée par le Sénat et par la Chambre des députés, sera exécutée comme loi de l'Etat.

Fait à Paris, le 11 mai 1882.

JULES GRÉVY.

Par le Président de la République :

Le président du conseil,
ministre des affaires étrangères,

C. DE FREYCINET.

Le Président de la République Française,

Sur la proposition du Président du Conseil, Ministre des Affaires étrangères,

Décrète :

Art. 1er. — Le Sénat et la Cnambre des Députés ayant approuvé la Convention concernant les relations commerciales et maritimes entre la France et la Grande-Bretagne, signée à Paris, le 28 février 1882, et les Ratifications de cet Acte ayant été échangées le 12 mai 1882, ladite Convention, dont la teneur suit, recevra sa pleine et entière exécution.

CONVENTION

CONCERNANT LES

Relations commerciales et maritimes entre la France et la Grande-Bretagne,

Le Président de la République Française,

Et Sa Majesté la Reine du Royaume-Uni de la Grande-Bretagne et d'Irlande ;

Egalement animés du désir de maintenir les liens d'amitié qui unissent les deux Etats, et considérant que les Traités prorogés par la déclaration du 4 de ce mois doivent prendre fin le 1er mars prochain,

Ont résolu de conclure une Convention destinée à régler l'état des relations commerciales et maritimes entre les deux Pays, ainsi que l'établissement de leurs nationaux, et ont à cet effet nommé pour leurs Plénipotentiaires respectifs, savoir :

Le Président de la République Française,

M. Louis-Charles de Saulces de Freycinet, Sénateur, Président du Conseil, Ministre

des Affaires étrangères, Officier de l'Ordre national de la Légion d'honneur ;

M. Pierre Tirard, Député, Ministre du Commerce ;

M. Maurice Rouvier, Député, ancien Ministre du Commerce et des Colonies ;

Et Sa Majesté la Reine du Royaume-Uni de la Grande-Bretagne et d'Irlande :

Le très Honorable Richard Rickerton, Pemell, vicomte Lyons, Pair du Royaume-Uni de la Grande Bretagne et d'Irlande, Chevalier Grand-Croix de l'Ordre du Bain et de l'Ordre de Saint-Michel et de Saint-Georges, Membre du Conseil privé de Sa Majesté Britannique, son Ambassadeur extraordinaire et plénipotentiaire près le Gouvernement de la République Française ;

Lesquels, après s'être communiqué leurs pleins pouvoirs respectifs, trouvés en bonne et due forme, sont convenus des articles suivants :

Art. 1er. — Les tarifs de douanes, pour les marchandises et produits manufacturés de France et d'Algérie à leur importation dans le Royaume-Uni et pour les marchandises ou produits manufacturés du Royaume-Uni à leur importation en France et en Algérie devant demeurer réglés par la législation intérieure de chacun des deux Etats, les Hautes Parties contractantes se garantissent réciproquement en France, ainsi qu'en Algérie et dans le Royaume-Uni, le traitement de la nation la plus favorisée en toute autre matière.

Il est aussi entendu que, sous réserves de l'exception ci-dessus établie, chacune des Hautes Parties contractantes s'engage à faire profiter l'autre, immédiatement et sans condition, de toute faveur, immunité ou privilège, en matière de commerce ou d'industrie, qui aurait pu ou pourrait être concédé par une des Parties contractantes à une tierce Puissance en Europe ou hors d'Europe.

Il est parfaitement entendu qu'en tout ce qui concerne le transit, l'emmagasinage, l'exportation, la réexportation, les taxes locales, le courtage, les formalités de douanes, les échantillons et également en toute matière concernant l'exercice du commerce et de l'industrie, ainsi que la résidence, temporaire ou permanente, l'exercice d'un métier ou profession, le payement de taxes ou autres impôts, de la jouissance de tous les droits et privilèges légaux, comprenant le droit d'acquérir, de posséder et la libre disposition de la propriété, les ressortissants Britanniques en France ou en Algérie et les ressortissants Français dans le Royaume-Uni, jouiront du traitement de la nation la plus favorisée.

Art. 2. — Les marchandises de toute nature, venant de l'un des deux Etats ou y allant, seront réciproquement exemptes dans l'autre Etat de tout droit de transit.

Les deux Gouvernements conservent la faculté d'exclure du transit les armes, les munitions de guerre ainsi que les contrefaçons.

Le traitement de la nation la plus favorisée est réciproquement garanti à chacun des deux Pays pour tout ce qui concerne le transit.

Il est entendu que chacune des Hautes Parties contractantes se réserve le droit de prononcer à l'égard de toutes marchandises en provenance ou à la destination de l'un ou de l'autre Etat, les prohibitions ou les restrictions temporaires d'entrée, de sortie ou de transit qu'elle jugerait nécessaire d'établir pour des motifs sanitaires pour empêcher la propagation d'épizooties ou la destruction de récoltes ou bien en vue d'évènements de guerre.

Art. 3. — Les Hautes Parties contractantes

s'engagent à n'établir l'une envers l'autre aucune prohibition d'importation ou d'exportation qui ne soit en même temps applicable aux autres nations.

Art. 4. — Les marchandises de toute nature, originaires de France ou d'Algérie et importées dans le Royaume-Uni, ne pourront être assujetties à des droits d'accise, de consommation intérieure ou d'octroi autres ou plus élevés que ceux qui grèvent, ou grèveraient les marchandises similaires d'origine britannique.

De même les marchandises de toute nature, originaires du Royaume-Uni, importées en France ou en Algérie, ne seront pas assujetties à des droits d'accise, de consommation intérieure ou d'octroi autres ou plus élevés que ceux qui grèvent ou grèveraient les marchandises similaires d'origine française.

Art. 5. — L'importateur de machines et mécaniques entières ou en parties détachées est affranchi de l'obligation de produire à la douane tout modèle ou dessin de l'objet importé.

Art. 6. — Les articles soumis à des droits et servant, soit de modèles, soit d'échantillons, qui seront introduits dans le Royaume-Uni par des voyageurs de commerce français, ou en France et en Algérie par des voyageurs de commerce du Royaume-Uni, seront admis en franchise à condition de satisfaire aux formalités suivantes, qui seront requises pour assurer leur réexportation ou leur mise en entrepôt :

1o Les préposés des douanes du lieu ou port dans lequel les modèles ou échantillons seront importés, constateront le montant du droit applicable auxdits articles. Le voyageur de commerce devra déposer, en espèces, le montant desdits droits au bureau de douane, ou fournir une caution valable ;

2o Pour assurer leur identité, chaque modèle ou échantillon séparé sera, si faire se peut, marqué au moyen d'une estampille ou d'un cachet y apposé ;

3o Il sera délivré à l'importateur un permis ou certificat qui donnera :

a) Une liste des modèles ou échantillons importés, spécifiant la nature des articles, ainsi que les marques particulières qui peuvent servir à la constatation de l'identité ;

b) Un état indiquant le montant du droit dont les modèles ou échantillons sont passibles, et si ce montant a été versé en espèces ou garanti par caution ;

c) Un état indiquant la manière employée pour marquer les modèles ou échantillons ;

d) La limite de temps qui, en aucun cas, ne pourra dépasser douze mois, à l'expiration de laquelle, s'il n'est pas prouvé que les articles aient été réexportés ou mis en entrepôt, le montant du droit déposé sera versé au Trésor ou recouvré s'il a été donné caution. Il ne sera exigé aucun frais de l'importateur pour la délivrance du certificat ou permis, non plus que pour l'estampille destinée à la constatation de l'identité.

4o Les modèles ou échantillons pourront être réexportés par le bureau d'entrée aussi bien que par tout autre.

5o Si, avant l'expiration de la limite de temps fixée (§ 3, *d*), les modèles ou échantillons étaient présentés à la douane d'un lieu ou d'un port, pour être réexportés ou réentreposés, les préposés de ce port devront s'assurer, par une vérification, si les articles qu'on leur a présentés sont bien ceux pour lesquels a été délivré le permis d'entrée. Si l'identité est prouvée à leur satisfaction, les préposés certifieront la réexportation ou la mise en entrepôt et rembourseront le montant des droits déposés, ou prendront les mesures nécessaires pour la décharge de la caution.

Art. 7. — Les navires français et leur cargaison dans le Royaume-Uni de la Grande-Bretagne et d'Irlande, et les navires anglais et leur cargaison en France et en Algérie, à leur arrivée d'un port quelconque et quel que soit le lieu d'origine ou de destination de leur cargaison, jouiront, sous tous les rapports, du même traitement que les navires nationaux et leur cargaison.

Art. 8. — Les Hautes Parties contractantes se réservent la faculté d'imposer des droits de tonnage, de débarquement ou d'embarquement affectés à la dépense des établissements nécessaires au port d'importation ou d'exportation. Toutefois, ces taxes, qu'elles soient perçues par l'État, les villes, les chambres de commerce ou par toute autre corporation, ne pourront être ni autres ni plus élevées que celles qui sont ou seraient applicables aux navires nationaux et à leurs cargaisons, à quelques ports qu'ils appartiennent; la volonté des Hautes Parties contractantes étant que, sous ce rapport, les bâtiments français et les bâtiments anglais, ainsi que leurs cargaisons, soient traités sur le pied d'une parfaite égalité.

En ce qui concerne le traitement local, le placement des navires, leur chargement ou déchargement, ainsi que les taxes ou charges quelconques, dans les ports, bassins, docks, rades, havres et rivières des deux Pays et généralement, pour toutes les conditions ou dispositions auxquelles peuvent être soumis les navires de commerce, leurs équipages et leurs cargaisons, les privilèges, faveurs ou avantages qui sont ou seraient accordés aux bâtiments nationaux ainsi qu'aux marchandises importées ou exportées par ces bâtiments, seront également accordés aux navires de l'autre pays ainsi qu'aux marchandises importées ou exportées par ces navires.

Art. 9. — Il est fait exception aux dispositions de la présente Convention en ce qui concerne le cabotage, dont le régime demeure soumis aux lois respectives des deux Pays.

Il est également fait exception aux dispositions de la présente Convention en ce qui concerne la pêche dont le régime demeure soumis aux Conventions spéciales existantes entre les deux Pays, ainsi qu'aux lois respectives des deux Pays.

Art. 10. — Les ressortissants de chacune des deux Hautes Parties contractantes jouiront dans les États de l'autre de la même protection, et seront assujettis aux mêmes obligations que les nationaux, pour tout ce qui concerne la propriété soit des marques de fabrique et de commerce, des noms commerciaux ou d'autres marques particulières indiquant l'origine ou la qualité des marchandises, soit des modèles et dessins industriels.

Art. 11. — Les ressortissants de chacun des deux États seront exempts dans l'autre de tout service militaire, de toutes réquisitions et contributions de guerre, des prêts et emprunts et autres contributions extraordinaires qui seraient établis par suite de circonstances exceptionnelles, en tant que ces contributions ne seraient pas imposées sur la propriété foncière.

Art. 12. — La présente Convention entrera en vigueur le 16 mai 1882 et restera exécutoire jusqu'au 1er février 1892.

Dans le cas où aucune des deux Hautes Parties contractantes n'aurait notifié douze mois avant ladite période son intention d'en faire cesser les effets, elle demeurera obligatoire jusqu'à l'expiration d'une année à partir du jour où l'une ou l'autre des Hautes Parties contractantes l'aura dénoncée.

Art. 13. — Les ratifications de la présente Convention seront échangées à Paris, au plus tard le 12 mai 1882.

En foi de quoi les Plénipotentiaires respectifs l'ont signée et y ont apposé leurs cachets.

Fait en double expédition, le vingt huit février mil huit cent quatre-vingt-deux.

(*L. S.*) C. DE FREYCINET.
(*L. S.*) LYONS.

Art. 2. — Le Président du Conseil, Ministre des Affaires étrangères, est chargé de l'exécution du présent décret.

Fait à Paris, le 13 mai 1882.

JULES GRÉVY.

Par le Président de la République :

Le Président du Conseil,
Ministre des Affaires étrangères,

C. DE FREYCINET.

ITALIE

LOI portant approbation du traité de commerce signé, le 3 novembre 1881, entre la France et l'Italie.

Le Sénat et la Chambre des députés ont adopté,

Le Président de la République promulgue la loi dont la teneur suit :

Article unique. — Le Président de la République est autorisé à ratifier et, s'il y a lieu, à faire exécuter le traité de commerce signé à Paris, le 3 novembre 1881, entre la France et l'Italie, et dont une copie authentique demeure annexée à la présente loi.

La présente loi, délibérée et adoptée, par le Sénat et par la Chambre des députés, sera exécutée comme loi de l'État.

Fait à Paris, le 20 avril 1882.

JULES GRÉVY.

Par le Président de la République :

Le président du conseil,
ministre des affaires étrangères,

C. DE FREYCINET.

Le Président de la République Française,

Sur la proposition du Président du Conseil, Ministre des Affaires étrangères,

Décrète :

Art. 1er. — Le Sénat et la Chambre des Députés ayant approuvé le Traité de commerce signé, le 3 novembre 1881, entre la France et l'Italie, et les Ratifications de cet Acte ayant été échangées le 14 mai 1882, ledit Traité, dont la teneur suit, recevra sa pleine et entière exécution.

TRAITÉ DE COMMERCE

Conclu, le 3 novembre 1881,

ENTRE LA FRANCE ET L'ITALIE

Le Président de la République Française,

Et Sa Majesté le Roi d'Italie,

Également animés du désir de resserrer encore les liens d'amitié qui unissent les deux pays et de placer dans des conditions réciproquement satisfaisantes les relations commerciales entre les deux États, ont décidé de conclure, à cet effet, un Traité de commerce, et ont nommé pour leurs Plénipotentiaires respectifs, savoir :

Le Président de la République Française :

M. Barthélemy Saint-Hilaire, Membre de l'Institut, Sénateur, Ministre des Affaires étrangères, Chevalier de l'Ordre national de la Légion d'honneur, etc., etc., etc. ;

M. Tirard, Député, Ministre de l'Agriculture et du Commerce, etc., etc., etc.;

Et M. le Comte Horace de Choiseul, Député, Sous-Secrétaire d'État aux Affaires étrangères, décoré de la Médaille militaire, Chevalier de l'Ordre national de la Légion d'honneur, etc., etc., etc. ;

Et Sa Majesté le Roi d'Italie :

M. le Baron Marochetti, Son Chargé d'affaires *ad interim* auprès du Gouvernement de la République française, Commandeur de Son Ordre Royal de la Couronne d'Italie, Officier de l'Ordre équestre des Saint-Maurice et Lazare, Commandeur de l'Ordre national de la Légion d'honneur, etc., etc., etc, ;

M. Ranieri Simonelli, Député au Parlement italien, Secrétaire général au Ministère de l'Agriculture, de l'Industrie et du Commerce, Commandeur de Son Ordre Royal de la Couronne d'Italie, etc., etc., etc. ;

M. Vittorio Ellena, Directeur général des Douanes et des Contributions indirectes, Grand Officier de Son Ordre Royal de la Couronne d'Italie, Commandeur de l'Ordre national de la Légion d'honneur, etc., etc., etc. ;

M. Giacinto Berruti, Directeur du Musée industriel italien, Commandeur de Son Ordre Royal de la Couronne d'Italie, Chevalier de l'Ordre national de la Légion d'honneur, etc., etc., etc.;

Lesquels, après s'être communiqué leurs pleins pouvoirs, trouvés en bonne et due forme, sont convenus des articles suivants :

Art. 1er. — Il y aura pleine et entière liberté de commerce et de navigation entre les Nationaux des deux États; ils ne seront pas soumis, en raison de leur commerce et de leur industrie, dans les ports, villes ou lieux quelconques des États respectifs, soit qu'ils s'y établissent, soit qu'ils y résident temporairement, à des droits, taxes, impôts ou patentes, sous quelque dénomination que ce soit, autres ni plus élevés que ceux qui sont ou seront perçus sur les Nationaux; et les privilèges, immunités et autres faveurs quelconques dont jouiraient, en matière de commerce ou d'industrie, les Ressortissants de l'un des deux Pays, seront communs à ceux de l'autre.

Art. 2. — Les objets d'origine ou de manufacture italienne énumérés dans le tarif A joint au présent Traité et importés directement par terre ou par mer seront admis en France aux droits fixés par ledit tarif, tous droits additionnels compris.

Art. 3. — Les objets d'origine ou de manufacture française énumérés dans le tarif B joint au présent Traité et importés directement par terre ou par mer seront admis en Italie aux droits fixés par ledit tarif, tous droits additionnels compris.

Art. 4. — Les droits à l'exportation de l'un des deux Etats dans l'autre sont fixés conformément aux tarifs C et D annexés au présent Traité.

Les produits non dénommés dans ces deux tarifs ne pourront être frappés de droits ou de prohibitions de sortie qu'en cas de guerre et pour les seules marchandises qui sont considérées comme article de guerre.

Art. 5. — Si l'une des Hautes Parties contractantes juge nécessaire d'établir un droit nouveau d'accise ou de consommation ou un supplément de droit sur un article de production ou de fabrication nationale compris dans les tarifs annexés au présent Traité, l'article similaire étranger pourra être immédiatement grevé, à l'importation, d'un droit ou d'un supplément de droit égal.

En cas de suppression ou de diminution des droits et des charges mentionnés ci-dessus, les surtaxes seront supprimées ou réduites proportionnellement.

Les drawbacks à l'exportation des produits français ou italiens ne pourront être que la représentation exacte des droits d'accise ou de consommation intérieure grevant lesdits produits ou les matières employées à leur fabrication.

Art. 6. — Les marchandises de toute nature, originaires de l'un des deux Pays et importées dans l'autre, ne pourront être assujetties à des droits d'accise ou de consommation supérieurs à ceux qui grèvent ou grèveraient les marchandises similaires de production nationale. Toutefois, les droits à l'importation pourront être augmentés des sommes que représenteraient les frais occasionnés aux producteurs nationaux par le système de l'accise.

Art. 7. — Le Gouvernement italien garantit que, dans aucun cas, les produits français ne seront assujettis par les administrations communales à des droits d'octroi ou de consommation autres ou plus élevés que ceux auxquels seront assujettis les produits du pays; et, de son côté, le Gouvernement Français garantit que, dans aucun cas, les produits de l'Italie ne seront assujettis par les administrations communales à un droit d'octroi ou de consommation autre ou plus élevé que celui auquel seront assujettis les produits du pays.

Art. 8. — Les articles d'orfévrerie et de bijouterie en or ou en argent, importés d'Italie en France, seront soumis au contrôle établi pour les articles similaires de fabrication nationale et payeront, s'il y a lieu, sur la même base que ceux-ci, les droits de marque et de garantie.

Art. 9. — Les surtaxes de provenance et d'entrepôt qui sont ou seraient établies en France sur les marchandises importées, par navires français, d'ailleurs que des pays d'origine, seront appliquées, dans les mêmes conditions, aux importations effectuées sous pavillon italien.

Réciproquement, les surtaxes de provenance ou d'entrepôt qui seraient établies en Italie sur les marchandises importées, par navires italiens, d'ailleurs que des Pays d'origine, seront appliquées, dans les mêmes conditions, aux importations effectuées sous pavillon français.

Toute facilité accordée en cette matière, en France au pavillon italien, en Italie au pavillon français, sera étendue de plein droit au pavillon de l'autre Puissance.

Art. 10. — Pour faciliter la circulation des produits agricoles sur la frontière des deux Pays, les céréales en gerbes ou en épis, les foins, la paille et les fourrages verts seront réciproquement importés et exportés en franchise de droits.

Art. 11. — Pour établir que les produits sont d'origine ou de manufacture nationale, l'importateur pourra être soumis à l'obligation de présenter à la douane de l'autre Pays soit une déclaration officielle faite devant un magistrat siégeant au lieu d'expédition, soit un certificat délivré par le chef du service des douanes du bureau d'exportation, soit un certificat délivré par les consuls ou agents consulaires du Pays dans lequel l'importation doit être faite, et qui résident dans les lieux d'expédition ou dans les ports d'embarquement. La délivrance et le visa des certificats d'origine se feront gratuitement.

Art. 12. — A l'égard des marchandises qui acquittent les droits sur le poids net, si le déclarant entend que la perception ait lieu d'après le net réel, il devra énoncer ce poids dans sa déclaration. A défaut de cette énonciation, la liquidation des droits pourra être établie sur le poids brut, sauf défalcation de la tare légale.

Art 13. — Les marchandises de toute nature, venant de l'un des deux Etats ou y allant, seront réciproquement exemptes, dans l'autre Etat, de tout droit de transit.

Les deux Gouvernements conservent la faculté d'exclure du transit les armes et les munitions de guerre et les contrefaçons.

Le traitement de la nation la plus favorisée est réciproquement garanti à chacun des deux Pays pour tout ce qui concerne le transit.

Art. 14. — Il est entendu que chacune des deux Hautes-Parties contractantes se réserve le droit de prononcer, à l'égard des marchandises spécifiées ou non dans le présent traité, les prohibitions ou les restrictions temporaires d'entrée, de sortie ou de transit qu'elle jugerait nécessaire d'établir pour des motifs sanitaires, pour empêcher la propagation d'épizooties ou la destruction de récoltes, ou bien en vue d'événements de guerre.

Art. 15. — Le dépôt prescrit par l'article 13 de la Convention conclue, le 29 juin 1862, entre la France et l'Italie, étant déclaratif et non attributif de propriété, la contrefaçon qui serait faite d'une marque de fabrique ou de commerce, ainsi que des dessins ou modèles industriels et de fabrique, avant que le dépôt en eût été opéré conformément aux dispositions de l'article 13 précité, n'infirme pas les droits du propriétaire desdites marques ou dessins contre les auteurs de cette contrefaçon.

Art. 16. — Les dispositions du présent Traité de commerce sont applicables en Algérie, tant pour l'exportation des produits de cette possession française que pour l'importation et le transit des marchandises.

Art. 17. — Chacune des deux Hautes Parties contractantes s'engage à faire profiter l'autre de toute faveur, de tout privilège ou abaissement dans les tarifs des droits à l'importation ou à l'exportation des articles mentionnés ou non dans le présent Traité, que l'une d'Elles a accordés ou pourrait accorder à une tierce Puissance. Elles s'engagent, en outre, à n'établir, l'une envers l'autre, aucun droit ou prohibition d'importation ou d'exportation qui ne soit en même temps applicable aux autres nations.

Le principe reconnu dans l'article 1er du présent Traité, de la liberté de tout commerce d'importation, d'exportation et de transit entre les deux Pays, n'est pas applicable aux marchandises qui sont ou seraient l'objet du monopole de l'Etat.

Art. 18. — Le présent Traité entrera en vigueur le 9 février 1882 et restera exécutoire jusqu'au 1er février 1892. Toutefois, chacune des Hautes Parties contractantes se réserve la faculté d'en faire cesser les effets le 1er janvier 1888, en le dénonçant douze mois à l'avance.

S'il n'a pas été usé de cette faculté, le présent Traité restera en vigueur jusqu'au 1er février 1892, et au delà de cette période, il demeurera obligatoire jusqu'à l'expiration d'une année à partir du jour où l'une ou l'autre des Hautes Parties contractantes l'aura dénoncé.

Art. 19. — Le présent Traité sera ratifié, et les Ratifications en seront échangées à Paris, avant le 1er février 1882.

En foi de quoi, les Plénipotentiaires respectifs l'ont signé et y ont apposé leurs cachets.

Fait à Paris, en double original, le troisième jour du mois de novembre de l'an mil huit cent quatre-vingt-un.

ARTICLE ADDITIONNEL

Les deux Hautes Parties contractantes s'engagent à négocier, avant le 1er janvier 1883, une nouvelle Convention de navigation. En attendant la conclusion de cet Acte, il est entendu que la Convention de navigation du 13 juin 1862 continuera d'être en vigueur dans les deux Pays.

Fait en double exemplaire, à Paris, le troisième jour de novembre de l'an mil huit cent quatre-vingt-un.

(L. S.) Barthélemy Saint-Hilaire.
(L. S.) P. Tirard.
(L. S.) Horace de Choiseul.
(L. S.) Marochetti.
(L. S.) S. Simonelli.
(L. S.) V. Ellena.
(L. S.) G. Berruti.

TARIFS ANNEXÉS AU TRAITÉ DE COMMERCE ENTRE LA FRANCE ET L'ITALIE

Tarif A.

DROITS A L'ENTRÉE EN FRANCE

DÉNOMINATION DES ARTICLES	UNITÉS	DROITS
Gibier, volailles et tortues............	100 kil.	5 »
Viandes fraîches de boucherie............	»	3 »
Viandes fraîches de gibier, volailles, tortues.	»	5 »
Viandes salées............	»	4 50
Peaux brutes grandes............	»	Exempt.
Peaux petites de bélier, de brebis et de mouton............	»	Exempt.
Peaux petites d'agneau, chevreau et autres.	»	Exempt.
Pelleteries brutes............	»	Exempt.
Laines, y compris celles d'alpaga, de lama, de vigogne, de yack et le poil de chameau, en masse............	»	Exempt.
Déchets de laine............	»	Exempt.
Crins bruts préparés ou frisés............	»	Exempt.
Poils bruts............	»	Exempt.
Plumes de parure, brutes............	»	Exempt.
Plumes à écrire, brutes............	»	Exempt.
Plumes à lit (duvet et autres)............	»	15 »
Soies en cocons............	»	Exempt.
Soies grèges et moulinées............	»	Exempt.
Soies teintes à coudre, à broder ou autres.	»	Exempt.
Bourre de soie, en masse............	»	Exempt.
Bourre et bourrette de soie peignée......	»	10 »
Cheveux non ouvrés............	»	Exempt.
Graisses animales autres que de poisson :		
Suifs............	»	Exempt.
Saindoux et autres............	»	Exempt.
Dégras de peaux............	»	Exempt.
Cire brute, jaune, brune ou blanche......	»	Exempt.
Lait concentré pur, sans addition de sel ni de sucre............	»	Exempt.
Œufs de volaille et de gibier............	»	Exempt.
Œufs de vers à soie............	»	Exempt.
Beurre frais et fondu............	»	Exempt.
Beurre salé............	»	2 »
Engrais............	»	Exempt.
Noir d'os (noir animal)............	»	Exempt.
Oreillons............	»	Exempt.
Poisson frais de mer............	»	5 »
Poisson frais d'eau douce............	»	Exempt.
Poissons secs, salés ou fumés, la morue exceptée............	»	10 »
Poissons conservés au naturel, marinés ou autrement préparés............	»	10 »
Homards et langoustes frais............	»	5 »
Homards et langoustes conservés au naturel ou préparés............	»	10 »
Corail brut............	»	Exempt.
Cornes de bétail brutes............	»	Exempt.
Cornes de bétail préparées ou débitées en feuilles............	»	3 »
Semoules en pâtes et pâte d'Italie............	»	3 »
Riz en grain d'origine européenne............	»	Exempt.
Riz en paille d'origine européenne............	»	Exempt.
Brisures de riz............	»	Exempt.
Légumes secs et leurs farines............	»	Exempt.
Marrons, châtaignes et leurs farines......	»	Exempt.
Fruits de table, frais, citrons, oranges et leurs variétés............	»	2 »
Carrobe ou carouge............	»	Exempt.
Fruits de table, autres............	»	Exempt.
Fruits de table secs ou tapés :		
Figues, amandes, noix et noisettes......	»	Exempt.
Fruits et graines oléagineux............	»	Exempt.
Graines à ensemencer............	»	Exempt.
Huiles fixes, pures, d'olive............	»	3 »
Huiles de *palma christi* ou de ricin......	»	1 »
Huiles autres............	»	6 »
Huiles volatiles ou essences : d'orange, de citron et de leurs variétés............	»	100 »
Manne............	»	4 »
Jus de réglisse............	»	4 »
Espèces médicinales : racines, herbes, feuilles, fleurs, écorces et lichens......	»	Exempt.
Bois communs : bois à construire, de chêne, d'orme ou de noyer, bruts ou équarris..	»	Exempt.
Bois à construire, de chêne, d'orme ou de noyer, sciés de toutes dimensions......	100 kil.	Exempt.
Bois à construire, autres, bruts ou équarris.	»	Exempt.
Bois à construire, autres, sciés de toutes dimensions............	»	Exempt.
Mâts, mâtereaux, espars, pigouilles, manches de gaffe, de fouine et de pinceau à goudron, avirons et rames............	»	Exempt.
Merrains............	»	Exempt.
Bois en éclisses............	Les 1,000 f^{il}	1 »
Bois feuillard............	Le mille.	Exempt.
Perches et échalas............	»	» 25
Liège brut, râpé ou en planches............	100 kil.	Exempt.
Bois à brûler et charbon de bois ou de chènevottes............	»	Exempt.
Autres bois communs............	»	Exempt.
Lin et chanvre bruts, teillés, peignés ou en étoupes............	»	Exempt.
Joncs et roseaux bruts............	»	Exempt.
Garance, soit en racine, soit moulue ou en paille............	»	Exempt.
Écorces à tan, moulues ou non............	»	Exempt.
Sumac, fustet, épine-vinette (écorces, feuilles et brindilles entières ou moulues)...	»	Exempt.
Noix de galle et avelanèdes, entières, concassées ou moulues............	»	Exempt.
Autres fleurs, herbes, feuilles, racines, baies, graines et fruits propres à la teinture et au tannage............	»	Exempt.
Légumes verts............	»	Exempt.
Légumes salés ou confits............	»	3 »
Truffes fraîches, sèches ou marinées......	»	10 »
Fourrages (y compris la jarosse)............	»	Exempt.
Son de toutes sortes de grains............	»	Exempt.
Tourteaux de graines oléagineuses......	»	Exempt.
Produits et déchets végétaux non dénommés	»	Exempt.
Marbres : blancs statuaires, bruts, équarris ou simplement sciés............	»	Exempt.
Marbres autres, bruts ou équarris............	»	Exempt.
Marbres autres, sciés, ayant d'épaisseur 16 centimètres ou plus............	»	Exempt.
Marbres autres sciés, ayant d'épaisseur moins de 16 centimètres............	»	1 50
Marbres sculptés, polis ou autrement ouvrés, statues modernes............	»	Exempt.
Marbres sculptés, polis ou autrement ouvrés, pendules, coupes, encriers, chiques.	»	4 »
Marbres sculptés, polis ou autrement ouvrés, autres............	»	1 50
Albâtre brut ou équarri............	»	Exempt.
Albâtre scié et ayant d'épaisseur 16 centimètres ou plus............	»	Exempt.
Albâtre scié et ayant d'épaisseur moins de 16 centimètres............	»	1 50
Albâtre sculpté ou autrement ouvré : statues modernes............	»	Exempt.
Albâtre sculpté ou autrement ouvré, autres.	»	5 »
Pierres ouvrées, y compris les pierres d'ardoise et de construction, taillées ou sciées............	»	Exempt.
Pierres sculptées ou polies : pierres lithographiques couvertes de dessins, gravures ou écritures............	»	Exempt.
Pierres sculptées ou polies, statues modern"	»	Exempt.
Pierres sculptées ou polies : chiques......	»	4 »
Pierres sculptées ou polies : ardoises nues ou encadrées, spécialement destinées à l'écriture ou au dessin............	»	3 75
Pierres autres............	»	» 50
Meules............	»	Exempt.
Pierres et terres servant aux arts et métiers, non dénommées............	»	Exempt.
Matériaux : Ardoises pour construction, brutes............	»	Exempt.
Ardoises pour toiture............	Le mille.	2 »
Pierres de construction, brutes............	100 kil.	Exempt.
Carreaux, briques (y compris les briques en terre réfractaire) et tuiles............	»	Exempt.

DÉNOMINATION DES ARTICLES	UNITÉS	DROITS
Pavés...	100 kil.	Exempt.
Chaux et plâtre...	»	Exempt.
Autres...	»	Exempt.
Soufre non épuré (y compris le minerai et les pyrites)...	»	Exempt.
Soufre épuré ou sublimé...	»	Exempt.
Graphite ou plombagine...	»	Exempt.
Bitumes...	»	Exempt.
Minerais métalliques de toute sorte...	»	Exempt.
Mercure natif...	»	Exempt.
Acide borique...	»	Exempt.
Acide citrique liquide (jus de citron naturel ou concentré)...	»	Exempt.
Acide gallique : extrait de châtaignier et autres sucs tannins liquides ou concrets extraits de végétaux...	»	Exempt.
Potasse et carbonate de potasse...	»	Exempt.
Cendres végétales, vives ou lessivées...	»	Exempt.
Alun d'ammoniaque ou de potasse et sulfate d'alumine...	»	0 90
Sulfate de magnésie...	»	Exempt.
Tartrate de potasse, y compris le tartrate double de potasse et de soude...	»	Exempt.
Sulfate de quinine...	»	12 »
Produits chimiques non dénommés...	»	5 p. 100 ad valorem, avec faculté, pour le Gouvernement français, de convertir la taxe ad valorem en droits spécifiques équivalents.
Extraits de bois de teinture et d'autres espèces tinctoriales :		
Noirs et violets...	»	10 »
Rouges et jaunes...	»	15 »
Ocres broyées ou autrement préparées pour la peinture...	»	Exempt.
Terre d'Italie, de Sienne et d'ombre...	»	Exempt.
Talc pulvérisé...	»	Exempt.
Parfumeries non alcooliques...	»	12 »
Parfumeries alcooliques...	»	37 50
(Non compris les taxes intérieures.)		
Savons autres que de parfumerie...	»	6 »
Médicaments composés non dénommés, figurant dans une pharmacopée officielle.	»	Droits spécifiques à déterminer à raison de 10 p. 100 de la valeur.
Colle forte et gélatine...	»	Exempt.
Albumine...	»	Exempt.
Boissons fermentées : vins de toutes sortes y compris le vermout (fûts compris).	»	(1) 3 »
Eaux minérales (cruchons compris)...	»	Exempt.
Poteries de terre commune, cuites en dégourdi :		
Vernissées sans décoration...	»	Exempt.
Vernissées avec décorations à reliefs, unicolores et multicolores (platerie et creux)...	»	5 »
Poteries de terre commune, cuites en grès :		
Ustensiles et appareils pour la fabrication des produits chimiques...	»	Exempt.
Autres, communes de toutes sortes (platerie et creux), comprenant la forme bouteille, les carafes, les objets de ménage, ustensiles de cuisine et autres objets cuits, en grès...	»	4 »
Autres, fines, poteries unies et décorées faites avec des pâtes fines, lavées et cuites...	»	8 »
Faïences stannifères, à pâte colorée, couverte, blanche ou colorée avec reliefs, godrons, cannelures ou dentelures unicolores obtenues par moulage sans retouche...	»	Exempt.
Faïences stannifères à glaçure multicolore, avec dessins imprimés ou peintures à la main ou avec moulures en relief (retouchées à la main)...	»	12 »
Faïences stannifères fines (poterie à pâte fine et blanche, cuite en dégourdi), blanches ou couvertes d'un vernis de couleur uniforme...	»	8 »

DÉNOMINATION DES ARTICLES	UNITÉS	DROITS
Faïences stannifères fines (poterie à pâte fine et blanche, cuite en dégourdi), décorées...	100 kil.	12 »
Porcelaine blanche...	»	10 »
Porcelaine décorée...	»	20 »
Gobeleterie de verre et de cristal, unie et moulée, blanche ou unicolore et teintée dans la masse...	»	3 50
Gobeleterie de verre et de cristal, et gravée autrement que pour effacer les traces de l'attache dite pontil...	»	10 »
Vitrification en émail, en masse ou en tubes, même coupés, mais non recuits.	»	3 75
Vitrifications et grains percés ou taillés ou en pierres à bijoux, breloques colorées ou non, verre filé, boules et corail factice en verre...	»	12 »
Fils de lin ou de chanvre, simples, écrus, mesurant au kilogramme :		
2,000 mètres ou moins...	»	13 »
Plus de 2,000 mètres, pas plus de 5,000..	»	14 50
Plus de 5,000 mètres, pas plus de 10,000..	»	18 50
Fils simples, blanchis ou teints...	»	Droits des fils écrus augmentés de 25 p. 100.
Fils retors écrus, blanchis ou teints...	»	Droits des fils simples écrus, blanchis ou teints, augmentés de 25 p. 100.
Fils de bourre de soie (fleuret), écrus, blanchis, azurés ou teints, mesurant au kilogramme :		
Fils simples, 80,500 mètres ou moins...	»	75 »
Fils simples, plus de 80,500 mètres...	»	120 »
Fils retors...	»	Droits des fils simples plus 15 p. 100.
Fils de bourrette (fils de déchet de bourre de soie) simples...	»	25 »
Fils retors...	»	Droits des filés simples plus 15 p. 100.
Tissus de lin ou de chanvre écrus, présentant en chaîne et en trame dans l'espace de 5 millimètres carrés, après division du total par 2 :		
6 fils ou moins...	»	22 »
7 et 8 fils...	»	28 »
9, 10 et 11 fils...	»	55 »
9, 10 et 11 fils blanchis, teints ou imprimés.	»	Droits du tissu écru augmentés de 25 p. 100.
Tissus de soie et de bourre de soie :		
Foulards, crêpes, tulles, bonneterie, passementerie et dentelle de soie pure...	»	Exempt.
Bonneterie et passementerie de bourre de soie pure, écrus, blanchis, teints ou imprimés...	»	200 »
Tissus de bourrette pour ameublements, pesant plus de 250 grammes au mètre carré...	»	150 »
Tissus de soie ou de bourre de soie mélangée d'autres matières textiles, la soie ou la bourre de soie dominant en poids.	»	300 »
Tissus, passementerie et dentelles de soie ou de bourre de soie avec or ou argent fin...	»	1.200 »
Tissus, passementerie et dentelles de soie ou de bourre de soie, avec or ou argent mi-fin ou faux...	»	350 »
Rubans de soie ou de bourre de soie, pure ou mélangée d'autres matières textiles, la soie et la bourre de soie dominant en poids :		
Velours...	»	500 »
Autres...	»	400 »
Livres...	»	Exempt.
Gravures, estampes, lithographies et dessins de toutes sortes sur papier...	»	Exempt.
Cartes géographiques ou marines...	»	Exempt.
Musique gravée ou imprimée...	»	Exempt.

(1) Les vins titrant plus de 15 degrés acquitteront le droit d'importation de l'alcool (30 cent. par degré) sur la quantité d'esprit excédent 15 degrés et le droit d'importation du vin sur le reste du liquide.

DÉNOMINATION DES ARTICLES	UNITÉS	DROITS	DÉNOMINATION DES ARTICLES	UNITÉS	DROITS
Peaux préparées :			Pianos droits	Pièce.	50 »
De chèvre, de mouton et d'agneau	100 kilog.	10 »	Pianos à queue	»	. 75 »
Gants d'agneau ou de veau, simplement cousus	Douzaine.	» 50	Orgues d'église à tuyaux pesant :		
Gants d'agneau ou de veau, piqués	»	» 75	Moins de 4,000 kilogrammes y compris l'emballage	»	100 »
Gants de chevreau ou chevrette, simplement cousus	»	1 »	Orgues d'église à tuyaux pesant de 4,001 à 10,000 kilog	»	200 »
Gants de chevreau ou chevrette, piqués	»	1 25	De 10,001 à 20,000 kilog	»	400 »
Ouvrages en or, argent, aluminium, platine et autres métaux précieux	Le kilog.	5 »	De 20,001 et au-dessus	»	500 »
Statues en métal, de grandeur naturelle au moins	»	Exempt.	Clairons et trompettes d'ordonnance	»	» 40
Meubles en bois courbé, montés ou non montés	100 kilog.	7 »	Cornets à trois pistons, cors à clefs et pistons, néocors, trompettes d'harmonie, saxhorns, trombones, buccins et bugles.	»	3 »
Meubles autres qu'en bois courbé :			Tresses ou nattes de sparte à trois bouts, exclusivement destinés à la fabrication des cordages	100 kil.	» 50
Sièges sans sculptures, ni marqueteries, ni ornements de cuivre, en bois commun	»	7 »	Tresse ou nattes de paille, d'écorce et de sparte à plus de trois bouts, et tresses de bois blanc grossières pour paillassons.	»	1 »
Sièges sans sculptures, ni marqueteries, ni ornements de cuivre, en bois d'ébénisterie	»	10 »	Tresses ou nattes de paille, d'écorce et de sparte à plus de trois bouts et tresses de bois blanc grossières pour chapeaux.	»	5 »
Sièges sculptés, marquetés ou ornés de cuivre, de toute espèce de bois	»	15 »	Tresse ou nattes de paille, d'écorce et de sparte à plus de trois bouts et tresses de bois blanc, fines	»	5 »
Meubles autres que sièges, plaqués, sans sculptures, ni marqueteries, ni ornements de cuivre	»	10 »	Chapeaux de paille de toutes sortes	»	10 »
Meubles autres que sièges, plaqués, sculptés, marquetés, ornés de cuivre	»	25 »	Cordages, fils polis et ficelles :		
Meubles massifs, en bois commun	»	5 »	De sparte, de tilleul et de jonc	»	3 75
Meubles massifs, en bois d'ébénisterie avec ou sans moulures, mais non sculptés ni marquetés, ni ornés de cuivre	»	10 »	Autres, mesurant par kilog. de fil simple moins de 2,000 mètres	»	15 »
Meubles massifs, en bois d'ébénisterie, sculptés, marquetés ou ornés de cuivre.	»	18 »	Autres, mesurant par kilog. de fil simple plus de 2,000 mètres	Droits des fils retors de lin et de chanvre.	
Garnis et recouverts de toute espèce	»	15 p. 100 en sus des droits ci-dessus, selon la catégorie.	Filets de pêche	»	20 »
			Chapeaux de feutre non garnis	Pièce.	0 30
Pièces de charpente et de charronnage :			Chapeaux de feutre garnis	»	0 65
Brutes, équarries ou sciées	»	Exempt.	Chapeaux de laine	»	0 35
Façonnées	»	Exempt.	Corail taillé, non monté	100 kil.	Exempt.
Planches et frises ou lames de parquet rabotées, rainées ou bouvetées			Brosserie commune montée sur bois :		
En chêne ou bois dur	»	1 50	Garnie de fibres végétales ou de fibres de baleines	»	30 »
En sapin ou bois tendre	»	» 75	Garnies de poil ou de crins	»	60 »
Boissellerie	»	4 »	Brosserie fine, montée sur os, sur ivoire ou sur métaux	»	100 »
Autres ouvrages en bois dur	»	7 »	Boutons de porcelaine, de jais, de verre sans cercle	»	16 »
Autres ouvrages en bois tendre	»	5 »	A trous, de métal, alliage ou os, de papier mâché ou de fonte, de corne moulée, de corozo, de bois, de buffalo	»	40 »
			Ouvrages de mode	»	Exempt.
			Fleurs artificielles	»	Exempt.
			Objets de collection hors de commerce	»	Exempt.

(L. S.) Barthélemy Saint-Hilaire.   (L. S) Marochetti.
(L. S.) P. Tirard.   (L. S.) R. Simonelli.
(L. S.) Horace de Choiseul.   (L. S.) V. Ellena.
             (L. S.) G. Berruti.

Tarif B

DROITS A L'ENTRÉE EN ITALIE

DÉNOMINATION DES ARTICLES	UNITÉS	DROITS	DÉNOMINATION DES ARTICLES	UNITÉS	DROITS
Eaux minérales naturelles ou artificielles et eaux gazeuses	100 kil.	» 50	Huiles fixes : d'olives	100 kil.	3 »
Vins en futailles (fûts compris) de toute sorte	Hectolitre.	4 »	Huiles non dénommées	»	6 »
Vins en bouteilles	»	4 »	Cartouches vides	»	60 »
Spiritueux non édulcorés, ni aromatisés, y compris le rhum, l'eau-de-vie, etc., en fûts et futailles (fûts compris)	»	12 »	Médicaments composés non dénommés, acceptés par une faculté de médecine (sans défalcation du poids des contenants immédiats)	»	120 »
Spiritueux édulcorés ou aromatisés, en futailles (fûts compris)	»	25 »	Gommes et résines indigènes brutes	»	1 »
Spiritueux de toute sorte, en bouteilles de la capacité d'au-dessus d'un demi-litre, mais ne dépassant pas le litre	Le cent.	25 »	Savon commun	»	6 »
Spiritueux de la capacité d'un demi-litre ou moins	»	18 »	Savon parfumé	»	12 »
			Cire à cacheter	»	30 »
			Parfumeries (sans défalcation du poids des contenants immédiats) alcooliques.	»	(1) 37 50
			Parfumeries non alcooliques	»	12 »

(1) Non compris les taxes intérieures.

DÉNOMINATION DES ARTICLES	UNITÉS	DROITS
Couleurs dérivées du goudron et d'autres substances bitumineuses à l'état sec...	100 kilog.	15 »
Couleurs en pâtes ou liquides...	»	10 »
Extraits colorants de bois de teinture et d'autres matières tinctoriales de toute sorte...	»	12 50
Extrait de châtaignier et autres sucs tannins liquides ou concrets extraits de végétaux...	»	Exempt.
Couleurs en tablettes, en poudre et de toute autre sorte...	»	12 »
Cirage...	»	5 »
Cordages et câbles, même goudronnés...	»	3 »
Filets...	»	4 »
Fils de lin et de chanvre, simples, écrus, lessivés ou blanchis...	»	11 50
Fils de lin, de chanvre, simples, teints	»	17 10
Fils retors, écrus, lavés ou blanchis...	»	23 10
Fils retors, teints...	»	34 65
Tissus de lin et de chanvre n'ayant pas plus de 5 fils de chaîne, dans l'espace de 5 millimètres : écrus ou blanchis, non compris les toiles d'emballage...	»	23 10
Tissus pour toiles d'emballage, sangles et tuyaux...	»	12 »
Tissus teints ou fabriqués avec des fils teints...	»	38 »
Tissus de lin et de chanvre présentant en chaîne plus de 5 fils dans l'espace de 5 millimètres : écrus, blanchis ou mélangés de blanc...	»	57 75
Tissus teints ou fabriqués avec des fils teints...	»	90 »
Tissus de lin et chanvre, imprimés...	»	115 »
Tissus brodés...	»	250 »
Tissus cirés : pour parquets et toiles goudronnées et huilées...	»	20 »
Tissus autres de toute sorte...	»	40 »
Bonneterie et passementerie de lin et de chanvre...	»	110 »
Boutons et rubans de lin et de chanvre..	»	100 »
Dentelles et tulles de lin et de chanvre·	kilog.	30 »
Articles confectionnés...	Droits des tissus dont ils sont composés, plus 10 p. 100 de ces droits.	
Tissus de coton écrus pesant 13 kilogr. ou plus aux 100 mètres carrés et présentant, en chaîne et trame, dans le carré de 5 millimètres de côté, 27 fils élémentaires ou moins...	100 kilog.	57 »
Tissus de coton écrus pesant 13 kilogr. ou plus aux 100 mètres carrés et présentant, en chaîne et trame, dans le carré de 5 millimètres de côté, plus de 27 fils...	»	64 »
Tissus écrus pesant 7 kilogrammes ou plus, mais moins de 13 kilogrammes aux 100 mètres carrés et présentant, en chaîne et trame, dans le carré de 5 millimètres de côté, 27 fils élémentaires ou moins...	»	66 »
Tissus écrus pesant 7 kilogrammes ou plus, mais moins de 13 kilogrammes aux 100 mètres carrés et présentant, en chaîne et en trame, dans le carré de 5 millimètres de côté, plus de 27 fils...	»	75 »
Tissus écrus pesant moins de 7 kilogrammes aux 100 mètres carrés et présentant, en chaîne et en trame, dans le carré de 5 millimètres de côté, 27 fils élémentaires ou moins...	»	80 »
Tissus écrus pesant moins de 7 kilogrammes aux 100 mètres carrés et présentant, en chaîne et en trame, dans le carré de 5 millimètres de côté, plus de 27 fils...	»	100 »
Tissus blanchis...	Droits des tissus écrus, plus 20 p. 100 du droit.	
Tissus en couleur ou teints...	Droits des tissus écrus, plus 35 fr. par 100 kilogrammes.	
Tissus imprimés...	Droits des tissus blanchis, plus 70 fr. par 100 kilogrammes.	

DÉNOMINATION DES ARTICLES	UNITÉS	DROITS
Tissus cirés : pour parquets et tissus goudronnés...	100 kilog.	25 »
Tissus autres de toute sorte...	»	50 »
Boutons, bonneterie, passementerie et couvertures de coton...	»	100 »
Galons et rubans de coton...	»	90 »
Velours de coton : écrus...	»	120 »
Velours blanchis...	»	140 »
Velours teints...	»	155 »
Articles confectionnés...	Droits des tissus dont ils sont composés, plus 10 p. 100 du droit.	
Laine en masse, naturelle, lavée, peignée, teinte ; déchets de laine et bourre de laine...	100 kilog.	Exempt.
Crin brut ou teint et poils de toute sorte.	»	Exempt.
Crin frisé, cordes et ouvrages grossiers en crin...	»	8 »
Fils de laine ou de poil simples, écrus ou blanchis...	»	50 »
Fils teints...	»	75 »
Fils retors...	Droits des fils dont ils sont composés, plus 20 p. 100 du droit.	
Matelas de toute sorte...	100 kilog.	15 »
Tissus de laine cardée...	»	140 »
Tissus de laine cardée avec la chaîne entièrement composée de fils de coton...	»	93 50
Tissus de laine peignée...	»	170 »
Tissus de laine peignée avec la chaîne entièrement composée de fils de coton..	»	130 »
Tissus de laine brodés...	»	400 »
Feutres pour chapeaux...	»	18 »
Feutres goudronnés, pressés pour semelles, etc...	»	7 »
Tissus de crin pour tamis...	»	30 »
Tissus de toute autre espèce...	»	165 »
Bonneterie et passementerie...	»	200 »
Galons et rubans...	»	220 »
Boutons (1)...	»	220 »
Dentelles et tulles...	»	300 »
Couvertures de bourre de laine, de rognures et de lisières de drap...	»	60 »
Tapis de bourre de laine, de rognures et de lisières de drap...	»	60 »
Couvertures et tapis de laine...	»	110 »
Articles confectionnés...	Droits des tissus dont ils sont composés, plus 10 p. 100 de ces droits.	
Semences de vers à soie...	100 kilog.	Exempt.
Cocons de vers à soie...	»	»
Soie grège ou moulinée, écrue...	»	»
Soie grège ou moulinée, teinte...	»	»
Soie à coudre...	»	»
Bourre et bourrette de soie peignées...	»	10 »
Déchets de soie, bruts...	»	Exempt.
Déchets de soie, filés...	»	50 »
Déchets de soie, teints...	»	100 »
Velours de soie...	Le kilog.	6 50
Tissus de soie noire et lustrine...	»	4 »
Tissus de soie, non dénommés...	»	4 75
Tissus de bourre de soie (2)...	»	4 »
Tissus ordinaires de déchets et bourre de soie, mélangés ou non d'autres matières...	»	2 »
Dentelles et tulles de soie unis...	»	8 »
Dentelles et tulles de soie façonnés...	»	12 »
Dentelles, galons et tulles de soie ou de bourre de soie, mélangés d'or ou d'argent fin ou faux...	»	10 »
Boutons recouverts de soie ou de bourre de soie (3)...	»	4 »
Boutons recouverts de soie ou de bourre de soie mélangée d'autres matières...	»	2 »
Articles confectionnés...	Droits des tissus dont ils sont composés, plus 10 p. 100 de ces droits.	
Meubles non rembourrés : en bois courbé même poli, avec ou sans rotin...	100 kilog.	7 50
Meubles non rembourrés : autres en bois communs...	»	13 »
Meubles de bois communs, rembourrés..	»	40 »

(1) On ne considérera comme couverts d'étoffes que ceux dont le tissu est revêtu d'ornements ; les autres boutons d'étoffes rentreront dans la mercerie fine.

(2) Payeront 2 fr. 50 le kilogramme les tissus mélangés de soie ou de bourre de soie dans lesquels la soie ou la bourre de soie de toute espèce et de toute couleur entrera pour plus de 12 p. 100 et jusqu'à 50 p. 100.

(3) Même observation que pour les boutons de laine.

DÉNOMINATION DES ARTICLES	UNITÉS	DROITS
Meubles de bois d'ébénisterie, plaqués ou marquetés, et même rembourrés.......	100 kilog.	40 »
Ustensiles et ouvrages divers en bois communs : non polis ni peints.........	»	Exempt.
Ustensiles et ouvrages divers en bois communs : autres....................	»	8 »
Chariots pour marchandises de chemins ordinaires...........................	Pièce.	22 »
Voitures de chemins ordinaires à deux roues................................	»	33 »
Voitures de chemins ordinaires à quatre roues et à quatre ressorts.............	»	110 »
Voitures de chemins ordinaires avec plus de quatre ressorts.................	»	330 »
Tresses de paille....................	100 kilog.	Exempt.
Tresses d'écorce, de sparte, etc., pour chapeaux, fines.....................	»	»
Tresses communes.................	»	»
Tresses pour cordages et autres ouvrages.	»	»
Chapeaux de paille, non garnis (1).......	Le cent.	3 »
Papier colorié, doré ou peint et pour ten-tures...........................	»	20 »
Cartes géographiques................	»	Exempt.
Gravures, lithographies et étiquettes......	100 kilog.	50 »
Livres imprimés, en feuilles ou simple-ment brochés........................	»	Exempt.
Livres imprimés, cartonnés...........	»	12 »
Livres imprimés, reliés en peau ou par-chemin............................	»	20 »
Livres autrement reliés, en velours, en ivoire, etc., avec garniture d'or ou d'ar-gent, etc..........................	»	100 »
Musique imprimée..................	»	5 »
Peaux vernies et maroquinées, de toute couleur...........................	»	75 »
Peaux vernies et maroquinées, préparées pour tiges de bottes, empeignes, etc., et en bandes pour chapeaux.............	Droits des peaux respectives.	
Manchons de peaux fines..............	Le cent.	600 »
Manchons de peaux communes...........	»	300 »
Gants de peau de toute qualité, même simplement taillés..................	100 paires.	7 50
Chaussures, bottes, bottines et brode-quins.............................	»	110 »
Chaussures autres de toute sorte.........	»	70 »
Valises...........................	La pièce.	2 »
Ouvrages en peau tannée sans le poil, non dénommés..........................	100 kilog.	50 »
Fontes en gueuses....................	»	Exempt.
Fonte ouvrée, en articles bruts..........	»	4 »
Fonte en articles polis, tournés, émaillés, étamés ou vernis, et même garnis d'autres métaux.....................	»	5 »
Fer brut en massiaux et acier en pains..	»	2 »
Fer laminé ou martelé (verges de plus de 5 millimètres de diamètre et barres de toutes dimensions)..................	»	4 62
Fer en verges (y compris les fils de 5 mil-limètres ou moins de diamètre ou de côté).............................	»	8 »
Fer en plaques de 4 millimètres d'épais-seur ou plus.......................	»	4 62
Fer au-dessous de 4 millimètres d'épais-seur et même en tuyaux...............	»	8 »
Fer forgé en ancres, essieux de voiture, enclumes et autres ouvrages bruts.....	»	7 »
Fer et acier en rails, pour chemins de fer.	»	3 »
Fer et acier de seconde fabrication (ou-vrages en fer) : simples...............	»	11 80
Fer et acier de seconde fabrication gar-nis d'autres métaux.................	»	14 »
Fer blanc recouvert d'étain, de zinc ou de plomb non ouvré.................	»	10 75
Fer ouvré, même avec garniture d'autres métaux...........................	»	16 »
Acier non trempé en barres, en verges, en plaques et en fils................	Régime du fer, suivant les dimensions.	
Acier en ressorts de toute espèce........	100 kil.	15 »
Acier autrement ouvré................	»	25 »
Couteaux pour arts et métiers, et cou-teaux à manche de bois commun, non garni.............................	»	16 »
Outils et instruments pour les arts et mé-tiers et pour l'agriculture, de fer, d'a-cier ou de fer et acier :		
Faux et faucilles...................	»	10 »

DÉNOMINATION DES ARTICLES	UNITÉS	DROITS
Outils autres....................	100 kilog.	12 »
Cuivre, laiton et bronze en pains, roset-tes, limailles et débris...............	»	4 »
Cuivre en barres, en feuilles, en plaques ou en tuyaux.......................	«	10 »
Cuivre en fils de moins de 5 millimètres de grosseur........................	»	15 »
Cuivres martelés en ouvrages bruts......	»	15 »
Cuivre en autres ouvrages.............	»	25 »
Cuivre en barres, en fils dorés ou ar-gentés............................	»	100 »
Cuivres dorés ou argentés, enroulés sur fils de matière textile................	»	100 »
Cuivres dorés ou argentés en autres ou-vrages............................	»	120 »
Toiles métalliques de fer ou d'acier.....	»	20 »
Toiles de laiton ou de cuivre..........	»	20 »
Nickel et ses alliages avec le cuivre et avec le zinc (Packfong et Argentan) en dés, en pains et en débris............	»	4 »
Nickel en feuilles, verges et fils.......	»	10 »
Nickel en autres ouvrages.............	»	60 »
Etain et ses alliages avec le plomb et l'antimoine, en pains, en verges et en débris............................	»	4 »
Etain battu, en feuilles de toute sorte....	»	15 »
Etain en autres ouvrages..............	»	20 »
Mercure...........................	»	10 »
Métaux et alliages métalliques non dé-nommés, à l'état brut...............	»	5 »
Métaux en ouvrages de toute sorte......	»	100 »
Machines à vapeur fixes, avec ou sans chaudières et moteurs hydrauliques....	»	6 »
Machines à vapeur, locomotives (tenders compris), locomobiles et machines pour la navigation, avec ou sans chaudière...	»	8 »
Machines non dénommées et pièces déta-chées de machines, les garnitures de cardes exceptées....................	»	6 »
Gazomètres et leurs accessoires........	»	8 »
Appareils en cuivre ou en autres métaux pour chauffer, raffiner, distiller, etc....	»	10 »
Chaudières détachées en tôle de fer ou d'acier, avec ou sans bouilleurs ou chauffoirs.........................	»	8 »
Wagons de chemins de fer pour marchan-dises ou bagages....................	»	7 »
Wagons pour voyageurs...............	»	13 »
Or filé en lames et clinquant et tréfilé...	Le kilogr.	10 »
Or filé sur soie.....................	»	10 »
Or battu en feuilles (sans défalquer le poids du papier)....................	»	10 »
Argent filé en lames et clinquant et tré-filé..............................	»	10 »
Argent filé sur soie..................	»	10 »
Argent battu en feuilles (sans défalquer le poids du papier)..................	»	5 »
Orfèvrerie et vaisselle d'or............	L'hectogr.	14 »
Orfèvrerie d'argent, même doré.........	Le kilogr.	5 »
Bijouterie d'or.....................	L'hectogr.	7 »
Bijouterie d'argent, même doré.........	Le kilogr.	10 »
Horlogerie : montres à boîtes d'or......	La pièce.	3 »
Horlogerie : montres de tout autre mé-tal...............................	»	1 »
Horlogerie : horloges de table, à tableau ou à pendule.......................	»	5 »
Orgues à cylindre ou boîtes à musique..	»	2 »
Mouvements d'horlogerie : de montres...	»	» 25
Mouvements d'horlogerie : d'horloges de table, à tableau ou à pendule.........	100 kilogr.	50 »
Mouvements d'horlogerie : d'horloges de tour, d'églises, etc...................	»	20 »
Fournitures d'horlogerie..............	»	50 »
Houille crue et carbonisée.............	»	Exempt.
Ouvrages de terre commune : carreaux vernissés ou émaillés................	»	1 10
Ouvrages de terre commune : non dé-nommés (creusets, jarres, poêles, etc.)..	»	1 50
Ouvrages de faïence grossière, stannifère ou à pâte colorée, à vernis opaque.....	»	8 »
Ouvrages de faïence fine ou à pâte blan-che...............................	»	12 »
Ouvrages en faïence dorée ou autrement décorée...........................	»	18 »
Ouvrages de porcelaine blanche........	»	12 »
Ouvrages de porcelaine dorée ou autre-ment décorée.......................	»	32 »

(1) Les chapeaux de sparte d'écorces de bois et de fibres de palmier sont assimilés aux chapeaux de paille.

DÉNOMINATION DES ARTICLES	UNITÉS	DROITS	DÉNOMINATION DES ARTICLES	UNITÉS	DROITS
Plaques de verre et de cristal, non polies (ternes) d'une épaisseur de 4 millimètres ou plus........	100 kilog.	3 75	Huiles de palmier et de coco............	100 kilogr.	1 »
Plaques de verre et de cristal, non polies (verres à vitres)............	»	8 »	Tourteaux de noix et d'autres matières..	»	Exempt.
Plaques de verre et de cristal polies, non étamées............	»	20 »	Produits végétaux, légumes et herbes potagères frais non dénommés............	»	»
Miroirs montés et plaques de miroirs polies et étamées (sans défalquer le poids des contenants immédiats)............	»	35 »	Viande fraîche et volaille............	»	5 »
Ouvrages de verre et de cristal simplement soufflés ou moulés, non coloriés, ni passés à la meule, ni gravés........	»	7 »	Viande salée, fumée ou autrement préparée............	»	20 »
Ouvrages de verre et de cristal simplement soufflés ou moulés, coloriés ou passés à la meule, peints, émaillés, dorés ou argentés............	»	11 »	Viande cuite............	»	5 »
			Extraits de viande et tablettes de bouillon.	»	40 »
N. B. — Ne sont pas considérés comme passés à la meule les objets pour lesquels on s'est borné à effacer la trace du pontil, ou dont les bords, fonds et bouchons seulement ont été passés à la meule.			Sardines et anchois marinés ou à l'huile (même en boîtes)............	»	10 »
			Graisses de toute sorte............	»	1 »
			Acide stéarique............	»	8 »
			Bougies stéariques............	»	15 »
Bouteilles communes............	Le cent.	3 »	Colle forte............	»	4 »
Dames-jeannes	100 kilog.	3 »	Colle de poisson............	»	10 »
Verres, cristaux et émaux en conterie, ou pierreries et prismes pour lustres et autres articles similaires............	»	30 »	Plumes façonnées............	Le kilog.	15 »
Vitrifications ou émaux en pain, en baguettes ou en poudre............	»	5 »	Cheveux ouvrés	»	10 »
Pâtes de froment............	»	5 50	Eponges communes............	100 kilog.	15 »
Pain et biscuit de mer............	»	5 50	Eponges fines............	»	100 »
Fécules............	»	Exempt.	Corail brut............	»	Exempt.
Oranges et citrons, même dans l'eau salée.	»	2 »	Corail ouvré, non monté............	»	Exempt.
Cédrats............	»	Exempt.	Engrais............	»	Exempt.
Fruits frais non dénommés............	»	»	Mercerie commune (à l'exception de la mercerie de bois et des jouets d'enfants)............	»	60 »
Dattes............	»	»	Mercerie fine............	»	100 »
Pistaches en coques ou mondées............	»	8 »	Eventails communs............	»	90 »
Fruits secs : amandes avec ou sans coques............	»	Exempt.	Eventails fins............	»	150 »
Fruits secs : noix et noisettes............	»	»	Instruments de musique :		
Fruits secs : oléagineux non dénommés..	»	»	Orgues d'église............	»	12 »
Fruits secs : non dénommés, excepté les figues et les raisins............	»	2 »	Orgues portatives............	La pièce.	5 »
Fruits, légumes et herbes potagères au vinaigre, au sel et à l'huile............	»	8 »	Orgues pianos carrés et verticaux........	»	60 »
Fruits à l'esprit-de-vin	»	40 »	Orgues à queue............	»	75 »
Semences diverses............	»	Exempt.	Orgues harmoniums et harmonicas........	»	20 »
			Orgues non dénommés............	»	1 »
			Casquettes	Le cent.	100 »
			Chapeaux de soie pure ou mélangée d'autre matière, excepté ceux garnis pour dames............	»	150 »
			Chapeaux de toute autre matière, sauf la paille et excepté ceux garnis pour dames............	»	100 »
			Chapeaux de toute qualité, garnis pour dames............	»	500 »
			Fleurs artificielles............	Le kilog.	6 »
			Fournitures pour fleurs artificielles......	»	5 »
			Carcasses pour articles de mode.........	»	1 »
			Objets de collection............	»	Exempt.

(*L. S.*) Barthélemy Saint-Hilaire.   (*L. S.*) Marochetti.

(*L. S.*) P. Tirard.   (*L. S.*) R. Simonelli.

(*L. S.*) Horace de Choiseul.   (*L. S.*) V. Ellena.

(*L. S.*) G. Berruti.

Tarif C

DROITS A LA SORTIE D'ITALIE

MARCHANDISES	BASES	DROITS
Acide borique............	100 kilogrammes.	2 20
Sel marin et sel gemme............	La tonne.	0 22
Tartre et lie de vin............	100 kilogrammes.	2 20
Matières pour teindre et pour tanner, non moulues............	»	0 27
Matières pour teindre et pour tanner, moulues............	»	0 55
Soie grège et moulinée............	»	38 50
Déchets de soie grèges et peignés............	»	8 80
Drilles de toute sorte............	»	8 80
Peaux vertes et sèches............	»	2 20

MARCHANDISES	BASES	DROITS
Minerai de fer...	La tonne.	0 22
Minerai de plomb..	»	2 20
Minerai de cuivre..	»	5 50
Soufre...	100 kilogrammes.	1 10
Semences diverses (graines à ensemencer)...	»	1 10
Objets de collection...	»	(1)
Tous autres articles exempts.		

(1) Le gouvernement italien se réserve la faculté de fixer le droit de sortie des objets de collection.

(*L. S*) Barthélemy Saint-Hilaire.
(*L. S*) P. Tirard
(*L. S.*) Horace de Choiseul.

(*L. S*) Marochetti.
(*L. S.*) R. Simonelli.
(*L. S*) V. Ellena.
(*L. S.*) G. Berruti.

Tarif D

DROITS A LA SORTIE DE FRANCE

DÉSIGNATION DES PRODUITS	DROITS
Chiens de forte race exportés par la frontière de terre..................................	Prohibés.
Contrefaçons en librairie..	Prohibées.
Armes et munitions de guerre..	Régime spécial.
Toutes autres marchandises..	Exemptes.

(*L. S*) Barthélemy Saint-Hilaire.
(*L. S*) P. Tirard.
(*L. S.*) Horace de Choiseul.

(*L. S.*) Marochetti.
(*L. S.*) R Simonelli.
(*L. S*) V. Ellena.
(*L. S.*) G. Berruti.

Art. 2. — Le Président du Conseil, Ministre des Affaires étrangères, est chargé de l'exécution du présent décret.

Fait à Paris, le 14 mai 1882.

Par le Président de la République :

Jules Grévy.

Le Président du Conseil, Ministre des Affaires étrangères,
C. DE FREYCINET.

ANNEXES

Paris, le 3 novembre 1881.

Monsieur le Ministre,

En vertu de l'accord constaté par l'article additionnel au Traité de Commerce entre l'Italie et la France, qui vient d'être signé aujourd'hui, à Paris, les deux Hautes Parties contractantes se sont engagées à négocier, avant le 1er janvier 1883, une nouvelle Convention de navigation.

Le Gouvernement du Roi attache le plus grand prix à ce que, dans l'intervalle, le *statu quo* de fait soit maintenu en ce qui concerne le traitement des pêcheurs italiens pour la pêche du corail sur les côtes de l'Algérie, et à ce que, par conséquent, il soit sursis, jusque-là, à l'application des dispositions édictées par le Décret Présidentiel du 29 Décembre 1876, dont l'effet a été suspendu jusqu'au 31 Décembre prochain. Il désire également qu'il soit entendu que, pendant toute la durée du Traité de Commerce signé aujourd'hui, le traitement de la nation la plus favorisée sera, en toute hypothèse, assuré, de part et d'autre, aussi en matière de navigation, et que les pêcheurs italiens sur les côtes françaises et algériennes de la Méditerranée, de même que les pêcheurs français sur les côtes italiennes, jouiront, pour la pêche du poisson, du traitement de la nation la plus favorisée vis-à-vis de tout autre pavillon quelconque.

D'après les instructions que j'ai reçues, j'ai l'honneur de prier Votre Excellence de vouloir bien me faire connaître si le Gouvernement Français prend, sur ces points, vis-à-vis du Gouvernement du Roi, un engagement formel, conforme aux déclarations qui ont été faites verbalement aux négociateurs italiens du Traité de Commerce.

Veuillez agréer, etc.

Signé : MAROCHETTI.

A Son Exc. M. Barthélemy Saint-Hilaire, Ministre des Affaires Etrangères.

Paris, le 3 novembre 1881.

Monsieur le Baron,

Vous référant à l'article additionnel au Traité de Commerce qui vient d'être signé entre la France et l'Italie, vous m'avez fait l'honneur de m'informer, par une lettre en date de ce jour, du prix qu'attacherait le Gouvernement Italien à recevoir du Gouvernement Français une déclaration sur les deux points suivants :

1° Que, pendant le délai stipulé par ledit article additionnel pour l'ouverture de la négociation d'une nouvelle Convention de navigation entre les deux Pays. le *statu quo* de fait soit maintenu en ce qui concerne le traitement des pêcheurs italiens pour la pêche du corail sur les côtes de l'Algérie, et que, par conséquent, il soit sursis, pendant ce délai, à l'application des dispositions édictées par le Décret Présidentiel du 29 Décembre 1876, dont l'effet a été suspendu jusqu'au 31 Décembre prochain ;

2° Qu'il soit entendu que, pendant toute la durée du Traité de Commerce, le traitement de la nation la plus favorisée sera, en toute hypothèse, également assuré, de part et d'autre, en matière de navigation, et que les pêcheurs italiens sur les côtes françaises et algériennes de la Méditerranée, de même que les pêcheurs français sur les côtes italiennes, jouiront, pour la pêche du poisson, du traitement de la nation la plus favorisée vis-à-vis de tout autre pavillon quelconque.

Le Gouvernement Français, désirant donner satisfaction aux vœux du Gouvernement Italien, n'hésite pas, Monsieur le Baron, à prendre, sur les points qui viennent d'être rappelés, l'engagement qui lui est demandé et qui est, d'ailleurs, conforme aux assurances déjà données verbalement par ses Commissaires dans le cours des Conférences qui ont préparé la conclusion du Traité de Commerce. Il se borne à prendre acte de la déclaration de réciprocité que renferme votre lettre, l'approbation des Parlements des deux pays, sur les clauses du nouvel Arrangement maritime à négocier, étant naturellement réservée.

Veuillez agréer, etc.

Signé : BARTHÉLEMY SAINT-HILAIRE.

A M. le Baron Marochetti, Chargé d'Affaires d'Italie, à Paris.

PORTUGAL

LOI portant promulgation du traité de commerce et de navigation signé à Paris, le 19 décembre 1881, entre la France et le Portugal.

Le Sénat et la Chambre des députés ont adopté,

Le Président de la République promulgue la loi dont la teneur suit :

Article unique. — Le Président de la République est autorisé à ratifier, et, s'il y a lieu, à faire exécuter le traité de commerce et de navigation signé à Paris, le 19 décembre 1881, entre la France et le Portugal.

Une copie authentique de ce traité sera annexée à la présente loi.

La présente loi, délibérée et adoptée par le Sénat et par la Chambre des députés, sera exécutée comme loi de l'Etat.

Fait à Paris, le 13 mai 1882.

JULES GRÉVY.

Par le Président de la République :

Le président du conseil, ministre des affaires étrangères,

C. DE FREYCINET.

LOI portant approbation de la convention additionnelle au traité de commerce et de navigation du 19 décembre 1881, signée à Paris, le 6 mai 1882, entre la France et le Portugal.

Le Sénat et la Chambre des députés ont adopté,

Le Président de la République promulgue la loi dont la teneur suit :

Article unique. — Le Président de la République est autorisé à ratifier et, s'il y a lieu, à faire exécuter la convention additionnelle au traité de commerce et de navigation du 19 décembre 1881, signée à Paris, le 6 mai 1882, entre la France et le Portugal.

Une copie authentique de cette convention sera annexée à la présente loi.

La présente loi, délibérée et adoptée par le Sénat et par la Chambre des députés, sera exécutée comme loi de l'Etat.

Fait à Paris, le 13 mai 1882.

JULES GRÉVY.

Par le Président de la République :

Le président du conseil, ministre des affaires étrangères,

C. DE FREYCINET.

Le Président de la République Française,

Sur la proposition du Président du Conseil, Ministre des Affaires étrangères,

Décrète :

Art. 1er. — Le Sénat et la Chambre des Députés ayant approuvé le Traité de commerce et de navigation conclu le 19 décembre 1881, entre la France et le Portugal, et les Ratifications de cet Acte ayant été échangées le 13 mai 1882, ledit Traité recevra sa pleine et entière exécution.

TRAITÉ DE COMMERCE ET DE NAVIGATION

entre

LA FRANCE ET LE PORTUGAL

Le Président de la République Française

Et Sa Majesté le Roi de Portugal et des Algarves,

Egalement animés du désir de resserrer encore les liens d'amitié qui unissent les deux Pays et de placer dans des conditions réciproquement satisfaisantes les relations commerciales entre les deux Etats, ont décidé de conclure, à cet effet, un Traité de commerce et de navigation, et ont nommé pour leurs Plénipotentiaires respectifs, savoir :

Le Président de la République Française,

M. Léon Gambetta, Député, Président du Conseil, Ministre des Affaires étrangères;

M. Maurice Rouvier, Député, Ministre du Commerce et des Colonies;

M. E. Spuller, Député, Sous-Secrétaire d'Etat au Ministère des Affaires étrangères;

M. Tirard, Député, ancien Ministre de l'Agriculture et du Commerce;

Et Sa Majesté le Roi de Portugal et des Algarves :

M. José da Silva Mendes Léal, Envoyé extraordinaire et Ministre plénipotentiaire de Sa Majesté Très Fidèle, près la République française, Conseiller d'Etat, Pair du Royaume, Grand-Cordon de l'Ordre de Saint-Jacques, Grand-Officier de la Légion d'honneur, etc., etc., etc.;

M. Antonio de Serpa-Pimentel, Conseiller d'Etat, Pair du Royaume, Ministre Plénipotentiaire, etc., etc., etc.;

Lesquels, après s'être communiqué leurs pleins pouvoirs, trouvés en bonne et due forme, sont convenus des articles suivants :

Art. 1er. — Il y aura pleine et entière liberté de commerce et de navigation entre les nationaux des deux pays ; les Français et les Portugais ne seront pas soumis, à raison de leur commerce et de leur industrie, dans les ports, villes ou lieux quelconques des Etats respectifs, soit qu'ils s'y établissent, soit qu'ils y résident temporairement, à des taxes, impôts ou patentes sous quelque dénomination que ce soit, autres ni plus élevés que ceux qui seront perçus sur les nationaux. Les privilèges, immunités et autres faveurs quelconques dont jouissent, en matière de commerce et d'industrie, les nationaux de l'une des Hautes Parties contractantes seront communs à ceux de l'autre.

Art. 2. — Les objets d'origine ou de manufacture portugaise énumérés dans le tarif A, joint au présent Traité, seront admis en France aux droits fixés par ledit tarif, tous droits additionnels compris, lorsqu'ils seront importés directement.

Art. 3. — Les objets d'origine ou de manufacture française énumérés dans le tarif B, joint au présent Traité, et importés directement de France ou d'Algérie, seront admis en Portugal aux droits fixés par ledit tarif, tous droits additionnels compris, sauf le droit dit « d'émoluments », de 3 p. 100 du droit principal, qui continuera à être perçu.

Art. 4. — Les marchandises de toute nature, originaires de l'un des deux pays et importées dans l'autre, ne pourront être assujetties à des droits d'accise, d'octroi ou de consommation perçus pour le compte de l'Etat ou des communes, supérieurs à ceux qui grèvent ou grèveraient les marchandises similaires de production nationale. Toutefois, les droits à l'importation pourront être augmentés des sommes qui représenteraient les frais occasionnés aux producteurs nationaux par le système de l'accise.

Art. 5. — Si l'une des Hautes Parties contractantes juge nécessaire d'établir un droit d'accise, d'octroi ou de consommation, ou un supplément de droit, sur un article de production ou de fabrication nationale, compris dans les tarifs annexés au présent Traité, l'article similaire étranger pourra être immédiatement grevé à l'importation d'un droit égal.

Art. 6. — Les Hautes Parties contractantes se garantissant réciproquement le traitement de la nation la plus favorisée pour tout ce qui concerne l'importation, l'exportation et le transit. Chacune d'elles s'engage à faire profiter l'autre de toute faveur, de tout privilège ou abaissement dans les tarifs des droits à l'importation ou à l'exportation des articles mentionnés ou non dans le présent Traité, qu'elle pourrait accorder à une tierce puissance.

Toutefois, il est fait réserve, au profit du Portugal, du droit de concéder, au Brésil seulement, des avantages particuliers qui ne pourront pas être réclamés par la France comme une conséquence de son droit au traitement de la nation la plus favorisée.

Les Hautes Parties contractantes s'engagent, en outre, à n'établir, l'une envers l'autre, aucun droit ou prohibition d'importation ou d'exportation qui ne soit en même temps applicable aux autres nations.

Art. 7. — En ce qui concerne les marchandises et les étiquettes de marchandises ou de leurs emballages, les dessins et les marques de fabrique ou de commerce, les Français et les Portugais jouiront, dans chacun des Etats respectifs, de la même protection que les nationaux.

Art. 8. — Les objets passibles d'un droit d'entrée qui servent d'échantillons et qui sont importés en Portugal par des commis-voyageurs des maisons françaises, ou en France par des commis-voyageurs des maisons portugaises, jouiront, de part et d'autre, moyennant les formalités de douane nécessaires pour en assurer la réexportation ou la réintégration en entrepôt, d'une restitution des droits qui devront être déposés à l'entrée. Ces formalités seront réglées d'un commun accord entre les Hautes Parties contractantes.

Art. 9. — Les fabricants et les marchands français, ainsi que leurs commis-voyageurs voyageant en Portugal, pourront, sans être assujettis à aucun impôt de patente portugaise, y faire des achats et des ventes pour les besoins de leur industrie et recueillir des commandes, avec ou sans échantillons, mais sans colporter des marchandises.

Il y aura réciprocité en France pour les fabricants ou les marchands portugais et leurs commis-voyageurs.

Art. 10. — Les droits *ad valorem* stipulés au tarif B, annexé au présent Traité, seront calculés sur la valeur, au lieu d'origine ou de fabrication de l'objet importé, augmentée des frais de transport, d'assurance et de commission nécessaires pour l'importation en Portugal jusqu'au lieu d'introduction.

La valeur des marchandises importées en Portugal devra être établie par une facture indiquant le prix réel et émanant du fabricant ou du vendeur, ou par une déclaration qui en tiendra lieu.

L'un ou l'autre de ces documents devra spécifier la quantité de chaque espèce de marchandises contenues dans les colis, ainsi que leur valeur.

Art. 11. — Si la douane portugaise juge insuffisante la valeur déclarée, elle pourra faire procéder à l'estimation de la marchandise par des experts, dont l'un sera nommé par elle et l'autre par l'importateur.

En cas de partage des deux arbitres experts le président du tribunal de commerce du ressort nommera un tiers arbitre. Si l'expertise constate que la valeur de la marchandise ne dépasse pas de 10 p. 100 celle qui est déclarée par l'importateur, le droit sera perçu sur le montant de la déclaration et les frais d'expertise seront supportés par la douane.

Dans le cas contraire, ce droit sera augmenté de 50 p. 100 à titre d'amende, et les frais d'expertise seront supportés par le déclarant.

Art. 12. — Les produits composés de matières ou substances diversement taxées non spécialement tarifés dans le présent Traité payeront le droit de la partie du mélange la plus fortement imposée, excepté lorsque les parties du mélange pourront être facilement séparées, ou lorsqu'il ne s'agira que d'accessoires.

Art. 13. — Les navires français venant, avec ou sans chargement, d'un port quelconque dans les ports de Portugal, et, réciproquement, les navires portugais venant, avec ou sans chargement, d'un port quelconque dans les ports de France, seront assimilés aux navires nationaux.

Art. 14. — Les deux Hautes Parties contractantes se réservent la faculté de prélever dans leurs ports respectifs sur les navires de l'autre puissance, ainsi que sur les marchandises composant la cargaison de ces navires, des taxes spéciales affectées aux besoins d'un service local.

Il est entendu que les taxes dont il s'agit devront, dans tous les cas, être appliquées aux navires des deux Hautes Parties contractantes ou à leurs cargaisons.

Art. 15. — En ce qui concerne le placement des navires, leur chargement ou leur déchargement dans les ports, havres, rades ou bassins, et généralement pour toutes les formalités ou dispositions quelconques auxquelles peuvent être soumis les navires de commerce, leurs équipages et leurs cargaisons, il ne sera accordé aux navires nationaux, dans les Etats respectifs, aucun privilège ni aucune faveur qui ne le soit également aux navires de l'autre puissance ; la volonté des Hautes Parties contractantes étant que, sous ce rapport, les bâtiments français et les bâtiments portugais soient traités sur le pied d'une parfaite égalité.

Art. 16. — La nationalité des navires sera admise, de part et d'autre, d'après les lois et règlements particuliers à chaque pays, au moyen des documents délivrés aux capitaines par les autorités compétentes.

Art. 17. — Les marchandises de toute nature importées en France sous pavillon portugais, et, réciproquement, les marchandises de toute nature importées en Portugal sous pavillon français jouiront des mêmes exemptions, restitutions de droits, primes ou autres faveurs quelconques ; elles ne payeront respectivement d'autres ni de plus forts droits de douane, de navigation ou de péage, perçus au profit de l'Etat, des communes, des corporations locales, des particuliers ou d'établissements quelconques, et ne seront assujetties à aucune autre formalité que si l'importation en avait lieu sous pavillon national.

Art. 18. — Sont considérées comme importées directement sous pavillon portugais les marchandises d'origine ou de fabrication portugaise, expédiées en France par des chemins de fer confinant au Portugal, pourvu que les wagons ou les colis renfermant ces marchandises soient plombés par la douane portugaise et que les plombs soient reconnus intacts à leur entrée en France.

Si, par suite de circonstances de force majeure, les wagons devaient être ouverts en cours de transport, le bénéfice des dispositions qui précèdent sera maintenu, pourvu que le cas de force majeure soit dûment constaté et que les opérations qui en seraient la conséquence soient faites sous la surveillance de l'autorité locale, qui devra, d'ailleurs, apposer de nouveaux plombs ou cachets.

Les marchandises d'origine ou de fabrication française jouiront, sous les mêmes conditions, à l'entrée en Portugal, d'un traitement exactement semblable.

Art. 19. — Les marchandises de toute nature qui seront exportées du Portugal par navires français, ou de France par navires portugais, pour quelque destination que ce soit, ne seront pas assujetties à d'autres droits ni formalités de sortie que si elles étaient exportées par navires nationaux, et elles jouiront, sous l'un et l'autre pavillon, de toutes primes et restitutions de droits ou autres faveurs qui sont ou seront accordées, dans chacun des deux pays, à la navigation nationale.

Toutefois, il est fait exception aux dispositions qui précèdent en ce qui concerne les avantages et encouragements particuliers dont les produits de la pêche nationale sont ou pourront être l'objet dans l'un ou l'autre pays.

Art. 20. — Les navires français entrant dans un port du Portugal et, réciproquement, les navires portugais entrant dans un port de France, et qui n'y viendraient décharger qu'une partie de leur cargaison, pourront, en se conformant toutefois aux lois et règlements des Etats respectifs, conserver à leur bord la partie de la cargaison qui serait destinée à un autre port, soit du même pays, soit d'un autre, et la réexporter sans être astreints à payer, pour cette dernière partie de la cargaison, aucun droit de douane, sauf les droits de surveillance, lesquels, d'ailleurs, ne pourront naturellement être perçus qu'aux taux fixés pour la navigation nationale.

Art. 21. — Seront complètement affranchis des droits de tonnage, de quai et d'expédition qui continueraient d'être maintenus dans les ports respectifs :

1º Les navires qui, entrés sur lest de quelque lieu que ce soit, en repartiront sur lest ;

2º Les navires qui, passant d'un port de l'un des deux Etats dans un ou plusieurs ports du même Etat, soit pour y déposer tout ou partie de leur cargaison, soit pour y composer ou compléter leur chargement, justifieront avoir déjà acquitté ces droits ;

3º Les bateaux à vapeur affectés au service de la poste, des voyageurs et des bagages, ne faisant aucune opération de commerce ;

4º Les navires qui, entrés avec chargement dans un port, soit volontairement, soit en relâche forcée, en sortiront sans avoir fait aucune opération de commerce.

Ne seront pas considérés, en cas de relâche forcée, comme opérations de commerce : le débarquement et le rechargement des marchandises pour la réparation du navire ou sa purification, quand il est mis en quarantaine ; le transbordement sur un autre navire, en cas d'innavigabilité du premier ; les dépenses nécessaires au ravitaillement des équipages et la vente des marchandises avariées, lorsque l'administration des douanes en aura donné l'autorisation.

Art. 22. — En tout ce qui concerne les droits de navigation, les deux Hautes Parties contractantes se promettent réciproquement de n'accorder aucun privilège qui ne soit aussi et à l'instant même, étendu à leurs nationaux respectifs.

Art. 23. — La navigation de côte ou de cabotage n'est pas comprise dans les stipulations du présent Traité.

Art. 24. — Les marchandises de toute nature venant de l'un des deux Etats ou y allant seront réciproquement exemptées, dans l'autre Etat, de tout droit de transit,

Toutefois, la législation spéciale de chacun des deux États est maintenue pour les articles dont le transit est ou pourra être interdit, et les deux Hautes Parties contractantes se réservent le droit de soumettre à des autorisations spéciales le transit des armes et des munitions de guerre.

Art. 25. — Les produits du sol ou de l'industrie du pays de l'une des Hautes Parties contractantes jouiront réciproquement, à leur importation dans les colonies de l'autre pays, de tous les avantages et faveurs qui sont actuellement ou seront par la suite accordés aux produits similaires de la nation la plus favorisée.

Art. 26. — Les dispositions du présent Traité sont applicables, sans aucune exception : d'une part, à l'Algérie; d'autre part, aux îles portugaises dites adjacentes, savoir : aux îles de Madère et Porto Santo, et à l'archipel des Açores.

Art. 27. — Le présent Traité entrera en vigueur le 9 février 1882 et restera exécatoire jusqu'au 1er février 1892. Dans le cas où aucune des deux Hautes Parties contractantes n'aurait notifié, douze mois avant la fin de ladite période, son intention d'en faire cesser les effets, il demeurera obligatoire jusqu'à l'expiration d'une année à partir du jour où l'une ou l'autre des Hautes Parties contractantes l'aura dénoncé.

Art. 28. — Le présent Traité sera soumis à l'approbation des Chambres de chacun des deux États, et les Ratifications en seront échangées à Paris, au plus tard, le 4 février 1882.

En foi de quoi, les Plénipotentiaires respectifs l'ont signé et y ont apposé leurs cachets.

Fait à Paris, en double original, le dix-neuvième jour du mois de décembre mil huit cent quatre vingt-un.

(L. S.) LÉON GAMBETTA.
(L. S.) M. ROUVIER.
(L. S.) E. SPULLER.
(L. S.) P. TIRARD.
(L. S.) JOSÉ DA SILVA MENDES-LÉAL.
(L. S.) ANTONIO DE SERPA-PIMENTEL.

TARIFS ANNEXÉS AU TRAITÉ DE COMMERCE ET DE NAVIGATION ENTRE LA FRANCE ET LE PORTUGAL

Tarif A. — DROITS A L'ENTRÉE EN FRANCE

ARTICLES	DROITS	ARTICLES	DROITS
Nattes : autres de toute espèce	5 fr. les 100 kilog.	Confitures et fruits sucrés en marmelade	22 fr. les 100 kilog.
Viandes salées, y compris la taxe intérieure sur le sel	4 fr. 50 —	Confitures sans sucre ni miel	8 fr. —
Peaux brutes, fraîches ou sèches	Exemptes.	Huiles d'olives pures	3 fr. —
Laines en masse	Idem.	— de palma-christi ou de ricin	1 fr. —
Soies en cocons	Idem.	Huiles fixes autres	6 fr. —
— grèges et moulinées	Idem.	Résines indigènes et autres produits résineux ..	2 fr. —
Cire brute jaune, brune ou blanche	Idem.	— exotiques autres que de pin et de sapin…	Exemptes.
— résidus de cire	Idem.	Caoutchouc et gutta-percha bruts ou refondus en masse.	Exempts.
Œufs de volaille et de gibier	Idem.	Espèces médicinales, racines, herbes, feuilles, fleurs, fruits, écorces et lichens	Idem.
Miel	Idem.	Bois communs, bruts, équarris, sciés en planches de toute dimension	Exempts.
Engrais	Idem.	Merrains	Idem.
Poissons frais de mer	5 fr. les 100 kilog.	Liège brut, râpé ou en planches	Idem.
— d'eau douce	Exempts.	Bois d'ébénisterie en bûches ou sciés à plus de 2 décimètres d'épaisseur	Idem.
Poissons secs, salés ou fumés, autres que la morue, y compris le stockfish	10 fr. les 100 kilog.	Lichens tinctor. propres à la fabricaton de l'orseille.	Idem.
Huîtres fraîches : naissain	Exempt.	Légumes salés ou confits au vinaigre	3 fr. les 100 kilog.
— autres	1 fr. 50 le mille.	Minerais	Exempts.
— marinées	10 fr. les 100 kilog.	Fécules indigènes	4 fr. les 100 kilog.
Homards et langoustes frais	5 fr. —	Lies de vin	Exemptes.
Moules et autres coquillages pleins	Exempts.	Vins	3 fr. l'hectolitre (1).
Graisses de poisson	6 fr. les 100 kilog.	Broderies à la main ou à la mécanique	645 fr. les 100 kilog.
Dents d'éléphant (défenses et mâchelières)	Exemptes.	Liège ouvré : bouchons d'une longueur de 50 millimètres et plus	20 fr. —
Os et sabots de bétail bruts et dents de loup…	Idem.	— inférieure à 50 millimètres	13 fr. —
Cornes de bétail brutes	Idem.	Nattes et tresses de sparte, à trois bouts, exclusivement destinées à la fabrication des cordages	0 fr. 50 —
Légumes secs et leurs farines	Idem.	— autres	1 fr. —
Marrons, châtaignes et leurs farines	Idem.	Nattes et tresses de paille, d'écorce et de bois blanc : grossières pour paillassons	1 fr. —
Pommes de terre	Idem.		
Fruits de tab. frais : citrons, oranges et leurs variétés	2 fr. les 100 kilog.		
— carrobes et carouges	Exempts.		
Fruits de table secs ou tapés : figues	Idem.		
— amandes, noix, noisettes ou avelines	Idem.		
— raisins, pommes et poires	6 fr. les 100 kilog.		
Fruits et graines oléagineux	Exempts.		

(1) Les vins titrant plus de 15 degrés acquitteront le droit d'importation de l'alcool (30 centimes par degré), sur la quantité d'esprit excédant 15 degrés, et le droit d'importation du vin sur le reste du liquide.

Tarif B.

DROITS A L'ENTRÉE EN PORTUGAL

ARTICLES	UNITÉS	DROITS
CLASSE I		reis.
Chevaux, juments et poulains	Par tête.	2.300
Mulets et mules	Idem.	1.100
CLASSE II		
Cheveux ouvrés	Kilogr.	3.000
Ouvrages de maroquinerie et autres ouvrages de peau, y compris les ferrures et les appliques (les fourrures et les gants étant exceptés)	Idem.	500
CLASSE IV		
Laines : en masse	»	Exemptes.
— teintes	Kilogr.	20
Fils de laine (ceux pour tapisserie étant exceptés) : blanchis	Idem.	200
— teints	Idem.	300
Tulles et dentelles de laine ou de poil d'une ou de plusieurs couleurs	Idem.	1.000
Mérinos d'une ou de plusieurs couleurs	Idem.	1.600
Flanelles d'une ou de plusieurs couleurs, pures ou mélangées	Idem.	1.200
Tissus de poil ou de laine peignée ou légèrement cardée, pour vêtements de femme, pour doublure ou pour usages domestiques analogues, unis ou clairs, d'une ou de plusieurs couleurs, non dénommés	Idem.	900
— avec la chaîne ou la trame toute en coton, en lin ou en filaments semblables	Idem.	600
Châles de laine ou de poil	Idem.	2.000
Tapis de laine ou de poil	Idem.	250
Passementerie et galons de laine ou de poil (les tares comprises, les boîtes de carton ou de bois étant exceptées)	Idem.	700
Bonneterie de laine ou de poil	Idem.	1.300
Cravates de toute sorte, finies ou non	Droit du tissu principal augmenté de 10 p. 100.	
Tissus de laine confectionnés	Droit du tissu principal augmenté de 50 p. 100.	
CLASSE V		
Soies grèges et moulinées : écrues, blanchies ou azurées	Kilogr.	50
— teintes	Idem.	100
Fils de soie de toutes sortes, simples ou retors (les tares comprises, les boîtes de carton et de bois étant exceptées).	Idem.	1.000
Tissus de soie pure, unis, façonnés ou brochés	Idem.	6.000
Rubans de soie pure ou mélangée (les tares comprises, les boîtes de carton et de bois étant exceptées)	Idem.	5.500
Velours et satins de soie pure ou mélangée	Idem.	6.000
Peluche de soie pure ou mélangée	Idem.	1.500
Passementerie de toute sorte de soie pure ou mélangée (les tares comprises, les boîtes de carton ou de bois étant exceptées)	Idem.	2.500
Bonneterie de soie	Idem.	5.000
Cravates de toute sorte, finies ou non	Droit du tissu principal augmenté de 10 p. 100.	
Tissus de soie confectionnés	Droit du tissu principal augmenté de 50 p. 100.	
CLASSE VI		
Tissus de coton à jour : dentelles et entre-deux	Kilogr.	1.500
— mousseline raide, canevas, crinoline ordinaire et semblables	Idem.	150
— tulles, bobinets et semblables	Idem.	1.100
Tissus de coton croisés, sergés, damassés ou satinés, clairs ou unis (les serges écrues pour être imprimées étant exceptées)	Idem.	300
Tissus de coton teints ou imprimés de toute sorte, qu'ils soient unis, sergés, damassés, satinés, clairs ou unis	Idem.	500
Fichus et mouchoirs de coton, de toute sorte et de toute qualité	Idem.	600
Passementerie et picots de coton (les tares comprises, les boîtes de carton ou de bois exceptées)	Idem.	700
Bonneterie de coton	Idem.	1.000
Cravates de toute sorte, finies ou non	Droit du tissu principal augmenté de 10 p. 100.	
Tissus de coton confectionnés	Droit du tissu principal augmenté de 50 p. 100.	
CLASSE VII		
Chanvre peigné	Kilogr.	20
Fils de lin, de chanvre, de jute et semblables :		
— simples écrus ou blanchis	Idem.	70

ARTICLES	UNITÉS	DROITS
		reis.
Fils de lin, de chanvre, de jute et semblables : teints	Kilogr.	100
— retors, écrus, blanchis ou teints	Idem.	300
Toiles à voile de toute espèce, écrues ou blanchies	Idem.	60
Tissus à jour de lin : mousseline raide, canevas et semblables	Idem.	150
— dentelles, tulles, bobinets, entre-deux et semblables	Idem.	1.500
Fichus et mouchoirs de toute sorte et de toute qualité	Idem.	500
Tapis et *passadeiras* de chanvre, lin, jute, cherva et autres filaments semblables	Idem.	200
Passementerie, galons et picots de lin (les tares comprises, les boîtes de carton et de bois étant exceptées)	Idem.	700
Bonneterie de lin	Idem.	1.000
Cravates de toute sorte, finies ou non	Droit du tissu principal augmenté de 10 p. 100.	
Tissus de lin et de chanvre confectionnés	Droit du tissu principal augmenté de 50 p. 100.	

Nota. — Dans le poids des tissus de laine, de coton et de lin, les tares doivent être comprises, les planches qui les soutiennent, ainsi que les boîtes de carton ou de bois étant exceptées.

TISSUS MÉLANGÉS

a) Les tissus mélangés, autres que ceux où il entre de la soie, payeront les droits comme s'ils étaient composés exclusivement du filament dont la taxe est la plus élevée ; mais cette disposition est subordonnée aux deux conditions suivantes :

1° Que le filament taxé au droit le plus élevé entre dans le tissu en fil continu, les fils interrompus ne servant jamais à déterminer la taxation ;

2° Qu'aucun article du présent tarif ne s'y oppose.

b) Les tissus mélangés de soie ou de bourre de soie seront taxés de la manière suivante :

1° Les tissus dont la trame est tout en soie, et où il y a aussi de la soie sur la chaîne ou *vice versa*, en fils continus, payeront les droits comme s'ils étaient en soie pure ;

2° Les tissus qui auront seulement toute la chaîne ou toute la trame en soie ou simultanément dans l'une et dans l'autre moitié ou plus de moitié des fils de cette matière, payeront, si les fils sont continus, 2,500 reis par kilogr.;

3° Tous les autres tissus qui auront de la soie en fils continus en quantité moindre que celle désignée dans les deux paragraphes précédents, ou qui auront de la soie en fils interrompus, quelle qu'en soit la quantité, payeront 30 p. 100 de plus que le droit du même tissu sans soie.

Ces règles sont subordonnées à tout ce qui est établi par le présent tarif.

c) Les tissus en laine, en lin ou en coton, et ceux compris dans les paragraphes 2 et 3 ci-dessus, payeront, quand ils seront brodés en soie, une surtaxe de 20 p. 100. La même surtaxe sera imposée à ceux qui seront brodés en fil d'or ou d'argent ou qui auront ces fils dans leur chaîne.

d) La passementerie et les galons mélangés payeront les droits comme s'ils étaient du filament qui paye la taxe la plus élevée.

Ces dispositions sont applicables aux classes IV, V, VI et VII.

CLASSE VIII

ARTICLES	UNITÉS	DROITS
Bois bruts	»	Exempts.
Bois d'ébénisterie en feuilles	»	Idem.
Cadres et moulures pour tableaux ou pour miroirs, garnitures de rideaux et de portières : complets	Valeur.	20 p. 100
— incomplets ou en pièces séparées (pièces de bois apprêtées pour cadres et moulures)	Kilogr.	80
Boîtes ordinaires en bois pour cigares, finies ou non	Idem.	25
Ouvrages en bois non dénommés, excepté les petits ouvrages pour usages manuels	Valeur.	25 p. 100

CLASSE XI

ARTICLES	UNITÉS	DROITS
Matières colorantes	»	Exemptes.

CLASSE XII

ARTICLES	UNITÉS	DROITS
Fonte de fer et fer forgé ou laminé, brut	Valeur.	2 p. 100
Acier fondu ou laminé non dénommé	Idem.	2 p. 100
Ouvrages d'or et de platine	Kilogr.	20 000
Ouvrages d'argent	Idem.	10.000
Fils de fer simples	Idem.	2
Ouvrages de fonte et de fer non dénommés : bruts ou simplement peints	Idem.	40
— polis, vernis, émaillés ou revêtus d'étain, de cuivre ou de zinc	Idem.	80
— argentés ou dorés	Idem.	200
— Les mêmes ouvrages, quand chaque pièce pèse plus de 100 kilogrammes	Idem.	10
Ouvrages de fer forgé ou laminé non dénommés : bruts, ou simplement peints	Idem.	100
— polis, vernis, émaillés ou revêtus d'étain, de cuivre ou de zinc	Idem.	160
— argentés ou dorés	Idem.	200
— Les mêmes ouvrages, quand chaque pièce pèse plus de 100 kilogrammes	Idem.	20
Clous de fer simples ou à tête de laiton	Idem.	50
Ouvrages de cuivre pur ou aliés, simples, dorés ou argentés	Idem.	200
Ouvrages de zinc :		
— laminé, imprimé ou percé à jour pour constructions, décorations et pour les arts, finis ou non	Idem.	20
— autres	Idem.	50
Ouvrages d'étain et de plomb	Idem.	50

CLASSE XIII

ARTICLES	UNITÉS	DROITS
Marbres	Valeur.	1 p. 100.
Ouvrages en marbre	Idem.	Idem.
Ouvrages en pierre non dénommés	Idem.	Idem.
Soufre brut, épuré ou sublimé	Idem.	Exempt.

ARTICLES	UNITÉS	DROITS
		reis.
CLASSE XIV		
Vin.	Décalitre.	500
Vinaigre.	Idem.	200
Cognac et liqueurs.	Idem.	1.500
CLASSE XV		
Glaces polies ou étamées, encadrées ou non.	Valeur.	25 p. 100.
Ouvrages de verre non dénommés.	Kilogr.	100
Ouvrages de porcelaine.	Idem.	200
CLASSE XVI		
Papier de toute sorte (le papier à écrire et le papier peint étant exceptés).	Idem.	15
Atlas, cartes géographiques et marines, gravures, estampes, lithographies, photographies, dessins de toute sorte et musique.	»	Exempts.
CLASSE XVIII		
Parfumerie de toute sorte (flacons et autres contenants compris, en exceptant les boîtes en carton ou en bois qui servent simplement d'emballage)	Kilogr.	200
Produits colorants.	»	Exempts.
CLASSE XIX		
Voitures de toute sorte (les voitures destinées aux chemins de fer étant exceptées).	Valeur.	25 p. 100
Coiffures de femme.	Idem.	20 p. 100
Chapeaux de femme, garnis ou non.	Idem.	20 p. 100
Chapeaux, casquettes et autres coiffures d'homme de toute espèce et de toute qualité.	Idem.	25 p. 100
Chaussures avec semelle en cuir.	Paire.	400
— non dénommées.	Idem.	200
Brosses pour l'usage des personnes.	Kilogr.	500
— pour autres usages, y compris les balais.	Idem.	20
Paillassons et nattes de toute espèce, même avec chaîne de chanvre ou d'autres filaments et ornements de laine.	Idem.	100
Nécessaires de toilette, à ouvrage, de voyage et de bureau, garnis.	Valeur.	15 p. 100
Meubles de toute matière (les métaux exceptés), garnis ou non de toute espèce d'étoffes.	Idem.	25 p. 100
Outils, instruments et ustensiles, et pièces détachées de machines :		
— pour les arts et métiers, pour laboratoires et manipulations industrielles :		
— en terre cuite, faïence, porcelaine ou verre.	Kilogr.	1
— en d'autres matières.	Idem.	20
— pour agriculture et jardinage.	Idem.	2
Épingles et agrafes (les tares comprises, excepté les boîtes de carton et de bois).	Idem.	100
Petits ouvrages en bois (objets pour usages manuels).	Idem.	200
Objets pour le bureau, le dessin et la peinture, en or ou en argent.	Valeur.	15 p. 100
— en autres matières.	Kilogr.	200
Cartonnages de toutes espèces, avec ou sans ornements.	Idem.	200
Soie collée sur papier ou sur d'autres matières.	Idem.	1.000
Caoutchouc en tissus imperméables ou élastiques : de soie.	Idem.	1.500
— d'autres filaments.	Idem.	750
Malles, bahuts, sacs de voyage et gibecières de chasse.	Valeur.	25 p. 100
Eventails et écrans.	Kilogr.	500
Jeux de toute espèce (excepté les tables de billard) et jouets d'enfants (y compris les tares, excepté les boîtes de carton ou de bois).	Idem.	200
Instruments, appareils et ustensiles pour l'enseignement de la gymnastique, de l'escrime et de la natation et pour le service des incendies, excepté les pompes et leurs accessoires.	Idem.	25
Peignes.	Idem.	200
Boutons de toute espèce, excepté ceux d'or, d'argent et de passementerie (y compris les tares, excepté les boîtes de carton ou de bois).	Idem.	400
Bijouterie, excepté celle d'or et d'argent (y compris les tares, excepté les boîtes de carton ou de bois).	Idem.	800
Cannes avec ou sans épée.	Pièce.	100
Plumes et fleurs artificielles et tous autres objets pour les remplacer (complets ou en pièces détachées).	Valeur.	20 p. 100
Quincaillerie diverse, telle que soufflets ; parfumoirs ; pipes avec ou sans étui ; fume-cigares et tabatières ; masques ; moulins à manivelle à caisse ; chaînes galvaniques ; sabliers ; boussoles de poches ; fauberts ; réveille-matin ; portefeuilles ; porte-cigares et porte-monnaies ; cages ; baguettes d'éventails ; cuirs à repasser les rasoirs ; sonnettes (excepté les électriques et les pneumatiques) ; binocles ; boîtes pour bijouterie ; bouts de cannes ou de parapluies en métal ; plumeaux ; veilleuses ; chapelets ; poignées de parapluies ou de cannes, et tous objets semblables non dénommés dans un article spécial (y compris les tares, les boîtes de carton et de bois étant exceptées).	Kilogr.	200

Art. 2. — Le Président du Conseil, Ministre des Affaires étrangères, est chargé de l'exécution du présent décret.

Fait à Paris, le 14 mai 1882.

JULES GRÉVY.

Par le Président de la République :

Le Président du Conseil, Ministre des Affaires étrangères,

C. DE FREYCINET.

Le Président de la République Française,

Sur la proposition du Président du Conseil, Ministre des Affaires étrangères,

Décrète :

Art. 1er. — Le Sénat et la Chambre des Députés ayant approuvé la Convention additionnelle au Traité de Commerce et de navigation du 19 décembre 1881, signée entre la France et le Portugal, le 6 mai 1882, et les Ratifications de cet Acte ayant été échangées le 13 mai 1882, ladite Convention additionnelle recevra sa pleine et entière exécution.

CONVENTION ADDITIONNELLE

DU

Traité de commerce et de navigation signé à Paris, le 19 décembre 1881, entre la France et le Portugal.

Le Gouvernement de la République Française,

Et le Gouvernement de Sa Majesté le Roi de Portugal et des Algarves,

Désirant modifier et compléter, d'un commun accord, certaines dispositions du Tarif B annexé au Traité de commerce et de navigation qu'ils ont signé à Paris, le 19 décembre 1881, ont résolu de conclure à cet effet une Convention additionnelle et ont nommé pour leurs Plénipotentiaires, savoir :

Le Président de la République Française,

M. Louis-Charles de Saulces de Freycinet, Sénateur, Président du Conseil, Ministre des Affaires étrangères, Officier de l'Ordre national de la Légion d'honneur, etc., etc., etc ;

Et M. Pierre Tirard, Député, Ministre du Commerce ;

Sa Majesté le Roi de Portugal et des Algarves,

M. José da Silva Mendes Leal, Envoyé Extraordinaire et Ministre plénipotentiaire de Sa Majesté Très Fidèle près la République Française, Conseiller d'Etat, Pair du Royaume, Grand Cordon de l'Ordre de Saint-Jacques, Grand-Officier de la Légion d'honneur, etc., etc., etc.;

Lesquels, après s'être communiqué leurs pleins pouvoirs, trouvés en bonne et due forme, sont convenus des articles suivants :

Art. 1er. — Le tarif B (entrée en Portugal), joint au Traité de Commerce et de Navigation du 19 décembre 1881, entre la France et le Portugal, est modifié et complété conformément au tableau annexé à la présente Convention.

Art. 2. — Les dispositions de la présente Convention auront la même valeur et la même durée que le Traité mentionné dans l'article précédent.

Art. 3. — La présente Convention sera ratifiée et les ratifications en seront échangées en même temps que celles du Traité précité du 19 décembre 1881.

En foi de quoi, les Plénipotentiaires respectifs ont signé la présente Convention additionnelle et y ont apposé le cachet de leurs armes.

Fait à Paris, en double expédition, le 6 mai 1882.

(L. S.) C. DE FREYCINET.
(L. S.) P. TIRARD.
(L. S.) JOSÉ DA SILVA MENDES LEAL.

CONVENTION ADDITIONNELLE

DU

Traité de commerce et de navigation signé à Paris, le 19 décembre 1881, entre la France et le Portugal

TARIF ANNEXE. — **Droits d'entrée en Portugal.**

ARTICLES	UNITÉS	DROITS
		reis.
CLASSE II		
Peaux tannées, de couleur, maroquinées, maroquins et peaux vernies.	Le kilogr.	300
CLASSE IV		
Fils de laine (ceux pour la tapisserie étant exceptés) blanchis.	Idem.	470
— teints.	Idem.	750
Feutres de laine simples ou avec bourre de soie.	Idem.	250
CLASSE VI		
Fils de coton simples, teints en plusieurs couleurs ou en rouge fin.	Idem.	135
CLASSE VII		
Fils de lin ou de chanvre : simples, écrus ou blanchis.	Idem.	150
— simples, teints.	Idem.	200
— retors, écrus, blanchis ou teints.	Idem.	300
Fils de jute ou d'autres filaments végétaux non spécifiés, écrus, blanchis ou teints.	Idem.	5

ARTICLES	UNITÉS	DROITS
		reis.
CLASSE XII		
Plomb, étain, zinc, antimoine simple ou sulfuré, bruts, fondus ou laminés, et mercure...........................	»	Exempts.
CLASSE XIX		
Parapluies et parasols de soie...	La pièce.	500
Parapluies et parasols d'autres étoffes................................	Idem.	300

C. DE FREYCINET. P. TIRARD.

JOSÉ DA SILVA MENDES LEAL.

Art. 2. — Le Président du Conseil, Ministre des Affaires étrangères, est chargé de l'exécution du présent décret.

Fait à Paris, le 14 mai 1882.

JULES GRÉVY.

Par le Président de la République :

Le Président du Conseil, Ministre des Affaires étrangères,

C. DE FREYCINET.

SUÈDE ET NORVÈGE

LOI portant approbation des traités de commerce et de navigation signés à Paris, le 30 décembre 1881, entre la France et les Royaumes-Unis de Suède et de Norvège.

Le Sénat et la Chambre des députés ont adopté,

Le Président de la République promulgue la loi dont la teneur suit :

Article unique. — Le Président de la République est autorisé à ratifier et, s'il y a lieu, à faire exécuter les traités de commerce et de navigation signés à Paris, le 30 décembre 1881, entre la France et les Royaumes-Unis de Suède et de Norvège.

Une copie authentique de ces traités sera annexée à la présente loi.

La présente loi, délibérée et adoptée par le Sénat et par la Chambre des députés, sera exécutée comme loi de l'Etat.

Fait à Paris, le 11 mai 1882.

JULES GRÉVY.

Par le Président de la République :

Le président du conseil, ministre des affaires étrangères,

C. DE FREYCINET.

Le Président de la République Française,

Sur la proposition du Président du Conseil, Ministre des Affaires étrangères,

Décrète :

Art. 1er. — Le Sénat et la Chambre des Députés, ayant approuvé le Traité de commerce, signé le 30 décembre 1881, entre la France et les Royaumes-Unis de Suède et de Norvège, et les Ratifications de cet Acte ayant été échangées le 12 mai 1882, ledit Traité, dont la teneur suit, recevra sa pleine et entière exécution.

TRAITÉ DE COMMERCE

entre

LA FRANCE ET LES ROYAUMES-UNIS DE SUÈDE ET DE NORVÈGE

Le Président de la République Française,

Et Sa Majesté le Roi de Suède et de Norvège,

Egalement animés du désir de resserrer les liens d'amitié qui unissent les Etats contractants et voulant assurer le développement des relations commerciales entre la France et les Royaumes-Unis, ont résolu de conclure un Traité à cet effet et ont nommé pour Leurs Plénipotentiaires, savoir :

Le Président de la République Française,

M. Léon Gambetta, Député, Président du Conseil, Ministre des Affaires Etrangères;

M. Maurice Rouvier, Député, Ministre du Commerce et des Colonies;

M. E. Spuller, Député, Sous-Secrétaire d'Etat au Ministère des Affaires Etrangères;

M. Tirard, Député, ancien Ministre de l'Agriculture et du Commerce;

Sa Majesté le Roi de Suède et de Norvège,

M Georg Christian Sibbern, ancien Ministre d'Etat, son Envoyé extraordinaire et Ministre plénipotentiaire à Paris, Chevalier Commandeur des Ordres de Suède, Grand'Croix de l'Ordre de Saint Olaf de Norvège, Officier de l'Ordre national de la Légion d'honneur, etc., etc. ;

M. Henrik Akerman, Son Ministre Résident près la Cour Royale d'Espagne, Commandeur de l'Ordre de Wasa, 1re classe, Chevalier de l'Ordre Royal de Saint-Olaf de Norvège, Commandeur de l'Ordre national de la Légion d'honneur, etc., etc., etc.;

M. Ole Jacob Broch, ancien Ministre, Professeur à l'Université de Christiania, Grand'Croix de l'Ordre de Saint-Olaf de Norvège, Commandeur de l'Ordre de l'Etoile polaire, 1re classe, Commandeur de l'Ordre national de la Légion d'honneur, etc., etc., etc.;

Lesquels, après s'être communiqué leurs pleins pouvoirs respectifs, trouvés en bonne et due forme, sont convenus des articles suivants :

Art. 1er. — Il y aura pleine et entière liberté de commerce et de navigation entre les nationaux des Hautes Parties contractantes. Ils ne seront pas soumis, à raison de leur commerce ou de leur industrie dans les ports, villes ou lieux quelconques des Etats respectifs, soit qu'ils s'y établissent, soit qu'ils y résident temporairement, à des droits, taxes, impôts ou patentes, sous quelque dénomination que ce soit, autres ni plus élevées que ceux qui seront perçus sur les nationaux; et les privilèges, immunités et autres faveurs quelconques dont jouiraient, en matière de commerce ou d'industrie, les ressortissants de l'un des Pays contractants, seront communs à ceux de l'autre.

Art. 2. — Les objets d'origine ou de manufacture suédoise ou norvégienne énumérés dans le tarif A, joint au présent Traité, seront admis en France, lorsqu'ils seront importés directement par mer, aux droits de douane fixés par ledit tarif, décimes additionnels compris.

Art. 3. — Les objets d'origine ou de manufacture française énumérés dans les tarifs B et C joints au présent Traité seront admis, lorsqu'ils seront importés directement par mer, en Suède et en Norvège, aux droits de douane respectivement fixés par lesdits tarifs.

Art. 4. — Il ne pourra être établi, à l'exportation des marchandises de France dans les Royaumes-Unis et réciproquement, un régime moins favorable que celui actuellement en vigueur.

Le régime des armes et munitions de guerre reste soumis aux lois et règlements des Etats respectifs.

Art. 5. — Les drawbacks établis à l'exportation des produits suédois et norvégiens ne pourront être que la reproduction exacte des droits d'accise ou de consommation intérieure grevant lesdits produits ou les matières dont ils sont fabriqués.

De même les drawbacks établis à l'exportation des produits français ne pourront être que la représentation exacte des droits d'accise ou de consommation intérieure grevant lesdits produits ou les matières dont ils sont fabriqués.

Les Hautes Parties contractantes pourront, outre les droits de douane, frapper les marchandises étrangères d'une taxe supplémentaire égale aux droits d'accise ou de consommation intérieure qui grèvent ou qui grèveront les articles similaires indigènes ou les matières avec lesquelles ils auront été fabriqués.

Il est convenu entre les Etats contractants que, dans le cas de suppression ou de diminution des droits d'accise ou de consommation dont il est question dans cet article, les taxes supplémentaires imposées aux produits d'origine ou de manufacture française, suédoise ou norvégienne seront supprimées ou réduites de sommes égales à celles dont seraient diminués ces droits d'accise ou de consommation.

Toutefois, en cas de suppression, s'il est établi une surveillance, un contrôle ou un exercice administratif sur les produits fabriqués, les charges directes ou indirectes dont les fabricants nationaux seront grevés, seront compensées par une surtaxe équivalente sur les produits de l'autre Pays.

Art. 6. — Les deux Gouvernements se réservent la faculté d'imposer sur les produits dans la composition ou la fabrication desquels il entre de l'alcool, un droit équivalent à l'impôt intérieur de consommation grevant l'alcool employé.

Art. 7. — Les marchandises de toute nature originaires de l'un des Pays respectifs et importées dans l'autre, ne pourront être assujetties à des droits d'accise ou de consommation supérieurs à ceux qui grèvent ou grèveraient les marchandises similaires de production nationale.

Toutefois, les droits à l'importation pourront être augmentés des sommes qui représenteraient les frais occasionnés aux producteurs nationaux par les frais de l'accise.

Art. 8. — Les eaux-de-vie et esprits de raisin en cercles provenant de France et importés directement par mer en Suède ou en Norvège seront admis à des droits identiques à ceux qui grèvent ou grèveraient les esprits de fabrication suédoise ou norvégienne. Toutefois, ces droits seront augmentés d'une surtaxe de 11 couronnes (15 fr. 28) l'hectolitre pur à 100 degrés, laquelle surtaxe sera diminuée d'un centième par chaque degré au dessous de 100 degrés que contiendraient ces esprits pesés à la température de quinze degrés avec l'alcoomètre Gay-Lussac.

Les eaux-de-vie de même nature, en bouteilles ou en cruchons seront, sans distinction de degrés, taxées, à l'entrée en Suède ou en Norvège, comme l'alcool pur. Les liqueurs seront, sans distinction de degré, taxées, à l'entrée en Suède ou en Norvège, comme l'alcool pur ordinaire.

Pour établir que les eaux-de-vie sont de raisin et d'origine française, l'importateur devra présenter à la douane suédoise ou norvégienne, soit une déclaration officielle faite devant un magistrat siégeant au lieu de production, soit un certificat délivré par le chef de service des douanes du bureau d'exportation, l'un ou l'autre confirmé par un certificat délivré gratuitement par le consul ou vice-consul des Royaumes Unis du port d'embarquement.

Il est entendu que, si, dans la pratique, ces certificats ne correspondent pas à leur but, le Gouvernement des Royaumes-Unis pourra établir, d'un commun accord avec le Gouvernement français, tel moyen de contrôle qui sera jugé efficace.

Art. 9. — La Suède et la Norvège s'engagent à ne point soumettre le sucre raffiné importé dans les Royaumes Unis à un droit de douane surpassant de 42 p. 100 le droit de douane moyen fixé dans chacun des Etats pour l'importation du sucre brut.

Art. 10. — Les articles d'orfèvrerie et de bijouterie en or, argent, platine ou autres métaux, importés de l'un des Etats contractants seront soumis dans l'autre au régime du contrôle établi pour les articles similaires de fabrication nationale et payeront, s'il y a lieu, sur la même base que ceux-ci les droits de marque et de garantie.

Art. 11. — Les Hautes Parties contractantes se garantissent réciproquement le traitement de la nation la plus favorisée pour tout ce qui concerne l'importation, l'exportation et le transit. Chacune d'elles s'engage à faire profiter l'autre de toute faveur, de tous privilèges ou abaissement dans les tarifs des droits à l'importation ou à l'exportation des articles mentionnés ou non dans le présent Traité qu'elle pourrait accorder à une tierce Puissance. Les Hautes Parties contractantes s'engagent, en outre, à n'établir, l'une envers l'autre, aucun droit ou prohibition d'importation ou d'exportation qui ne soit en même temps applicable aux autres nations.

Art. 12. — Les marchandises non originaires de Suède ou de Norvège importées des Royaumes-Unis en France, soit par terre, soit par mer, ne pourront pas être grevées de surtaxes supérieures à celles dont seront passibles les marchandises de même nature importées en France de tout autre pays européen autrement qu'en droiture par navire français.

Les Royaumes-Unis se réservent, de leur côté, la faculté d'établir sur les marchandises non originaires de France des surtaxes égales à celles qui seront appliquées, en France, aux importations faites autrement qu'en droiture.

Les bois communs importés de Belgique, par la frontière de terre seront affranchis de la surtaxe établie par la loi du 7 mai 1881.

Les surtaxes imposées par cette même loi seront réduites, pour les cafés, à 5 fr. par 100 kilogrammes, et pour le cacao, à 10 fr. par 100 kilogrammes, décimes compris.

Art. 13. — Les Français en Suède et en Norvège et réciproquement les Suédois et les Norvégiens en France jouiront de la même protection que les nationaux pour tout ce qui concerne la propriété des marques de fabrique ou de commerce, ainsi que des dessins ou modèles industriels et de fabrique de toute espèce.

Le droit exclusif d'exploiter un dessin ou modèle industriel ou de fabrique ne peut avoir, au profit des sujets des Royaumes-Unis en France et, réciproquement, au profit des Français en Suède et en Norvège, une durée plus longue que celle fixée par la loi du Pays à l'égard des nationaux.

Si le dessin ou modèle industriel ou de fabrique appartient au domaine public dans le Pays d'origine, il ne peut être l'objet d'une jouissance exclusive dans l'autre Pays.

Les dispositions des deux paragraphes qui précèdent sont applicables aux marques de fabrique ou de commerce.

Les droits des sujets des Royaumes-Unis en France, et, réciproquement, les droits des Français en Suède et en Norvège ne sont pas subordonnés à l'obligation d'y exploiter les modèles ou dessins industriels ou de fabrique.

Art. 14. — Les nationaux de l'un des pays contractants qui voudront s'assurer dans l'autre la propriété d'une marque, d'un modèle ou d'un dessin, devront remplir les formalités prescrites à cet effet, par la législation respective des Etats contractants.

Les marques de fabrique auxquelles s'appliquent les articles 13 et 14 de la présente Convention sont celles qui, dans les Pays respectifs, sont légitimement acquises aux industriels ou négociants qui en usent, c'est-à-dire que le caractère d'une marque de fabrique française doit être apprécié d'après la loi française, de même que celui d'une marque suédoise ou norvégienne doit être jugé d'après la loi de Suède ou de Norvège.

Toutefois, le dépôt pourra être refusé si la marque pour laquelle il est demandé est considérée par l'Autorité compétente comme contraire à la morale ou à l'ordre public.

Art. 15. — Les dispositions du présent Traité sont applicables sans exception à l'Algérie.

Art. 16. — Les objets passibles d'un droit d'entrée qui servent d'échantillons et qui sont importés en Suède et en Norvège par des commis-voyageurs des maisons françaises, ou en France par des commis-voyageurs ces maisons des Royaumes-Unis jouiront, de part et d'autre, moyennant les formalités de douane nécessaires pour en assurer la réexportation ou la réintégration en entrepôt d'une restitution des droits qui devront être déposés à l'entrée ; ces formalités seront réglées d'un commun accord entre les Parties contractantes.

Art. 17. — Les commis-voyageurs français voyageant dans les Royaumes-Unis pour le compte d'une maison française pourront y faire des achats pour les besoins de leur industrie et recueillir des commandes avec ou sans échantillons, mais sans colporter des marchandises.

Il y aura réciprocité en France pour les commis-voyageurs des Royaumes-Unis.

Les commis-voyageurs français ne pourront être soumis, dans les Royaumes-Unis, à un droit de patente supérieur au droit de patente le moins élevé applicable aux commis-voyageurs nationaux de même condition. Un impôt équivalent à celui qui est prélevé sur les commis voyageurs français, soit en Suède, soit en Norvège, pourra être exigé en France des voyageurs de commerce suédois ou norvégiens.

Art. 18. — Le présent Traité entrera en vigueur le 9 février 1882 et restera exécutoire jusqu'au 1er février 1892.

Dans le cas où aucune des Hautes Parties contractantes n'aurait notifié, douze mois avant la fin de ladite période, son intention d'en faire cesser les effets, il demeurera obligatoire jusqu'à l'expiration d'une année à partir du jour où l'une ou l'autre des Hautes Parties contractantes l'aura dénoncé.

Les Hautes Parties contractantes se réservent la faculté d'introduire, d'un commun accord, dans ce Traité et les tarifs y annexés, toutes modifications qui ne seraient pas en opposition avec son esprit et ses principes et dont l'utilité serait démontrée par l'expérience.

Art. 19. — Les stipulations qui précèdent seront soumises à l'approbation des Représentations nationales respectives.

Art. 20. — Le présent Traité sera ratifié et les Ratifications en seront échangées au plus tard le 7 février 1882.

En foi de quoi, les Plénipotentiaires respectifs ont signé le présent Traité et y ont apposé leurs cachets.

Fait à Paris, en double expédition, le trentième jour du mois de décembre de l'an mil huit cent quatre vingt-un.

(L. S.) Léon Gambetta.
(L. S.) M. Rouvier.
(L. S.) E. Spuller.
(L. S.) P. Tirard.
(L. S.) G. Sibbern.
(L. S.) H. Akerman.
(L. S.) Dr O.-J. Broch.

ARTICLE ADDITIONNEL

Les Hautes Parties contractantes conviennent que, en attendant la conclusion d'une Convention spéciale, les ressortissants de chacun des Pays respectifs jouiront, dans l'autre, du traitement national en ce qui concerne la propriété littéraire, artistique et industrielle.

Fait à Paris, le 30 décembre 1881.

Léon Gambetta.
M. Rouvier.
E. Spuller.
P. Tirard.
G. Sibbern.
H. Akerman.
Dr O.-J. Broch.

DÉCLARATION

Les Plénipotentiaires des Royaumes-Unis de Suède et de Norvège déclarent que leur Gouvernement s'engage à soumettre à la prochaine Diète de Suède, ainsi qu'à un prochain Storthing en Norvège, des projets de loi ayant pour objet de réduire le droit de patente que devront acquitter les commis voyageurs non domiciliés dans le pays, tant étrangers qu'indigènes, à la moitié de la patente à laquelle ils sont actuellement assujettis en Suède.

Les mêmes Plénipotentiaires renouvellent, au sujet du régime fixé pour les vins et spiritueux français à leur importation dans les Royaumes-Unis, les réserves déjà énoncées par eux dans le cours de la huitième Conférence.

Léon Gambetta.
M. Rouvier.
E. Spuller.
P. Tirard.
G. Sibbern.
H. Akerman.
Dr O.-J. Broch.

ANNEXES AU TRAITÉ DE COMMERCE ENTRE LA FRANCE ET LES ROYAUMES UNIS

DE SUÈDE ET DE NORVÈGE

Tarif A. Droits à l'entrée en France.

DÉNOMINATION DES ARTICLES	DROITS	DÉNOMINATION DES ARTICLES	DROITS
	fr. c. 100 kil.		fr. c. 100 kil.
Peaux brutes, fraiches ou sèches :		Dégras de peaux	Exempts.
— grandes	Exemptes.	Fromages de pâte molle	3 »
— petites, de bélier, de brebis et de mouton	Exemptes.	— de pâte dure	4 »
— petites, d'agneau, de chevreau et autres	Exemptes.	Beurre frais et fondu	Exempt.
Pelleteries brutes	Exemptes.	— salé	2 »
Graisses animales autres que de poisson :		Poissons frais de mer	5 »
— suifs	Exempts.	— frais d'eau douce	Exempts.
— saindoux et autres	Exempts.	Poissons secs, salés ou fumés : morue, y compris le klipfish	48 »

DÉNOMINATION DES ARTICLES	DROITS
	fr. c.
	100 kil.
Poissons secs, salés ou fumés, autres, y compris le stock-fish	10 »
— conservés au naturel, marinés ou autrement préparés	10 »
Huîtres fraîches, naissain	Exempt.
	Le mille.
— fraîches, autres	1 50
	100 kil.
— marinées	10 »
Homards et langoustes frais	5 »
— conservés au naturel ou préparés	10 »
Moules et autres coquillages pleins	Exempts.
Graisses de poisson	6 »
Blanc de baleine et de cachalot : brut	5 »
— pressé	10 »
— raffiné	15 »
Rogues de morue et de maquereau	0 60
Fanons de baleine, bruts	Exempts.
Peaux de chiens de mer et de phoques, brutes	Exempt.
Résines indigènes et autres produits résineux	2 »
Bois communs : bois à construire, de chêne, d'orme et de noyer, bruts ou équarris	Exempts.
— bois à construire, de chêne, d'orme et de noyer, sciés, de toute dimension	Exempts.
— bois à construire, autres, bruts ou équarris	Exempts.
— bois à construire, autres, sciés de toute dimension	Exempts.
— mâts, matereaux, espars, pigouilles, manches de gaffe, manches de fouine et de pinceau à goudron, avirons et rames	Le mille. Exempts.
— merrains	Exempts.
	1000 feuilles.
— bois en éclisses	0 10
— bois feuillard	Exempts.
— perches et échalas	0 25
— liège brut, râpé ou en planches	Exempts.
— bois à brûler et charbons de bois ou de chêne-vottes	Exempts.
— autres bois communs	Exempts.
Drilles	Exemptes.
Pâtes de bois	Exemptes.
Pierres et terres servant aux arts et métiers, non dénommées	Exemptes.
Matériaux : ardoises pour constructions brutes	Exemptes.
	Le mille.
— ardoises pour toiture	2 »
— carreaux, briques et tuiles	Exemptes.
— briques en terre réfractaire	Exemptes.
— pierres de construction brutes	Exemptes.
— pavés	Exemptes.
Fer : minerai	Exempt.
	100 kil.
— Fonte brute, fonte épurée dite mazée et fonte moulée pour lest de navires	1 50
Fer : en massiaux ou prismes retenant encore des scories	4 50
(Ne seront considérés comme retenant encore des scories que les massiaux ou prismes qui en contiendront au moins 4 p 100)	
— étiré en barres, fer d'angle et à T, rails de toutes formes et dimensions, essieux et bandages bruts de forge	5 »
(Les fers bruts en barres contenant 4 p. 100 de scories ou plus seront admis au droit des massiaux retenant encore des scories)	
Fer feuillard en bandes : de plus d'un millimètre d'épaisseur	6 »
— feuillard en bandes : d'un millimètre d'épaisseur ou moins	7 50
— dit machine servant à la fabrication des fils de fer	6 »
— tôles laminées ou martelées, planes, de plus d'un millimètre d'épaisseur : non découpées	7 »
— tôles laminées ou martelées, planes, de plus d'un millimètre d'épaisseur : découpées d'une façon quelconque	7 50
— tôles minces et fers noirs en feuilles planes, d'un millimètre d'épaisseur ou moins : non découpées	9 »
— tôles minces et fers noirs en feuilles planes, d'un millimètre d'épaisseur ou moins: découpées d'un façon quelconque	10 »
— étamé (fer-blanc), cuivré, zingué ou plombé	12 »
Fils de fer, qu'ils soient ou non étamés, cuivrés ou zingués : de 5|10 de millimètre de diamètre ou moins	10 »

DÉNOMINATION DES ARTICLES	DROITS
	fr. c.
	100 kil.
Fils de fer, qu'ils soient ou non étamés, cuivrés ou zingués : autres	6 o
Acier en barres : rails, essieux et bandages de roues bruts de forges	6 »
— en barres, autres de toute espèce et feuillards	9 »
— en tôles ou en bandes brunes, laminées à chaud, ayant d'épaisseur plus d'un demi-millimètre : non découpées	9 »
— en tôles ou en bandes brunes, laminées à chaud, ayant d'épaisseur plus d'un demi-millimètre : découpées d'une façon quelconque	9 90
— en tôle ou en bandes brunes, laminées à chaud, ayant d'épaisseur un demi millimètre ou moins : non découpées	15 »
— en tôles ou en bandes brunes, laminées à chaud, ayant d'épaisseur un demi-millimètre ou moins : découpées d'une façon quelconque	16 50
— en tôles ou en bandes blanches, laminées à froid, de toute épaisseur : non découpées	15 »
— en tôles ou en bandes blanches, laminées à froid, de toute épaisseur : découpées d'une façon quelconque	16 50
— filé, même blanchi, pour cordes d'instruments	20 »
Limailles et pailles	Exemptes.
Ferrailles (débris de vieux ouvrages en fer ou en fonte)	2 »
— (débris de vieux ouvrages en acier)	3 »
Mâchefer et scories de forges	Exempts.
Cuivre : minerai	Exempt.
— pur ou allié de zinc ou d'étain, de 1re fusion, en masses, barres, saumons ou plaques	Exempt.
— pur ou allié de zinc ou d'étain, laminé ou battu, en barres ou en planches	10 »
— pur ou allié de zinc ou d'étain, en fils de toute dimension, polis ou non, autres que dorés ou argentés	10 »
— doré ou argenté, en masse ou lingots, battu, tiré, laminé ou filé sur fils ou sur soie	100 »
— limailles et débris de vieux ouvrages	Exempts.
Plomb : minerai et scories de toute sorte	Exempts.
— en masses brutes, saumons, barres ou plaques	Exempt.
— allié d'antimoine (en masses)	3 »
— battu ou laminé	3 »
— limailles et débris de vieux ouvrages	Exempts.
Zinc : minerai cru ou grillé, pulvérisé ou non	Exempt.
— en masses brutes, saumons, barres et plaques	Exempt.
— laminé	4 »
— limailles et débris de vieux ouvrages	Exempts.
Nickel : minerai	Exempt.
— speiss	Exempt.
— pur ou allié d'autres métaux, notamment de cuivre ou de zinc (argentan) : en lingots ou masses brutes	Exempt.
— pur ou allié d'autres métaux, notamment de cuivre ou de zinc (argentan) : battu, laminé ou étiré	10 »
Antimoine : minerai	Exempt.
— sulfuré, fondu	Exempt.
— métallique ou régule	6 »
Arsenic : minerai	Exempt.
— métallique	Exempt.
Cadmium brut	Exempt.
Bismuth (étain de glace)	Exempt.
Manganèse : minerai	Exempt.
Cobalt vitrifié en masses ou en poudre	Exempt.
Minerais non dénommés	Exempts.
Acide oxalique	10 »
Bougies de toute sorte	16 » (1).
Colle de poisson	40 »
	hectol. de liquide (2)
Bière	7 75
	100 kil.
Papier dit de fantaisie, colorié, marbré, gaufré, qu'il soit ou non recouvert de métal (3)	15 »
— autre de toute sorte	8 »
Carton en feuilles	8 »
— moulé (papier mâché)	8 »
Livres	Exempts.
Gravures, estampes, lithographies, photographies et dessins de toute sorte sur papier	Exempts.
Cartes géographiques ou marines	Exemptes.
Musique gravée ou imprimée	Exempte.
(Les contrefaçons en librairie restent soumises à la prohibition.)	
Etiquettes imprimées, gravées ou coloriées	Exemptes.

(1) Non compris les taxes intérieures.
(2) Y compris la surtaxe représentant le droit de fabrication perçu sur les bières françaises.
(3) Tous les droits inscrits dans ce tarif sont indépendants des taxes intérieures établies sur le papier par les lois des 4 septembre 1871 et 21 juin 1873.

DÉNOMINATION DES ARTICLES	DROITS	DÉNOMINATION DES ARTICLES	DROITS
	fr. c.		fr. c. 100 kil.
Gants d'agneau ou de veau, simplement cousus........	la douzaine. 0 50	Coutellerie commune : couteaux de cuisine, de boucherie et ciseaux de tailleur, communs.........	125 »
— piqués..	0 75	— rasoirs communs.............................	250 »
— de chevreau ou chevrette, simplement cousus..	1 »	— autre.......................................	375 »
— piqués..	1 25	Coutellerie fine...................................	600 »
Pelleteries préparées ou en morceaux cousus, à l'exception des suivantes, qui sont admissibles en franchise :	Le kilogr. 1 »	Futailles vides, neuves, montées ou démontées :	
1. Loups marins et loutres de mer.		— cerclées en bois.............................	Exemptes.
2. Phoques et blue-backs.		— cerclées en fer..............................	1 »
3. Petits gris et sacs de petits-gris.		Balais communs..................................	Exempts.
4. Hamster et lapins blancs.		Pièces de charpente et de charronnage : brutes, équarries ou sciées.	Exemptes.
5. Astrakans moirés et frisés, en peaux et en touloupes.		— façonnées...................................	Exemptes.
6. Lièvres blancs et sacs de lièvres blancs.		Moules de boutons................................	13 »
7. Chèvres en peaux et en nappes.		Sabots communs..................................	12 »
		— peints, vernis ou garnis de fourrure...........	25 »
		Boîtes de bois blanc..............................	2 »
Pelleteries ouvrées, confectionnées : communes.......	1 60	Planches et frises ou lames de parquet, rabotées, rainées et (ou) bouvetées :	
— fines..	5 »	— en chêne ou bois dur.........................	1 50
Machines, autres qu'à vapeur, pour l'agriculture (moteur non compris)........................	5 »	— en sapin ou bois tendre.......................	» 50
		Boissellerie grossière.............................	4 »
Ouvrages en fer :		— fine..	4 »
— ancres, câbles et chaînes.....................	8 »	Autres ouvrages en bois :	
— Clous forgés à la mécanique..................	8 »	— en chêne ou bois dur.........................	7 »
— à la main...................................	12 »	— en sapin ou bois tendre.......................	5 »
Machines à coudre...............................	6 »		

Léon Gambetta.
M. Rouvier.
E. Spuller.
P. Tirard.

G. Sibbern.
H. Akerman.
Dr O.-J. Broch.

TARIF B. — Droits à l'entrée en Suède.

(La conversion en monnaies françaises n'a pas un caractère officiel; elle est établie sur la base de 72 couronnes = 100 francs.)

DÉNOMINATION DES ARTICLES	BASES	DROITS EN UNITÉS	
		SUÉDOISES	FRANÇAISES
		couronnes oro.	fr. c.
OUVRAGES EN MÉTAUX			
En fer et en acier :			
— coffres-forts et lits....................	Valeur.	10 p. 100.	10 p. 100.
— rails...................................	»	Exempts.	Exempts.
Ouvrages en fer-blanc non dénommés au tarif général :			
— non vernissés...........................	Le kilogr.	0 24	0 33
— vernissés...............................	—	0 35	0 49
Coutellerie :			
— Rasoirs avec ou sans étuis..............	—	0 59	0 82
— Canifs..................................	—	1 18	1 63
— Couteaux de marin, etc..................	—	0 14	0 19
Couteaux de table et autres non dénommés au tarif général, ainsi que les fourchettes :			
— avec manches en argent, métal doré ou argenté, ébène ou ivoire..................	—	1 18	1 63
— avec manches en autre matière...........	—	0 24	0 33
Ciseaux à doubles branches, autres que les ciseaux de drapier et de tailleur :			
— non polis...............................	—	0 24	0 33
— polis...................................	—	0 59	0 82
Ouvrages en acier non dénommés au tarif général :			
— polis ou vernis.........................	—	0 35	0 49
— autres..................................	—	0 15	0 21
Aiguilles et épingles d'autre espèce que d'or ou d'argent, et qui ne peuvent être considérées comme articles de bijouterie.............	—	0 40	0 56
Dés à coudre d'autre matière que d'or ou d'argent...........................	—	0 35	0 49
Agrafes, crochets.................................	—	0 30	0 42
En cuivre :			
Ouvrages achevés :			
— non polis...............................	—	0 35	0 49
— polis...................................	—	0 70	0 97
Clous de sellier.................................	—	0 35	0 49
Ouvrages en argent, dorés ou non.................	—	7 »	9 72
Ouvrages en or...................................	—	11 70	16 25
Or battu en feuilles, fin, mussif ou poudres métalliques imitant l'or.............	—	2 35	3 26
Fils métalliques d'or et d'argent, ainsi que les passementeries en or et en argent de toute sorte......	—	2 35	3 26
Métaux non dénommés au tarif général, simples ou composés :			
Clous pour navires...............................	»	Exempts.	Exempts.

DÉNOMINATION DES ARTICLES	BASES	DROITS EN UNITÉS	
		SUÉDOISES	FRANÇAISES
		couronnes ore.	fr. c.
Autres ouvrages, y compris les clinquants faux :			
— plus ou moins dorés, argentés, plaqués ou vernis............	le kilogr.	0 70	0 97
— d'autre espèce sans dorure, etc............	—	0 35	0 49
Horlogerie :			
Montres à boîtes d'or, ainsi que le chronomètre de mer............	la pièce.	1 »	1 39
— à boîtes en d'autres matières............	—	0 50	0 69
Horloges et pendules :			
— en bronze ou autre métal, eu en albâtre, ou en porcelaine............	le kilogr.	0 70	0 97
— en bois ou autres............	—	0 47	0 65
Fournitures d'horlogerie non dénommées au tarif général............	—	1 »	1 39
Instruments de chirurgie, de mathématiques, de physique et de navigation, baromètres et thermomètres, avec ou sans étuis............	—	Exempts.	Exempts.
Instruments d'optique, longues-vues, lunettes, y compris verres d'optique montés de toute sorte avec ou sans étuis............	—	0 35	0 49
Machines, appareils et outils ou leurs parties détachées non dénommés au tarif général............	—	Exempts.	Exempts.
Machines et chaudières à vapeur............	—	Exempts.	Exempts.
CUIR ET OUVRAGES EN CUIR			
Peaux préparées :			
— blanches et chamoisées et cuir pour semelles............	—	0 24	0 33
— autres............	—	0 47	0 65
Ouvrages de sellier non dénommés au tarif général :			
— avec garniture dorée, argentée ou plaquée............	—	0 50	0 69
— autres............	—	0 50	0 69
Ouvrages de cordonnerie :			
— en soie ou demi-soie............	—	2 35	3 26
— en feutre ou en toile à voiles avec ou sans semelles............	—	0 80	1 11
— en autre étoffe, en peau dite maroquin, cordouan, en peau coloriée, imprimée ou vernie.........	—	1 40	1 94
— autres............	—	0 94	1 30
Gants de peau de toute sorte............	—	1 80	2 50
Peaux pour gants, coupées............	—	0 70	0 97
Ouvrages en cuir non dénommés au tarif général, même régime que l'espèce de cuir, principalement employé avec une augmentation de............	—	20 0/0	20 0/0
TISSUS			
De lin, de chanvre ou d'autres végétaux filamenteux non dénommés au tarif général, mélangés ou non de coton ou de jute :			
a) unis ainsi que les croisés dont la surface est complètement unie, c'est-à-dire sans dessin (tissus de satin et d'atlas exceptés), présentant en chaîne et en trame dans l'espace d'un centimètre carré :			
— 25 fils ou moins, ainsi que les toiles à voiles de toute sorte............	—	0 19	0 26
— plus de 25 jusqu'à 35 fils............	—	0 35	0 49
— plus de 35 jusqu'à 50 fils............	—	0 90	1 25
— plus de 50 fils............	—	1 50	2 08
b) tapis non classés *sub a*............	—	0 40	0 56
c) toiles à matelas et coutils dits de corsets non classés *sub a*............	—	0 90	1 25
d) autres............	—	1 50	2 08
De poil et de crin............	—	0 60	0 83
De coton :			
Toiles à voiles............	—	0 14	0 19
Cloth de relieur brillanté, teint ou gaufré ou recouvert d'une couche de couleur............	—	0 50	0 69
Peluche, ainsi que couvertures............	—	0 90	1 25
Tulles............	—	2 50	3 47
Autres plus ou moins clairs, en tout ou en partie, tels que gaze, canevas, etc., ainsi que les tissus serrés présentant soit partout, soit en partie, en chaîne et en trame, 80 fils ou plus par centimètre carré.	—	1 75	2 43
(Sont considérés comme tissus clairs les tissus dans lesquels l'espace entre deux fils correspond à la grosseur d'un fil.)			
Autres :			
— écrus, non teints et non imprimés............	—	0 50	0 69
— blanchis ou teints............	—	0 90	1 25
— imprimés ou gaufrés............	—	1 10	1 53
De laine :			
Courroies sans fin à la mécanique, à l'usage des fabriques............	»	Exemptes.	Exemptes.
Couvertures............	le kilogr.	0 60	0 83
Tapis............	—	0 60	0 83
Autres............	—	1 75	2 43
De soie (tissus de soie pure) :			
— Peluche............	—	2 35	3 26
— autres, y compris les étoffes d'or et d'argent............	—	2 80	3 89

DÉNOMINATION DES ARTICLES	BASES	DROITS EN UNITÉS	
		SUÉDOISES	FRANÇAISES
		couronnes ore.	fr. c.
Tissus de demi-soie :			
— Peluche, ainsi que les feutres	le kilogr.	2 35	3 26
— autres	—	2 35	3 26
Rubans :			
— de velours et de soie	—	2 80	3 89
— de demi-soie	—	2 35	3 26
— autres, y compris ceux dans lesquels il entre de la gutta-percha, du caoutchouc ou des matières analogues	—	1 10	1 53
Bretelles et parties de bretelles :			
— en soie ou demi-soie	—	2 35	3 26
— autres	—	0 60	0 83
Portefeuilles, nécessaires de voyage et ridicules :			
— en soie ou demi-soie	—	2 00	2 78
— autres	—	0 50	0 69
Dentelles, points et blondes :			
— de soie et de lin, avec ou sans combinaison d'autres matières	—	2 80	3 89
— autres	—	2 35	3 26
Passementeries : soit franges, galons, passements, aiguillettes, cordons, cordonnets et autres ouvrages non dénommés au tarif général :			
— en soie ou demi-soie	—	2 80	3 89
— d'autre sorte (excepté en or et en argent. V. *Métaux*)	—	1 10	1 53
Gants de tricots, bas et autres ouvrages tricotés au métier ou à la main :			
— de soie ou demi-soie	—	2 80	3 89
— autres	—	1 18	1 63
Parapluies et parasols :			
— en soie ou demie-soie	La pièce.	0 75	1 04
— autres	—	0 25	0 35
Habillements et confections de toute espèce ; même régime que les tissus dont ils sont principalement composés, avec une augmentation de	»	20 p. 100.	20 p. 100.
Ouvrages brodés de toute sorte ; même régime que le tissu sur lequel est appliquée la broderie, avec une augmentation de	»	20 p. 100.	20 p. 100.
Filets de toute sorte ; même régime que le fil dont ils sont faits, avec une augmentation de	»	10 p. 100.	10 p. 100.
PRODUITS CHIMIQUES			
Savons non alcooliques :			
— parfumés	le kilogr.	0 28	0 39
— autres	—	0 10	0 14
VERRERIE ET POTERIE			
Bouteilles pleines ou vides	la pièce.	0 01	0 14
Verres d'optique, détachés, non montés	»	Exempts.	Exempts
Verres à vitres et glaces :			
— non taillés ou dépolis et sans tain, y compris les verres bruts	le kilogr.	0 07	0 10
— autres non dénommés au tarif général, carafes taillées et gaufrées, y compris les flacons	—	0 35	0 49
Faïence :			
— blanche ou jaunâtre et non peinte	—	0 10	0 14
— peinte ou imprimée	—	0 16	0 22
Porcelaine :			
— blanche ou de couleur pure	—	0 24	0 33
— dorée ou ornée de figures ou de fleurs	—	0 47	0 65
ARTICLES DIVERS			
Fleurs artificielles	—	2 50	3 47
Parties de fleurs artificielles	—	1 00	1 39
Plumes :			
— de parure	—	2 50	3 47
— à lit, épurées	—	0 20	0 28
Chapeaux :			
— de tissu en soie ou d'autres tissus, ainsi que chapeaux pour femmes montés et garnis de fleurs, plumes, dentelles de toute sorte	la pièce.	1 50	2 08
— autres	—	0 40	0 55
Perles fausses :			
— en verre	le kilogr.	0 35	0 49
— autres	—	1 18	1 63
Ivoire ouvré	—	1 18	1 63
Os ouvré	—	0 35	0 49
Cornes ouvrées :			
— Boutons, vernis ou non vernis	—	0 40	0 56
— autres	—	1 18	1 63
Bijouteries de toute autre matière que d'or ou d'argent, simples ou composées, comme bracelets, épingles, chaînes, croix, bagues, cachets, etc.	—	0 80	1 11

DÉNOMINATION DES ARTICLES	UNITÉ	DROITS EN UNITÉS	
		SUÉDOISES	FRANÇAISES
		couronnes ore.	fr. c.
Ouvrages en poil ou en crin, montés ou non, avec ou sans fermoirs.	Le kilogr.	0 80	1 11
Pommades.	—	0 25	0 49
Brosses :			
— montées en bois ou en fer non poli ou peint.	—	0 12	0 16
— montées en bois poli ou vernissé.	—	0 24	0 33
— montées en os, corne ou autre matière.	—	0 47	0 65
Ouvrages en bois travaillés au tour, non dénommés au tarif général, d'un poids inférieur à un kilogramme par pièce.	—	0 59	0 82
Boîtes et tabatières de matières composées ou de matières ouvrées non dénommées au tarif général.	—	0 47	0 65
Boutons de matières composées ou de matières ouvrées non dénommés au tarif général.	—	0 50	0 69
Etuis avec ou sans garnitures de matières composées ou de matières ouvrées non dénommées au tarif général.	—	0 80	1 11
Ouvrages en caoutchouc et en gutta-percha non spécialement tarifés.	—	1 »	1 39
Cire à cacheter.	—	0 47	0 65
Vins de toute sorte en cercles et en bouteilles (tous droits compris), sous les réserves énoncées à la déclaration annexée au présent traité.	Le litre.	0 165	0 23
(N. B. Ne sont pas réputés vins les liquides contenant une quantité d'alcool supérieure à 15 p. 100.)			
Confitures et bonbons.	Le kilogr.	0 47	0 65
Conserves alimentaires en vases hermétiquement fermés.	—	0 30	0 42
Sardines et anchois, conservés à l'huile en boîtes soudées.	—	0 20	0 28
Bougies de cire, de spermaceti et bougies stéariques.	—	0 12	0 16
Papier :			
— d'emballage et de rebut et autres ne servant ni à écrire, ni à dessiner, ni à imprimer.	—	0 02	0 03
— doré, argenté ou recouvert d'autre métal ou bois colorié autrement que dans la pâte, y compris le papier glacé, ainsi que les papiers entoilés.	—	0 20	0 28
— autres, le papier réglé y compris.	—	0 10	0 14
— enveloppes et sacs en papier.	—	0 20	0 28
Cartonnages non dénommés au tarif général :			
— non vernissés.	—	0 35	0 49
— vernissés, bronzés, dorés ou argentés.	—	0 60	0 83
Tentures et bordures de papier.	—	0 13	0 18
Gravures, estampes et lithographies non encadrées ; cartes de visites.	—	0 15	0 21

L. Gambetta.
M. Rouvier,
E. Spuller.
P. Tirard.

G. Sibbern.
H. Akerman.
Dr O-J. Broch.

TARIF C. — Droits à l'entrée en Norvège.

(La conversion en monnaies françaises n'a pas un caractère officiel ; elle est établie sur la base de 72 couronnes norvégiennes = 100 francs).

DÉNOMINATION DES ARTICLES	BASES	DROITS EN UNITÉS	
		NORVÉGIENNES	FRANÇAISES
		couronnes ore.	fr. c.
MÉTAUX			
Métaux divers ouvrés :			
— Agrafes et portes, épingles ordinaires et à cheveux, y compris le papier d'enveloppe.	100 kil.	53 »	74 »
— Bijouterie fausse, avec ou sans mélange d'autres matières, comme bracelets, épingles, chaînes, etc., y compris le papier, carton ou boîte d'emballage le plus proche.	—	80 »	111 »
— Ouvrages de tréfilerie en or ou argent, fils, paillettes, etc., fins ou faux.	—	235 »	326 »
— Plumes, y compris le poids des cartons ou boîtes.	—	60 »	83 »
— Perles de métal autre que l'or, l'argent ou l'aluminium.	—	120 »	166 »
— Or, argent, aluminium, platine, autres ouvrages.	—	640 »	889 »
Fer et acier :			
— Couteaux et fourchettes de table à manches d'argent, etc., canifs, rasoirs, avec ou sans étuis ou cartons.	—	80 »	111 »
— Aiguilles à coudre, à tapisserie, à crochet, y compris le papier enveloppant les aiguilles.	—	53 »	74 »
— Dés à coudre, même doublés de métal autre que fer, briquets, tire-bouchons, couteaux et fourchettes autres, ciseaux polis, serrures, mouchettes.	—	35 »	49 »
— Armoires et caisses dites incombustibles, machines pour copier et timbrer.	—	Exemptes.	Exemptes.
Ouvrages en fer forgé ou laminé :			
— Ouvrages en plaques de moins de 3mm1/4 d'épaisseur :			
— a) laqués, émaillés ou vernis.	—	35 »	49 »
— b) en plaques étamées ou zinguées, peints ou non.	—	15 »	21 »
— Autres ouvrages :			
— a) dorés, argentés ou plaqués.	—	70 »	97 »
— b) polis.	—	35 »	49 »
Cuivre, laiton, bronze et autres métaux alliés au cuivre :			
— Feuilles plaquées ou argentées.	—	Exempts.	Exemptes.
— Boutons, y compris le poids du papier, carton ou boîte d'enveloppe.	—	35 »	49 »
— Tissus métalliques et autres ouvrages en fil.	—	35 »	49 »
— Grelots, garnitures de porte, robinets, bougeoirs, dés à coudre, clefs de montre, etc.	—	35 »	49 »

DÉNOMINATION DES ARTICLES	BASES	DROITS EN UNITÉS	
		NORVÉGIENNES	FRANÇAISES
		couronnes ore.	fr. c.
— Autres ouvrages :			
— *a)* dorés, argentés, plaqués.........	100 kil.	70 »	97 »
— *b)* autres.........	—	35 »	49 »
HORLOGERIE			
— Montres, y compris les chronomètres de poche, avec boîte en or, en argent ou en autres matières.........	la pièce.	1 »	1 39
— Pendules :			
— *A.* en caisse de métal ou de porcelaine :			
a) Si le poids ne dépasse pas 8 kilogrammes.........	le kilog.	1 »	1 39
b) Si le poids dépasse 8 kilogrammes.........	la pièce.	8 »	11 11
— *B.* En caisse d'autres matières :			
a) Si le poids ne dépasse pas 5 kilogrammes.........	le kilog.	1 »	1 39
b) Si le poids dépasse 5 kilogrammes.........	la pièce.	5 »	6 94
— Mouvements sans caisse.........	100 kil.	100 »	139 »
Lunettes montées avec ou sans étui.........	—	35 »	49 »
Longues-vues.........	—	35 »	49 »
Machines à vapeur, toutes sortes.........	—	Exemptes.	Exemptes.
PEAUX ET CUIRS			
Cuirs tannés, y compris cuir à semelle.........	100 kil.	23 »	32 »
Maroquin et cordouan, cuirs préparés en jaune ou en noir, etc.........	—	46 »	64 »
Gants.........	—	180 »	250 »
Ouvrages de cordonnerie :			
— de soie ou de tissus mélangés de soie.........	—	235 »	326 »
— d'autres tissus, de maroquin, cordouan, etc.........	—	145 »	201 »
— d'autres sortes de peaux.........	—	95 »	132 »
Selles, harnais, etc.........	—	60 »	83 »
Portefeuilles, carnets, porte-monnaie, étuis à cigares, etc.........	—	80 »	111 »

(Les ouvrages en peaux et cuirs sans poil non spécialement dénommés payeront comme les peaux, avec une augmentation de 10 p. 100 du droit afférent à la matière principale).

DÉNOMINATION DES ARTICLES	BASES	NORVÉGIENNES	FRANÇAISES
FILS ET TISSUS			
De coton (fils) :			
— *a)* non teints et non tors.........	100 kil.	7 »	9 72
— *b)* tors, mais non teints.........	—	14 »	19 44
— *c)* teints.........	—	20 »	28 »
— Rubans, ainsi que rubans et tissus avec caoutchouc ou gutta-percha, ceintures de même sorte...	—	110 »	153 »
— Ouvrages de tricot, teints ou non.........	—	110 »	153 »
— Blondes, bobinets, dentelles et tulles.........	—	250 »	347 »
— Autres tissus :			
— *a)* clairs.........	—	176 »	244 »
— *b)* serrés, imprimés.........	—	110 »	153 »
— *c)* serrés, de plusieurs couleurs non imprimés.........	—	53 »	74 »
De lin, chanvre, etc. (fils) :			
— *a)* non teints.........	—	7 »	9 72
— *b)* teints, non tors.........	—	27 »	37 »
— *c)* teints, tors.........	—	53 »	74 »
— Rubans, ainsi que rubans et tissus avec caoutchouc et gutta-percha, ceintures de même sorte...	—	110 »	153 »
— Ouvrages de tricot.........	—	110 »	153 »
— Blondes, bobinets, dentelles et tulles.........	—	250 »	347 »
— Autres tissus :			
— *a)* clairs.........	—	176 »	244 »
— *b)* serrés imprimés.........	—	110 »	153 »
De laine (fils) :			
— *a)* non teints.........	—	13 »	18 »
— *b)* teints.........	—	20 »	28 »
— Tapis de pied, couvertures de lit.........	—	47 »	65 »
— Tricot, autre.........	—	110 »	153 »
— Blondes, bobinets, dentelles et tulles.........	—	250 »	347 »
— Rubans et tissus avec caoutchouc ou gutta-percha, ceintures de même sorte.........	—	110 »	153 »
— Autres tissus clairs.........	—	176 »	244 »
De soie :			
— Soie moulinée ou non, teinte ou non, etc.........	—	93 »	129 »
— Blondes, bobinets, dentelles et tulles.........	—	250 »	347 »
— Velours, peluche, etc.........	—	230 »	319 »
— Autres tissus :			
— en soie pure ou mélangée d'autres matières.........	—	230 »	319 »
— si l'ourdissage ou la trame, si l'endroit ou l'envers consistent en d'autres matières que la soie.........	—	230 »	319 »
Passementerie :			
— en soie pure. (V. *Soie.*)			
— en soie mélangée d'autres matières.........	—	230 »	319 »
— Autres boutons et autres objets.........	—	135 »	187 »

DÉNOMINATION DES ARTICLES	BASES	DROITS EN UNITÉS	
		NORVÉGIENNES	FRANÇAISES
		couronnes ore.	fr. c.
Parapluies et ombrelles :			
— recouverts en soie ou en tissus mélangés de soie..........	la pièce.	0 75	1 04
— recouverts en autres tissus..........	—	0 25	0 35
— montures non recouvertes...	100 kil.	35 »	49 »
Bretelles de toute sorte..........	—	175 »	243 »
Portefeuilles, etc , en tissus cirés ou en toile..........	—	80 »	111 »
Habillements et objets de toilette confectionnés non spécialement tarifés.			

(Les autres habillements payeront le même droit que le tissu principal, avec augmentation de 10 p. 100 de ce droit. Si quelque partie du vêtement est soumise à un droit plus élevé que l'étoffe principale, si les habillements sont garnis de broderie, etc., ou doublés de soie, l'augmentation sera de 20 p. 100 du droit afférent à l'étoffe principale.)

PRODUITS CHIMIQUES

	BASES	NORVÉGIENNES	FRANÇAISES
Savon parfumé, non alcoolique..........	—	30 »	41 »

VERRERIE

	BASES	NORVÉGIENNES	FRANÇAISES
Verre en feuilles :			
— étamées..........	—	23 »	32 »
— non étamées, taillées, coloriées, dorées, vernies, gravées, dépolies, dessinées..........	—	13 »	18 »
— autres verres en feuilles..........	—	6 »	8 33
Verres optiques, non montés..........	—	Exempts.	Exempts.
Perles..........	—	35 »	49 »
Autres articles de verrerie..........	—	27 »	37 »
Miroirs..........	—	23 »	32 »

POTERIE

	BASES	NORVÉGIENNES	FRANÇAISES
Faïence..........	—	7 »	9 72
Porcelaine..........	—	23 »	31 94

PAPIER

	BASES	NORVÉGIENNES	FRANÇAISES
Papier à écrire, etc..........	—	13 »	18 »
— d'imprimerie, non collé..........	—	Exempts.	Exempts.
— colorié, y compris le papier pour tenture, les estampes, modèles de broderie, cartes de visite, enveloppes, etc..........	—	13 »	18 »
Papier et carton ouvré d'autre sorte, ainsi que papier mâché..........	—	60 »	83 »

ARTICLES DIVERS

	BASES	NORVÉGIENNES	FRANÇAISES
Fleurs artificielles en gaze ou autres matières..........	—	250 »	347 »
Plumes de parure..........	—	250 »	347 »
Plumes à lit épurées..........	—	20 »	28 »
Chapeaux de soie ou en étoffes de soie mélangées d'autres matières, autres chapeaux de femme garnis de fleurs, plumes ou autres ornements, à l'exception de rubans..........	la pièce.	1 50	2 08
— autres chapeaux ou casquettes :			
— a) cirés ou non, en feutre de toute espèce..........	—	0 40	0 56
— b) en paille, crin..........	—	0 20	0 28
Brosserie :			
— en bois ou en métaux,..........	10 kil.	13 »	18 »
— en os ou autres matières..........	—	46 »	64 »
Ouvrages en crin autres que chapeaux et casquettes..........	—	80 »	111 »
Pommade, poids brut..........	—	35 »	49 »
Tabletterie de bois..........	—	35 »	49 »
Etuis à coudre ou à écrire, à rasoirs, trousses de barbier garnies..........	—	80 »	111 »
Vins en cercles (tous droits compris, sous les réserves énoncées à la déclaration annexée au présent traité)..........	l'hectolitre.	16 60	23 »
— en bouteilles..........	—	16 60	23 »
— avec addition par bouteille de 1 ore..........	par bouteille	0 01	0 014
(Ne seront pas réputés vins les liquides contenant une quantité d'alcool supérieure à 15 p. 100.)			
Gâteaux...	100 kil.	40 »	56 »
Confiserie et sucreries..........	—	46 60	5 »
Comestibles en boîtes soudées, poids brut :			
— Sardines et anchois, conservés à l'huile..........	—	20 »	28 »
— Autres, d'animaux..........	—	40 »	56 »
— Autres, non d'animaux..........	—	60 »	84 »
Os et dents ouvrés, d'éléphant, de morse et autres..........	—	35 »	49 »
Cornes ouvrées : boutons, peignes et autres, y compris le poids du papier, cartons ou boîtes d'enveloppe..........	—	35 »	49 »
Pierres et ouvrages en pierre..........	—	Exempts.	Exempts.
Cire, bougies en cire, bougies stéariques, en paraffine, etc..........	—	13 »	18 »
Toutes les marchandises non comprises au tarif général..........	—	10 p. 100.	10 p. 100.

L. GAMBETTA.   G. SIBBERN

M. ROUVIER.   H. AKERMAN

E. SPULLER.   Dr O.-J. BROCH.

P. TIRARD.

Art. 2.— Le Président du Conseil, Ministre des Affaires étrangères, est chargé de l'exécution du présent décret.

Fait à Paris, le 13 mai 1882.

JULES GRÉVY.

Par le Président de la République :

Le Président du Conseil,
Ministre des Affaires étrangères,

C. DE FREYCINET.

Le Président de la République Française,

Sur la proposition du Président du Conseil, ministre des affaires étrangères,

Décrète :

Art. 1er. — Le Sénat et la Chambre des Députés ayant approuvé le Traité de navigation signé le 30 décembre 1881 entre la France et les Royaumes-Unis de Suède et de Norvège, et les Ratifications de cet Acte ayant été échangées, le 12 mai 1882, ledit Traité, dont la teneur suit, recevra sa pleine et entière exécution.

TRAITÉ DE NAVIGATION

entre

LA FRANCE ET LES ROYAUMES-UNIS DE SUÈDE ET DE NORVÈGE

Le Président de la République Française,

Et Sa Majesté le Roi de Suède et de Norvège,

Également animés du désir de resserrer les liens d'amitié qui unissent les Etats contractants et voulant assurer le développement des relations maritimes entre la France et les Royaumes-Unis, ont résolu de conclure un traité à cet effet, et ont nommé pour Leurs Plénipotentiaires, savoir :

Le Président de la République Française,

M. Léon Gambetta, Député, Président du Conseil, Ministre des Affaires Étrangères ;

M. Maurice Rouvier, Député, Ministre du Commerce et des Colonies ;

M. E. Spuller, Député, Sous-Secrétaire d'Etat au Ministère des Affaires Étrangères ;

M. Tirard, Député, ancien Ministre de l'Agriculture et du Commerce ;

Et Sa Majesté le Roi de Suède et de Norvège,

M. Georg Christian Sibbern, ancien Ministre d'Etat, Son Envoyé extraordinaire et Ministre plénipotentiaire à Paris, Chevalier Commandeur des Ordres de Suède, Grand'-Croix de l'Ordre de Saint-Olaf de Norvège, Officier de l'Ordre national de la Légion d'honneur, etc., etc., etc. ;

M. Henrik Akerman, Son Ministre résident près la Cour royale d'Espagne, Commandeur de l'Ordre de Wasa, première classe, Chevalier de l'Ordre de Saint-Olaf de Norvège, Commandeur de l'Ordre national de la Légion d'honneur, etc., etc., etc ;

M. Ole Jacob Broch, ancien Ministre, Professeur à l'Université de Christiania, Grand-Croix de l'Ordre de Saint-Olaf de Norvège, Commandeur de l'Ordre de l'Etoile polaire, première classe, Commandeur de l'Ordre national de la Légion d'honneur, etc., etc., etc. ;

Lesquels, après s'être communiqué leurs pleins pouvoirs respectifs, touvés en bonne et due forme, sont convenus des articles suivants :

Art. 1er. — Il y aura pleine et entière liberté de commerce et de navigation entre les nationaux des Hautes Parties contractantes ;

ils ne payeront pas, à raison de leur commerce ou de leur industrie, dans les ports, villes ou lieux quelconques des Etats respectifs, soit qu'ils s'y établissent, soit qu'ils y résident temporairement, de droits, taxes ou impôts, sous quelque dénomination que ce soit, autres ou plus élevés que ceux qui se percevront sur les nationaux ; et les privilèges, immunités ou autres faveurs quelconques dont jouissent, en matière de commerce, d'industrie ou de navigation, les nationaux de l'un des Etats contractants seront communs à ceux de l'autre.

Art. 2. — Les navires français, chargés ou non, ainsi que leurs cargaisons en Suède ou en Norvège, et les navires suédois et norvégiens, chargés ou non, ainsi que leurs cargaisons en France ou en Algérie, à leur arrivée d'un port quelconque et quel que soit le lieu d'origine ou de destination de leurs cargaisons, jouiront, sous tous les rapports, à l'entrée, pendant leur séjour et à la sortie, du même traitement que les navires nationaux et leurs cargaisons.

Il est fait exception à la disposition qui précède pour le cabotage, dont le régime demeure soumis aux lois respectives des Pays contractants.

Il est, d'ailleurs, convenu que les navires des nations respectives naviguant au cabotage seront traités, de part et d'autre, sur le même pied que les navires des nations les plus favorisées.

Art. 3. — Seront complètement affranchis des droits de tonnage et d'expédition dans les ports respectifs :

1° Les navires qui, entrés sur lest, de quelque lieu que ce soit, en sortiront sur lest ;

2° Les navires qui, passant d'un port de l'un des Etats respectifs dans un ou plusieurs ports du même Etat, soit pour y déposer tout ou partie de leurs cargaisons, soit pour y composer ou pour y compléter leur chargement, justifieront avoir déjà acquitté ces droits ;

3° Les navires qui, entrés avec chargement dans un port, soit volontairement, soit en relâche forcée, en sortiront sans avoir fait aucune opération de commerce.

Ne seront pas considérés, en cas de relâche forcée, comme opération de commerce : le débarquement et le rechargement des marchandises pour la réparation du navire, le transbordement sur un autre navire en cas d'innavigabilité du premier, les dépenses nécessaires au ravitaillement des équipages et la vente des marchandises avariées, lorsque l'administration des douanes en aura donné l'autorisation.

Art. 4. — Les Hautes Parties contractantes se réservent la faculté de prélever, dans leurs ports respectifs, sur les navires de l'autre Puissance, ainsi que sur les marchandises composant la cargaison de ces navires, des taxes spéciales affectées au besoin d'un service local.

Il est entendu que les taxes dont il s'agit devront, dans tous les cas, être appliquées également aux navires des Hautes Parties contractantes ou à leurs cargaisons.

En ce qui concerne le placement des navires, leur chargement ou leur déchargement, dans les ports, havres, rades ou bassins, et généralement pour toutes les formalités ou dispositions quelconques auxquelles peuvent être soumis les navires de commerce, leurs équipages et leurs cargaisons, il ne sera accordé aux navires nationaux, dans les Etats respectifs, aucun privilège, ni aucune faveur, qui ne le soit également aux navires de l'autre Puissance, la volonté des Hautes Parties contractantes étant que, sous ce rapport, les bâtiments français et les bâtiments suédois et norvégiens soient traités sur le pied d'une parfaite égalité.

Art. 5. — La nationalité des bâtiments sera admise de part et d'autre, d'après les lois et règlements particuliers à chaque Pays, au moyen de titres et patentes délivrés par les

Autorités compétentes aux capitaines, patrons et bateliers.

Art. 6. — Les navires français entrant dans un port de l'un ou de l'autre des Royaumes-Unis et réciproquement les navires suédois et qui n'y voudraient décharger qu'une partie de leurs cargaisons, pourront, en se conformant aux lois et règlements des Etats respectifs, conserver à leur bord la partie de leurs cargaisons qui serait destinée à un autre port, soit du même pays, soit d'un autre, et la réexporter, sans être astreints à payer, pour cette dernière partie de leurs cargaisons, aucun droit de douane, sauf celui de surveillance, lequel, d'ailleurs, ne pourra être perçu qu'au taux fixé pour la navigation nationale.

Art. 7. — Les bâtiments de Royaumes Unis dans les colonies françaises seront, en tous points, à leur entrée, pendant leur séjour, ainsi qu'à leur sortie, qu'ils soient chargés ou sur lest, et sans distinction de provenance, traités comme les navires de la nation européenne la plus favorisée.

Art. 8. — Les stipulations du présent Traité ne sont pas applicables en ce qui concerne les avantages dont les produits de la pêche nationale sont ou pourront être l'objet, tant en France que dans les Royaumes-Unis.

Art. 9. — Les Hautes Parties contractantes s'accordent réciproquement le droit de nommer dans les ports et places de commerce de chacun des Pays respectifs des Consuls généraux, Consuls, Vice-Consuls et Agents consulaires, se réservant toutefois de n'en pas admettre dans tels lieux qu'elles jugeront convenable de désigner. Les Consuls généraux, Consuls, Vice-Consuls et Agents consulaires ainsi que leurs Chanceliers jouiront, à charge de réciprocité, des mêmes privilèges, pouvoirs et exemptions dont jouissent ou jouiront ceux des nations les plus favorisées.

Dans le cas où ils exerceraient le commerce, ils seront tenus de se soumettre aux mêmes lois et règlements auxquels sont soumis, dans le même lieu, par rapport à leurs transactions commerciales, les particuliers de leur nation.

Art. 10. — Les Consuls, Vice-Consuls et Agents consulaires de chacune des Hautes Parties contractantes recevront des autorités locales toute aide et assistance pour la recherche, l'arrestation et la remise des marins et autres individus faisant partie de l'équipage des navires de guerre ou de commerce de leur Pays respectif et qui auraient déserté dans un port situé sur le territoire de l'une des Hautes Parties contractantes.

A cet effet, ils s'adresseront par écrit aux tribunaux, juges ou fonctionnaires compétents et justifieront, par l'exhibition des registres du bâtiment, rôles d'équipage ou autres documents officiels, ou bien, si le navire était parti, par la copie desdites pièces dûment certifiée par eux, que les hommes qu'ils réclament ont réellement fait partie dudit équipage.

Sur cette demande ainsi justifiée, la remise ne pourra être refusée.

Lesdits déserteurs, lorsqu'ils auront été arrêtés, resteront à la disposition des Consuls, Vice-Consuls et Agents consulaires, et pourront même être détenus et gardés dans les prisons du Pays, à la réquisition et aux frais des Agents précités, jusqu'au moment où ils seront réintégrés à bord du bâtiment auquel ils appartiennent, ou jusqu'à ce qu'une occasion se présente de les renvoyer dans le Pays desdits Agents, sur un navire de la même ou de toute autre nation.

Si, pourtant, cette occasion ne se présentait pas dans le délai de deux mois, à compter du jour de leur arrestation, ou si les frais de leur emprisonnement n'étaient pas régulièrement acquittés par la partie à la requête de laquelle l'arrestation a été opérée, lesdits déserteurs seront remis en liberté, sans qu'ils puissent être arrêtés de nouveau pour la même cause.

Néanmoins, si le déserteur avait commis,

en outre, quelque délit à terre, son extradition pourra être différée par les Autorités locales jusqu'à ce que le tribunal compétent ait dûment statué sur le dernier délit, et que le jugement intervenu ait reçu son entière exécution.

Il est également entendu que les marins ou autres individus faisant partie de l'équipage, sujets du Pays où la désertion a eu lieu, sont exceptés des stipulations du présent article.

Art. 11. — Toutes les opérations relatives au sauvetage des navires naufragés ou échoués seront dirigées par les Consuls, Vice-Consuls, Agents consulaires et les Chanceliers de l'Etat auquel les navires appartiendront, si les lois de ce même pays les y autorisent.

L'intervention des Autorités locales aura seulement lieu dans les Etats respectifs pour maintenir l'ordre, garantir les intérêts des sauveteurs, s'ils sont étrangers aux équipages naufragés, et assurer l'exécution des dispositions à observer pour l'entrée et la sortie des marchandises sauvées.

En l'absence et jusqu'à l'arrivée des Consuls, Vice-Consuls, Agents consulaires ou Chanceliers, les autorités locales devront, d'ailleurs, prendre toutes mesures nécessaires pour la protection des individus et de la conservation des effets naufragés.

Il est, de plus, convenu que les marchandises sauvées ne seront assujetties à aucun droit de douane, à moins qu'elles ne soient admises à la consommation locale.

Art. 12. — Les Hautes Parties contractantes ne pourront accorder aucun privilège, faveur ou immunité concernant le commerce ou la navigation, à une tierce Puissance, qui ne soit aussi, à l'instant, étendu à l'autre Partie contractante.

Art. 13. — Le présent Traité entrera en vigueur en même temps que le Traité de commerce conclu par les Hautes Parties contractantes sous la date de ce jour, et aura la même durée.

Art. 14. — Les Ratifications du présent Traité seront échangées à Paris en même temps que celles du Traité de commerce précité.

En foi de quoi, les Plénipotentiaires respectifs l'ont signé et y ont apposé leurs cachets.

Fait à Paris, en double expédition, le 30 décembre 1881.

(L. S.) Léon Gambetta.
(L. S.) M. Rouvier.
(L. S.) Spuller.
(L. S.) P. Tirard.
(L. S.) G. Sibbern.
(L. S.) H. Akerman.
(L. S.) Dr O.-J. Broch.

Art. 2. — Le Président du Conseil, Ministre des Affaires étrangères, est chargé de l'exécution du présent décret.

Fait à Paris, le 13 mai 1882.

JULES GRÉVY.

Par le Président de la République :
Le Président du Conseil, Ministre des Affaires étrangères,
C. DE FREYCINET.

SUISSE

LOI portant approbation du traité de commerce, du traité d'établissement et des conventions relatives aux rapports de voisinage et à la propriété industrielle, conclus le 23 février 1882, entre la France et la Suisse.

Le Sénat et la Chambre des députés ont adopté,

Le Président de la République promulgue la loi dont la teneur suit :

Article unique. — Le Président de la République est autorisé à ratifier et, s'il y a lieu, à faire exécuter les traités de commerce et d'établissement, ainsi que les conventions relatives aux rapports de voisinage et à la propriété industrielle, signés à Paris, le 23 février 1882, entre la France et la Suisse.

Une copie authentique de ces traités et conventions sera annexée à la présente loi.

La présente loi, délibérée et adoptée par le Sénat et par la Chambre des députés, sera exécutée comme loi de l'Etat.

Fait à Paris, le 11 mai 1882.

JULES GRÉVY.

Par le Président de la République :
Le président du conseil, ministre des affaires étrangères,
C. DE FREYCINET.

Le Président de la République Française,

Sur la proposition du Président du Conseil, Ministre des Affaires étrangères,

Décrète :

Art. 1er. — Le Sénat et la Chambre des Députés, ayant approuvé le Traité de commerce signé, le 23 février 1882, entre la France et la Suisse, et les Ratifications de cet Acte ayant été échangées le 12 mai 1882, ledit Traité dont la teneur suit, recevra sa pleine et entière exécution.

TRAITÉ DE COMMERCE
conclu, le 23 février 1882,
ENTRE LA FRANCE ET LA SUISSE

Le Président de la République Française

Et le Conseil fédéral de la Confédération suisse,

Animés d'un égal désir de conserver les liens d'amitié qui unissent les deux Peuples et de régler, en conciliant les intérêts respectifs, la situation qui sera faite au commerce des deux Pays par l'expiration prochaine des conventions actuellement en vigueur, ont résolu de conclure un Traité à cet effet, et ont nommé pour leurs Plénipotentiaires, savoir :

Le Président de la République française ;

M. C. de Freycinet, Sénateur, Président du Conseil, Ministre des Affaires Etrangères ;

M. Tirard, Député, Ministre du Commerce ;

M. Maurice Rouvier, Député, ancien Ministre du Commerce et des Colonies ;

Et le Conseil fédéral de la Confédération suisse :

M. J. C. Kern, Envoyé extraordinaire et Ministre plénipotentiaire de la Confédération suisse à Paris ;

M. Charles Edouard Lardy, Docteur en droit, Conseiller de la Légation de Suisse en France ;

Lesquels, après s'être communiqué leurs pleins pouvoirs trouvés en bonne et due forme, sont convenus des articles suivants :

Art. 1er. — Les objets d'origine ou de manufacture suisse, énumérés dans le tarif A joint au présent Traité, et importés directement du territoire suisse, seront admis en France aux droits fixés par ledit tarif, tous droits additionnels compris.

Art. 2. — Les objets d'origine ou de manufacture française, énumérés dans le tarif B joint au présent Traité, et importés directement du territoire français, seront admis en Suisse aux droits fixés par ledit tarif.

Art. 3. — Les droits à l'exportation de l'un des deux pays dans l'autre sont fixés conformément aux tarifs C et D joints au présent Traité.

Art. 4. — Le Gouvernement de la Confédération suisse s'engage, en outre, à accorder aux produits du pays de Gex le bénéfice des dispositions contenues dans le règlement annexé au présent Traité sous la lettre F.

Art. 5. — Seront considérées comme importées directement les marchandises d'origine ou de fabrication suisse expédiées en France par les chemins de fer étrangers confinant à la Suisse, pourvu que, dans ce dernier cas, les wagons ou les colis renfermant ces marchandises soient cadenassés ou plombés par la douane suisse. que les cadenas ou les plombs soient reconnus intacts à l'arrivée en France, et que l'expédition ait lieu dans les conditions réglées entre les Hautes Parties contractantes pour le service international des chemins de fer.

Les marchandises d'origine ou de fabrication française jouiront, sous les mêmes conditions, à l'entrée en Suisse, d'un traitement exactement semblable.

Art. 6. — Si l'une des Hautes Parties contractantes juge nécessaire d'établir un droit nouveau d'accise ou de consommation ou un supplément de droit sur un article de production ou de fabrication nationale compris dans les tarifs annexés au présent Traité, l'article similaire étranger pourra être immédiatement grevé, à l'importation, d'un droit ou d'un supplément de droit égal.

En cas de suppression ou de diminution des droits et des charges mentionnés ci-dessus, des surtaxes seront supprimées ou réduites proportionnellement.

Toutefois, en cas de suppression, s'il est établi une surveillance ou un exercice administratif sur les produits fabriqués, les charges directes ou indirectes dont les fabricants nationaux seront grevés, seront compensées par une surtaxe équivalente établie sur les produits de l'autre pays.

Les drawbacks à l'exportation des produits français ou suisses ne pourront être que la représentation exacte des droits d'accise ou de consommation intérieure grevant lesdits produits ou les matières employées à leur fabrication.

Art. 7. — Les marchandises de toute nature, originaires de l'un des deux Pays et importées dans l'autre, ne pourront être assujetties à des droits d'accise ou de consommation supérieurs à ceux qui grèvent ou qui grèveraient les marchandises similaires de production nationale. Toutefois, les droits à l'importation pourront être augmentés des sommes qui représenteraient les frais occasionnés aux producteurs nationaux par le système de l'accise.

Art. 8. — Le Gouvernement fédéral garantit que, dans aucun cas, les produits français ne seront assujettis par les administrations cantonales ou communales à des droits d'octroi ou de consommation autres ou plus élevés que ceux auxquels seront assujettis les produits du pays, sous réserve cependant des dispositions de l'article 9 ; et, de son côté, le Gouvernement français garantit que, dans aucun cas, les produits de la Suisse ne seront assujettis par les administrations départementales ou communales à un droit d'octroi ou de consommation autre ou plus élevé que celui auquel seront assujettis les produits du pays.

Art. 9. — Les droits cantonaux ou communaux applicables aux vins d'origine française en fût, double fût ou tout autre mode d'emballage, quel que soit le prix ou la qualité de ces vins, ne pourront excéder le minimum des droits cantonaux ou communaux actuellement en vigueur pour les vins étrangers en simple fût et indiqués au tableau E annexé au présent Traité.

Les vins en bouteilles supporteront les droits énumérés audit tableau pour les vins étrangers en bouteilles et conformément aux distinctions qui y sont énoncées.

Il est entendu que, dans les cantons ou les communes où il n'existe pas de taxes d'entrée (ohmgelder) ou d'octroi, celles qui viendraient à être établies n'atteindraient pas les vins d'origine française.

Il est également entendu que, dans le cas où l'un des cantons qui perçoivent des droits d'entrée (ohmgelder) ou d'octroi sur les vins viendrait à réduire la taxe afférente aux produits suisses, les vins d'origine française seraient dégrevés dans la même proportion.

La Confédération suisse s'engage à ce que les droits d'entrée (ohmgelder) ou d'octroi perçus dans les cantons ou les communes sur les eaux-de-vie et liqueurs de provenance française ne soient pas élevés au-dessus du taux actuel pendant toute la durée du présent Traité.

Art. 10. — Les deux Gouvernements se réservent la faculté d'imposer, sur les produits dans la composition ou la fabrication desquels il entre de l'alcool, un droit équivalent à l'impôt intérieur de consommation grevant l'alcool employé.

Art. 11. — Les articles d'orfèvrerie et de bijouterie en or, en argent, platine ou autres métaux précieux, importés de l'un des deux Pays, seront soumis dans l'autre au régime de contrôle établi pour les articles similaires de fabrication nationale, et payeront, s'il y a lieu, sur la même base que ceux-ci, les droits de marque et de garantie.

Les bureaux spéciaux actuellement établis à Bellegarde et à Pontarlier pour le contrôle et la marque des objets ci-dessus désignés seront maintenus pendant la durée du présent Traité. Il est entendu que les matières d'or et d'argent pourront être contrôlées sur le brut, et que les boîtes de montres, brutes ou finies, pourront être expédiées aux bureaux de vérification en France, moyennant une soumission cautionnée, garantissant leur exportation.

Art. 12. — Les marchandises non originaires de Suisse qui seront importées de Suisse en France ne pourront pas être grevées de surtaxes supérieures à celles dont seront passibles les marchandises de même nature importées en France de tout autre pays européen autrement qu'en droiture par navire français.

Art. 13. — Les importateurs de marchandises françaises ou suisses seront réciproquement dispensés de l'obligation de produire des certificats d'origine.

Toutefois, si l'un des États limitrophes de la France ou de la Suisse vient à ne pas être lié avec une des Hautes Parties contractantes par la clause *de la nation la plus favorisée*, la production des certificats d'origine pourra être exceptionnellement exigée. Ces certificats seront délivrés dans ce cas, soit par le chef de service des douanes du bureau d'exportation, soit par les consuls ou agents consulaires du pays dans lequel l'importation doit être faite et qui résident dans les lieux d'expédition ou dans les ports d'embarquement. La délivrance et le visa des certificats d'origine se feront gratuitement.

Il est, de plus, convenu que la production de semblables certificats pourra être exceptionnellement exigée par les cantons suisses pour les vins en double fût ou de dessert dont les expéditeurs réclameront le bénéfice des réductions de droit stipulées à l'article 9 ci-dessus.

Art. 14. — Les droits *ad valorem* stipulés par le présent Traité seront calculés sur la valeur au lieu d'origine ou de fabrication de l'objet importé, augmentée des frais de transport, d'assurance et de commission nécessaires pour l'importation dans l'un des deux Pays jusqu'au lieu d'introduction.

L'importateur devra, indépendamment du certificat d'origine dans les cas où celui-ci est exigible, joindre à sa déclaration écrite, constatant la valeur de la marchandise importée, une facture indiquant le prix réel et émanant du fabricant ou du vendeur.

Art. 15. — Les contestations sur la nature, l'espèce, la classe, l'origine, ou la valeur des marchandises importées, seront vidées conformément à la législation générale qui est actuellement en vigueur dans le pays de destination.

Art. 16. — Les déclarations doivent contenir toutes les indications nécessaires pour l'application des droits. Ainsi, outre la nature, l'espèce, la qualité, la provenance et la destination de la marchandise, elles doivent énoncer le poids, le nombre, la mesure ou la valeur, suivant le cas.

Si, par suite de circonstances exceptionnelles, le déclarant se trouve dans l'impossibilité d'énoncer la quantité à soumettre aux droits, la douane pourra lui permettre de vérifier à ses frais, dans un local désigné ou agréé par elle, le poids, la mesure ou le nombre; après quoi l'importateur sera tenu de faire la déclaration détaillée de la marchandise dans les délais voulus par la législation de chaque pays.

Art. 17. — A l'égard des marchandises qui acquittent les droits sur le poids net, si le déclarant entend que la perception ait lieu d'après le *net réel*, il devra énoncer ce poids dans sa déclaration. A défaut, la liquidation des droits sera établie sur le poids brut, sauf défalcation de la tare légale.

Art. 18. — Il est convenu entre les Hautes Parties contractantes que les droits fixés par le présent Traité ne subiront aucune réduction du chef d'avarie ou de détérioration quelconque des marchandises.

Art. 19. — Dans la vérification des tissus suisses par le compte-fil, toute fraction de fil sera négligée.

Art. 20. — L'importateur de machines et mécaniques entières ou en pièces détachées, et de toutes autres marchandises énumérées dans le présent Traité, est affranchi de l'obligation de produire à la douane de l'un ou de l'autre Pays tout modèle ou dessin de l'objet importé.

Art. 21. — Les marchandises de toute nature traversant l'un des deux États seront réciproquement exemptes de tout droit de transit.

Le transit des contrefaçons est interdit; celui de la poudre à tirer, des armes et des munitions de guerre pourra également être interdit ou soumis à des autorisations spéciales.

Le traitement de la nation la plus favorisée est réciproquement garanti à chacun des deux Pays pour tout ce qui concerne le transit.

Art. 22. — Les voyageurs de commerce français, voyageant en Suisse pour le compte d'une maison française, et réciproquement les voyageurs de commerce suisses, voyageant en France pour le compte d'une maison suisse, pourront, sur la production d'une carte de légitimation conforme au modèle annexé au présent Traité sous la lettre H, ou sur la simple justification de leur identité, faire, sans y être soumis à aucun droit de patente, des achats pour les besoins de leur industrie, et recueillir des commandes avec ou sans échantillons, mais sans colporter de marchandises.

Art. 23. — Les objets passibles d'un droit d'entrée qui servent d'échantillons, et qui sont importés en Suisse par des commis voyageurs de maisons françaises, ou en France par des commis voyageurs de maisons suisses, seront, de part et d'autre, admis en franchise temporaire, moyennant les formalités de douane nécessaires pour en assurer la réexportation et la réintégration en entrepôt; ces formalités seront les mêmes en France et en Suisse. Elles seront réglées suivant la déclaration annexée au présent Traité sous la lettre G.

Art. 24. — Chacune des Hautes Parties contractantes s'engage à faire profiter l'autre de toute faveur, de tout privilège ou abaissement dans les tarifs des droits à l'importation ou à l'exportation des articles mentionnés ou non dans le présent Traité, que l'une d'elles pourrait accorder à une tierce Puissance. Elles s'engagent, en outre, à n'établir, l'une envers l'autre, aucun droit ou prohibition d'importation ou d'exportation qui ne soit, en même temps, applicable aux autres nations. Toutefois, les Hautes Parties contractantes prennent l'engagement de ne pas interdire l'exportation de la houille et de n'établir aucun droit sur l'exportation de ce produit.

Art. 25. — Les dispositions du présent Traité sont applicables à l'Algérie. Toutefois, les marchandises originaires de Suisse ne pourront être admises au bénéfice de ces dispositions à leur entrée dans cette possession qu'en transitant par la France.

Art. 26. — Les Hautes Parties contractantes conviennent que les dispositions du présent Traité ne sont pas applicables aux marchandises qui sont ou seraient, dans l'un ou l'autre des deux pays, l'objet de monopoles de l'État.

Art. 27. — Le Traité entrera en vigueur le 16 mai 1882, et restera exécutoire jusqu'au 1er février 1892. Dans le cas où aucune des deux Parties contractantes n'aurait notifié, douze mois avant la fin de ladite période, son intention d'en faire cesser les effets, il demeurera obligatoire jusqu'à l'expiration d'une année, à partir du jour où l'une ou l'autre des Hautes Parties contractantes l'aura dénoncé.

Art. 28. — Le présent Traité sera ratifié et les ratifications en seront échangées à Paris avant le 12 mai 1882, et simultanément avec celles des conventions relatives à la propriété littéraire, artistique et industrielle, à l'établissement des Français en Suisse et des Suisses en France, ainsi qu'aux rapports de voisinage et à la surveillance des forêts limitrophes.

En foi de quoi, les Plénipotentiaires respectifs ont signé le présent Traité et y ont apposé leurs cachets.

Fait en double expédition, à Paris, le 23 février 1882.

(L. S.) C. DE FREYCINET.
(L. S.) P. TIRARD.
(L. S.) M. ROUVIER.
(L. S.) KERN.
(L. S.) LARDY.

PROTOCOLE ADDITIONNEL

Au moment de procéder à la signature du présent Traité, les deux Hautes Parties contractantes sont convenues de ce qui suit :

Dans un délai de trois mois à partir de l'échange des ratifications dudit Traité, une conférence entre les délégués des deux Pays aura lieu à Genève, en vue de réglementer l'importation des sels dans le pays de Gex, dans la zone franche de la Haute-Savoie et dans les cantons suisses limitrophes.

En attendant la conclusion d'un nouvel Arrangement destiné à remplacer la déclaration signée à Paris, le 25 mars 1861, entre la France et la Suisse, la France se réserve, dès à présent, de déterminer les quantités de sel marin qui pourront être exportées en franchise à destination des cantons de Vaud, du Valais et de Genève.

Fait en double expédition, à Paris, le vingt-trois février mil huit cent quatre-vingt-deux.

C. DE FREYCINET.
P. TIRARD.
M. ROUVIER.
KERN.
LARDY.

NUMÉROS du tarif général français.	DÉNOMINATION DES ARTICLES	UNITÉS	DROITS
	Animaux, produits et dépouilles d'animaux.		
16	Viandes fraîches de boucherie......................	100 kilogr.	3 »
34	Lait..	—	Exempt.
	— condensé ou concentré, sans addition de sucre, ou avec addition de sel ne dépassant pas la proportion de 4 p. 100......................	—	Exempt.
	— condensé ou concentré sucré et farine lactée (la proportion de sucre ne dépassant pas 50 p. 100).	—	22 »
35	Fromages de pâte molle..............................	—	3 »
	— de pâte dure...................................	—	4 »
36	Beurre frais et fondu................................	—	Exempt.
	— salé...	—	2 »
	MATIÈRES VÉGÉTALES		
80	Fruits de table secs ou tapés : pommes et poires......	—	6 »
	Bois.		
118	Bois communs : bois à construire, bruts, équarris ou sciés, de toute dimension......................	—	Exempt.
119	— mâts, mâtereaux, épars, pigouilles, manches de gaffe, manches de fouine et de pinceau à goudron, avirons et rames......................	—	Exempt.
120	— merrains..	—	Exempt.
121	— bois en éclisses.................................	1.000 feuilles.	» 10
122	— bois feuillard..................................	100 kilogr.	Exempt.
123	— perches et échalas..............................	Le mille.	» 25
125	— bois à brûler et charbons de bois ou de chenevottes................................	100 kilogr.	Exempt.
126	— autres bois communs............................	—	Exempt.
127	Bois d'ébénisterie, sciés à 2 décimètres d'épaisseur ou moins (a)..	—	1 »
130	— de teintures moulus.............................	—	Exempt.
	Filaments à ouvrer.		
131	Coton en feuilles cardées et gommées (ouate)..........	—	10 »
	Produits et déchets divers.		
149	Absinthe...	100 kilogr.	1 »
155	Pâtes de bois..	—	Exempt.
	MATIÈRES MINÉRALES		
164	Ardoises nues ou encadrées, spécialement destinées à l'écriture ou au dessin..............................	—	3 75
	Métaux.		
182	Or et platine : bruts en masses, lingots, barres, poudres, objets détruits..............................	—	10 »
	— dégrossis, simplement laminés : en barres d'au moins cinq millimètres d'épaisseur, en bandes d'au moins un millimètre d'épaisseur, ou en fils d'au moins deux millimètres de diamètre.....	—	10 »
183	Argent : brut en masses, lingots, barres, poudres, objets détruits...................................	—	1 »
	— dégrossi, simplement laminé, en barres d'au moins cinq millimètres d'épaisseur, en bandes d'au moins un millimètre d'épaisseur ou en fils d'au moins deux millimètres de diamètre......	—	10 »
184	Cendres d'orfèvre....................................	—	Exempt.
199	Ferrailles, débris de vieux ouvrages en fer ou en fonte.	—	1 50
	Produits chimiques.		
218	Acide tartrique......................................	—	10 »
237	Ammoniaque...	—	2 »
	Teintures préparées.		
269	Extraits de bois de teintures et d'autres espèces tinctoriales :		
	— noirs et violets.................................	—	10 »
	— rouges et jaunes................................	—	15 »
271	Teintures dérivées du goudron de houille :		
	— sèches..	—	100 »
	— en pâte, renfermant au moins 50 p. 100 d'eau.....	—	56 »

(a) Les bois d'origine extra-européenne sont, en outre, passibles de la surtaxe d'entrepôt.

NUMÉROS du tarif général français.	DÉNOMINATION DES ARTICLES	UNITÉS	DROITS
271	Teintures dérivées du goudron de houille :		
	— acide picrique..........................	100 kilogr.	70 »
272	— alizarine artificielle....................	5 p. 100 de la valeur, avec faculté de conversion en droits spécifiques équivalents.	
	Couleurs.		
276	Vernis à l'alcool..........................	100 kilogr.	(a) 30 »
	— à l'essence..........................	—	20 »
	— à l'huile ou à l'essence et à l'huile mélangées...	—	30 »
287	Couleurs non dénommées,....................	5 0/0 de la valeur, avec faculté de conversion en droits spécifiques.	
	Compositions diverses.		
288	Parfumeries : savons non alcooliques....................	100 kilogr.	8 »
289	Savons autres que de parfumerie....................	—	6
292	Médicaments composés non dénommés, figurant dans une pharmacopée officielle....................	Droits spécifiques à déterminer à raison de 10 0/0 de la valeur (b).	
	Boissons.		
307	Vermouth..........................	L'hectolitre.	(c) 3 »
	Fils.		
337	Fils de lin ou de chanvre pur, simples, écrus, mesurant au kilog. :		
	— 2.000 mètres au moins..........................	100 kilogr.	13 »
	— plus de 2.000 mètres et pas plus de 5.000 mètres.	—	14 50
	— 5.000 — 10.000 —	—	18 50
	— 10.000 — 20.000 —	—	26 50
	— 20.000 — 30.000 —	—	32 25
	— 30.000 — 40.000 —	—	40 25
	— 40.000 — 60.000 —	—	55 »
	— 60.000 — 80.000 —	—	75 »
	— 80.000 mètres..........................	—	100 »
	Fils simples, blanchis ou teints..........................	Droits des fils simples écrus augmentés de 25 0/0.	
	— retors, écrus..........................		
	— retors, blanchis ou teints..........................	Droits des fils simples, blanchis ou teints, augmentés de 25 0/0.	

(a) Non compris la taxe de consommation intérieure afférente à l'alcool.
(b) Indépendamment des droits compensateurs qui pourront être établis sur les médicaments composés avec des matières grevées de taxes de douanes ou de consommation.
(c) Non compris les taxes intérieures.

NUMÉROS du tarif général français.	DÉNOMINATION DES ARTICLES	UNITÉS	DROITS
	Fils de lin ou de chanvre mélangés, le lin ou le chanvre dominant en poids.	Mêmes droits que les fils de lin ou de chanvre pur, selon l'espèce et la classe.	
340	Fils de coton pur, simples, écrus, mesurant au demi-kilog:		
	— 20.500 mètres ou moins..........................	100 kilogr.	15 »
	— plus de 20.500 mètres et pas plus de 30.500 mètr.	—	20 »
	— 30.500 — 40.500 —	—	30 »
	— 40.500 — 50.500 —	—	40 »
	— 50.500 — 60.500 —	—	50 »
	— 60.500 — 70.500 —	—	60 »
	— 70.500 — 80.500 —	—	70 »
	— 80.500 — 90.500 —	—	90 »
	— 90.500 — 100.500 —	—	100 »
	— 100.500 — 110.500 —	—	120 »
	— 110.500 — 120.500 —	—	140 »
	— 120.500 — 130.500 —	—	160 »
	— 130.500 — 140.500 —	—	200 »
	— 140.500 — 170.500 —	—	250 »
	— 170.500 mètres..........................	—	300 »
	Fils de coton simples blanchis..........................	Droits des fils simples écrus augmentés de 15 p. 100.	
	Fils de coton simples teints ou chinés....................	25 centimes par kilog. en sus du droit sur le fil écru.	
341	Fils de coton retors, en deux et trois bouts, en échevettes ordinaires : écrus....................	Le droit du fil simple augmenté de 20 p. 100.	
	— blanchis....................	Le droit sur le fil retors écru augmenté de 15 p. 100.	
	— teints ou chinés....................	25 centimes par kilog. en sus du droit sur le fil retors écru.	
	Fils de coton retors, en échevettes ordinaires, à quatre bouts ou plus, écrus, blanchis ou teints, à simple torsion....................	1 centime et demi par 1,000 mètres de fil simple.	
	— en échevettes ordinaires à quatre bouts ou plus écrus, blanchis ou teints, à double torsion et câblés....................	2 centimes par 1,000 mètres de fil simple.	
	— fabriqués, c'est-à-dire mis en pelotes, bobines, petits écheveaux, cartes ou autres formes de mercerie, quel que soit le nombre de bouts, écrus, blanchis ou teints, à simple torsion.....	2 centimes par 1,000 mètres de fil simple.	
	— fabriqués, c'est-à-dire mis en pelotes, bobines, petits écheveaux, cartes ou autres formes de mercerie, quel que soit le nombre de bouts, écrus, blanchis ou teints à double torsion et câblés....................	2 centimes et demi par 1,000 mètres de fil simple.	

NUMÉROS du tarif général français.	DÉNOMINATION DES ARTICLES	UNITÉS	DROITS
342	Chaînes ourdies en fil de coton : écrues...............		Le droit sur le fil dont elles se composent, augmenté de 30 p. 100.
	— blanchies....................................		Le droit sur les chaînes ourdies écrues, augmenté de 15 p. 100.
	— teintes....................................		25 centimes par kilog. en sus du droit sur les chaînes ourdies écrues.
343	Fils de coton mélangé, le coton dominant en poids.....		Mêmes droits que les fils de coton pur.
349	Fils de bourre de soie (fleuret) écrus, blanchis, azurés ou teints, mesurant au kilogramme, simples, 80,500 mètres ou moins......................	100 kilogr.	75 »
	— plus de 80,500 mètres....................	—	120 »
	— retors....................................		Droit du fil simple, augmenté de 15 p. 100.
	Fils de bourrette (fils de déchets de bourre de soie) :		
	— simples....................................	100 kilogr.	25 »
	— retors....................................		Droit ci-dessus augmenté de 5 p. 100.
	Tissus.		
350	Tissus de lin ou de chanvre pur, unis ou ouvrés, écrus (a), présentant en chaîne et en trame dans l'espace de 5 millimètres carrés, après division du total par 2 :		
	6 fils ou moins......................	100 kilogr.	22 »
	7 et 8 fils........................	—	28 »
	9, 10 et 11 fils......................	—	55 »
	12 fils............................	—	65 »
	13 et 14 fils........................	—	90 »
	15, 16 et 17 fils......................	—	115 »
	18, 19 et 20 fils......................	—	170 »
	21, 22 et 23 fils......................	—	260 »
	plus de 23 fils......................	—	300 »
	— blanchis, teints ou imprimés......................		Droit du tissu écru, augmenté de 25 p. 100.

(Dans le compte des fils de chaîne, comme dans celui des fils de trame, les fractions de fils seront négligées ; la somme des deux nombres sera divisée par 2 ; si le quotient de la division est fractionnaire, la fraction de fil sera également négligée. Toutefois, lorsque les

(a) Y compris les toiles dites ardoisées.

NUMÉROS du tarif général français.	DÉNOMINATION DES ARTICLES	UNITÉS	DROITS
	toiles de 12 fils ou moins ne présenteront en trame qu'un fil de plus qu'en chaîne, on se bornera à compter les fils de chaîne. On agira de même pour les toiles de plus de 12 fils qui ne présenteront en trame que 2 fils de plus qu'en chaîne.)		
358	Mouchoirs brodés et autres broderies sur tissus de lin.	100 kilogr.	360 »
364	Tissus de coton pur unis, croisés et coutils, écrus, présentant en chaîne et en trame dans l'espace de 5 millimètres carrés ; ceux pesant 11 kilogr. et plus aux 100 mètres carrés :		
	30 fils et moins........................	—	50 »
	31 fils et plus........................	—	72 »
	— 7 kilog. inclusivement à 11 kilog. exclusivement :		
	35 fils et moins........................	—	60 »
	36 à 43 fils........................	—	100 »
	44 fils et plus........................	—	180 »
	— 5 kilog. inclusivement à 7 kilog. exclusivement :		
	27 fils et moins........................	—	80 »
	28 à 35 fils........................	—	117 »
	36 à 43 fils........................	—	190 »
	44 fils et plus........................	—	242 »
	— 3 kilog. inclusivement à 5 kilog. exclusivement :		
	20 fils et moins........................	—	110 »
	21 à 27 fils........................	—	148 »
	28 à 35 fils........................	—	193 »
	36 à 43 fils........................	—	270 »
	44 fils et plus........................	—	403 »
	— au-dessous de 3 kilog........................	—	540 »
	(Dans le compte des fils de chaîne et de trame les fractions de fils seront négligées.)		
365	Tissus de coton pur, blanchis........................		Droits des tissus écrus, augmentés de 15 p. 100.
366	— teints........................		Droits des tissus écrus, augmentés de 25 fr. les 100 kil.
367	— imprimés, de 1 et 2 couleurs........................		Droits des tissus écrus, selon l'espèce, augmentés de 2 fr. par 100 mètres carrés.
	— imprimés, de 3 à 6 couleurs........................		Droits des tissus écrus, selon l'espèce, augmentés de 4 fr. par 100 mètres carrés.
	— imprimés, de 7 couleurs et plus........................		Droits des tissus écrus, selon l'espèce, augmentés de 7 fr. 50 par 100 mètres carrés.

NUMÉROS du tarif général français.	DÉNOMINATION DES ARTICLES	UNITÉS	DROITS
368	Velours, façon soie, dits velvets : écrus.................	100 kilogr.	115 »
	— teints ou imprimés...........................	—	140 »
369	— autres (cords, moleskins, etc.) : écrus............	—	80 »
	— teints ou imprimés...........................	—	105 »
370	Tissus fabriqués en tout ou en partie avec des fils teints.		Droit du tissu écru, augmenté de 40 fr. les 100 kil.
371	Brillantés écrus et façonnés.........................		Droit des tissus unis écrus, selon la classe, augmenté de 10 p. 100.
372	Piqués, couvertures et couvre-pieds en piqué, et reps :		
	— pesant plus de 18 kilog. les 100 mètres carrés....	100 kilogr.	100 »
	— pesant 18 kilog. ou moins les 100 mètres carrés...	—	145 »
374	Basins, damassés et linge de table, écrus.............	—	82 »
375	Guipures pour ameublement, écrues...................	—	120 »
	(Ces articles : brillantés, piqués, basins et guipures, s'ils sont blanchis ou teints, acquitteront le droit de l'écru, augmenté des surtaxes afférentes au blanchiment et à la teinture.)		
376	Couvertures....................................	—	55 »
377	Bonneterie (coton et fil perse) : ganterie..............	—	600 »
	— autre, coupée et sans couture.....................	—	90 »
	— proportionnée ou avec pied proportionné........	—	225 »
378	Passementerie..................................	—	190 »
379	Rubanerie : de coton pur..........................	—	100 »
	— mélangée de laine, le coton dominant.............	—	120 »
380	Tulle, gros bobins, moins de 7 mailles au centimètre carré...................................	—	400 »
	— bobins fins, 7 mailles et plus au centimètre carré.	—	562 »
381	Plumetis et gazes façonnés........................	—	400 »
382	Dentelles et blondes, soit à la mécanique, soit au fuseau et à la main................................	—	400 »
383	Rideaux de mousseline brodée, non encadrés, pesant moins de 10 kilog. aux 100 mètres carrés......	—	140 »
	— pesant 10 kilog. et plus, et rideaux de mousseline brodée, encadrés, quel que soit le poids aux 100 mètres carrés, séparés ou en pièce............	—	280 »
	— de tulle application, de grenadine, de tulle brodé.	—	650 »
384	Mousselines brochées, ou brodées au crochet, pour ameublement ou pour vêtements (écrues)......	—	180 »
	(Les mousselines brodées ou brochées, blanchies, acquittent le droit de l'écru, augmenté de 15 p. 100.)		
385	Broderies à la main ou à la mécanique................	—	450 »
386	Mèches de lampes et mèches tressées pour bougies....	—	60 »
387	Toiles cirées : pour emballage......................	—	5 »
	— pour ameublement, tentures et autres usages....	—	15 »
	— moleskine-cuir................................	—	25 »
388	Tissus de coton mélangé, le coton dominant : étoffes de soie, bourre de soie et coton.....................	—	300 »

NUMÉROS du tarif général français.	DÉNOMINATION DES ARTICLES	UNITÉS	DROITS
	Tissus de coton mélangé, le coton dominant: étoffes autres.	100 kilogr.	100 »
	— passementerie et rubanerie, soie et coton........	—	300 »
	— autres...............................	Mêmes droits que les tissus de coton pur.	
406	Tissus de crins purs ou mélangés, le crin dominant en poids :		
	— chapeaux...............................	la pièce	» 39
	— tresses.................................	100 kilogr.	160 »
	— autres, y compris la passementerie.............	—	250 »
407	Tissus de soie et de bourre de soie : tissus, foulards, crêpes, tulle, bonneterie, passementerie et dentelles de soie pure............................	—	Exempt.
	— bonneterie et passementerie de bourre de soie pure, écrus, blanchis, teints ou imprimés......	—	200 »
	— de bourrette pour ameublements, pesant plus de 250 grammes au mètre carré.....................	—	150 »
	— de soie mélangée de bourre de soie.............	Mêmes droits que les tissus de bourre de soie pure.	
	Tissus de soie ou de bourre de soie mélangée d'autres matières textiles, la soie ou la bourre de soie dominant en poids.....................	100 kilogr.	300 »
	Tissus, passementerie et dentelles de soie ou de bourre de soie avec or ou argent fin....................	—	1.200 »
	Tissus, passementerie et dentelle de soie ou de bourre de soie avec or ou argent mi-fin ou faux.......	—	350 »
	Rubans de soie ou de bourre de soie pure ou mélangée d'autres matières textiles, la soie ou la bourre de soie dominant en poids :		
	— velours.................................	—	500 »
	— autres.................................	—	400 »
408	Vêtements, pièces de lingerie et autres articles en tissus confectionnés en tout ou en partie.............	Droit du tissu le plus fortement imposé, augmenté de 10 p. 100.	
	Papiers et ses applications (a).		
409	Papier dit de fantaisie, colorié, marbré, gaufré, qu'il soit ou non recouvert de métal.................	100 kilogr.	15 »
	— autres : de toutes sortes........................	—	8 »
410	Carton en feuilles................................	—	8 »
411	— moulé (papier mâché)..........................	—	8 »
413	Livres...	—	Exempt.
	Peaux, etc.		
420	Peaux préparées, vernies ou maroquinées.............	100 kilogr.	60 »
	— teintes, de moutons............................	—	45 »

(a) Tous les droits inscrits dans ce tableau sont indépendants des taxes intérieures établies sur le papier par les lois des 4 septembre 1871 et 21 juin 1873.

NUMÉROS du tarif général français.	DÉNOMINATION DES ARTICLES	UNITÉS	DROITS	NUMÉROS du tarif général français.	DÉNOMINATION DES ARTICLES	UNITÉS	DROITS
	Peaux autres..	100 kilogr.	60 »	453	Machines pour la navigation, avec ou sans chaudière..	100 kilogr.	12 »
	— autres : de chèvre, de mouton, d'agneau et de veau.	—	10 »	454	— locomotives.....................................	—	9 »
	— non dénommées..................................	—	20 »	455	— autres qu'à vapeur : tenders de machines locomotives...................................	—	7 »
421	Ouvrages en peau ou en cuir :			458	— à nettoyer et ouvrer le lin, la laine, le coton et autres matières textiles.........................	—	6 »
	Bottes..	La paire.	1 60	459	— pour la filature................................	—	5 »
	Bottines pour hommes et pour femmes...............	—	1 »	460	— pour le tissage................................	—	5 »
422	Souliers...	—	» 50	461	— Métiers à tulle................................	—	10 »
423	Brides pour sabots.................................	100 kilogr.	50 »	462	— à fabriquer le papier..........................	—	5 »
428	Courroies de transmission...........................	—	50 »	464	— pour l'agriculture (moteurs non compris)........	—	5 »
	Ouvrages en métaux.			465	Chaudières à vapeur en tôle de fer : cylindriques ou sphériques, avec ou sans bouilleurs ou réchauffeurs, et chaudières à un, deux ou trois tubes ou bouilleurs intérieurs en fer.................	—	8 »
437	Ouvrages en or, argent, aluminium, platine et autres métaux précieux.............................	Le kilogr.	5 »		Chaudières tubulaires, en tôle de fer, à tubes en fer, cuivre et laiton étirés ou en tôle clouée, à foyers intérieurs, et toutes autres chaudières de forme non cylindrique ou sphérique, simples..........	—	12 »
438	Ouvrages dorés ou argentés soit au moyen du placage, soit au mercure ou par les procédés électrochimiques :				— en tôle d'acier, de toute forme.................	—	25 »
	— bijouterie fausse...............................	—	5 »	466	Gazomètres, chaudières découvertes, poêles et calorifères, en tôle ou en fonte et tôle.............	—	8 »
	— autres...	—	1 »	469	Machines-outils et machines non dénommées, contenant en fonte : 75 p. 100 et plus.....................	—	6 »
439	Horlogerie. — Ouvrages montés : boîtes seules en or...	La pièce.	1 20		— de 50 p. 100 inclusivement à 75 p. 100 exclusivement....................................	—	10 »
	— en argent ou métal commun.....................	—	» 50		— moins de 50 p. 100............................	—	15 »
440	Montres à boîtes d'or..............................	—	3 50	470	Machines et mécaniques, pièces détachées : plaques et rubans de cardes sur cuir, sur caoutchouc ou sur tissus purs ou mélangés, boutés...........	—	50 »
441	— d'argent.......................................	—	1 »	471	— Plaques ou rubans, manchons, frotteurs, lanières et diviseurs pour cardes continues, de cuir, de caoutchouc et de tissus spécialement destinés pour cardes, non boutés......................	—	20 »
442	— de métal commun..............................	—	» 50	473	— Dents de rots, en fer ou en cuivre, rots, ferrures et peignes à tisser, de fer ou de cuivre.......	—	30 »
443	Mouvements sans boîte, dorés, nickelés ou autrement finis..	—	2 50	474	Autres : en fonte, polies, limées et ajustées............	—	6 »
444 et 445	Mouvements non finis, ébauchés et autres fournitures d'horlogerie.......................................	100 kilogr.	50 »		— en fer forgé, polies, limées et ajustées ou non, quel que soit leur poids (y compris les essieux, ressorts, bandages et centres de roues)............	—	9 »
446	Horloges pour ameublement, en bois..................	—	15 »		— en acier forgé : ressorts pour carrosserie, wagons et locomotives.................................	—	10 »
447	— pour ameublement, autres.......................	—	25 »				
	— pour édifices...................................	—	10 »				
448	Mouvements d'horloges et de pendules...............	—	50 »				
449	Carillons et boîtes à musique.......................	—	40 »				
450	Compteurs divers, podomètres, etc...................	La pièce.	1 »				
452	Machines et mécaniques, appareils complets à vapeur :						
	— fixes et locomobiles, avec ou sans chaudières, avec ou sans volants............................	100 kilogr.	6 »				

NUMÉROS du tarif général français.	DÉNOMINATION DES ARTICLES	UNITÉS	DROITS
	Autres : polies, limées, ajustées ou non, pesant plus d'un kilogramme (y compris les essieux, bandages et centres de roues de wagons et de locomotives)..	100 kilogr.	10 »
	— 1 kilogramme ou moins	—	20 »
	— en cuivre, pur ou allié de tous autres métaux....	—	20 »
485	Coutellerie commune : couteaux de cuisine, de boucher, et ciseaux de tailleurs	—	100 »
	— rasoirs communs	—	200 »
	— autre	—	300 »
	Coutellerie fine	—	480 »
486	Cylindres en cuivre pour impression, gravés	—	Exempt.
491	Objets bruts en fonte malléable	—	8 »
	Armes, etc.		
511	Armes de commerce, blanches	—	40 »
	— à feu, se chargeant par la bouche	—	240 »
	— se chargeant par la culasse	—	300 »
	Canons de fusil, bruts de forge	—	60 »
513	Capsules de poudre fulminante, de chasse	—	60 »
514	Cartouches de chasse, vides (enveloppes de cartouches amorcées ou non)	—	60 »
516	Mèches de mineurs : ordinaires	—	35 »
	— à rubans	—	50 »
	— en gutta-percha	—	80 »
	Ouvrages en bois.		
526	Sabots : communs	—	12 »
	— peints, vernis ou garnis de fourrures	—	25 »
527	Boîtes de bois blanc	—	2 »
528	Planches et frises ou lames de parquet, rabotées, rainées ou bouvetées : en chêne ou bois dur	—	1 50
	— en sapin ou bois tendre	—	0 55
530	Autres ouvrages en bois, en chêne ou bois dur	—	7 »
	— en sapin ou bois tendre	—	5 »

NUMÉROS du tarif général français.	DÉNOMINATION DES ARTICLES	UNITÉS	DROITS
	Instruments de musique.		
531	Pianos droits	La pièce.	50 »
	— à queue	—	75 »
	Ouvrages de sparterie et de vannerie.		
533	Tresses de paille, d'écorce et de bois blanc, grossières pour paillassons	100 kilogr.	1 »
	— autres	—	5 »
536	Vannerie en végétaux bruts	—	5 »
	— en rubans de bois	—	9 »
	Vannerie fine d'osier, de paille ou d'autres fibres, avec ou sans mélange de fils de divers textiles	—	45 »
537	Chapeaux de paille, cousus ou remmaillés, ni dressés, ni garnis	—	10 »
	— d'écorce, de sparte et de fibres de palmier, ou de toute autre matière végétale, ni dressés ni garnis	—	10 »
	Articles divers.		
541	Voitures de voies ferrées. — Pour chemins à voies ordinaires : pour chemins de fer, wagons de voyageurs, 1re classe	—	16 »
	— 2e et 3e classe	—	11 »
	Wagons de marchandises	—	9 »
	— Voitures de tramways	—	20 »
	— Pour chemins à voies étroites : pour chemins de fer. — Wagons de voyageurs	—	20 »
	Wagons de marchandises	—	10 »
	Voitures de tramways	—	25 »
	Wagons de terrassement	—	5 »
547	Ouvrages en caoutchouc et en gutta-percha : purs ou mélangés	—	20 »
	— appliqués sur tissus en pièces ou sur d'autres matières	—	100 »
	— en tissus élastiques	—	150 »

C. DE FREYCINET.
F. TIRARD.
M. ROUVIER.

KERN.
LARDY.

Tarif B. — *Droits à l'entrée en Suisse.*

DÉNOMINATION DES ARTICLES	UNITÉS	DROITS
MÉTAUX ET LEURS OUVRAGES. — MACHINES		
Métaux.		
Cuivre pur ou allié de zinc ou d'étain, laminé ou battu en barres ou planches	100 kilogr.	3 »
Cuivre doré ou argenté, battu, tiré ou laminé, filé sur fil et sur soie	—	16 »
Fil de cuivre pur	—	3 »
Zinc laminé	—	1 50
Plomb laminé	—	1 50
— allié d'antimoine en masses	—	3 »
Vieux caractères d'imprimerie	—	1 50
Etain pur ou allié, battu ou laminé	—	3 »
Bismuth brut, cadmium brut, mercure natif	—	3 »
Nickel pur ou allié d'autres métaux, laminé ou étiré	—	7 »
Or et argent battu en feuilles	—	16 »
Ouvrages en métaux		
Ouvrages en fer, fonte et acier.		
1. Ouvrages en fonte :		
a) Tout à fait grossiers, bruts : tels que poêles, plaques, grilles, tuyaux, roues de wagons, selles ou plaques d'assise, coussinets pour rails, etc.	—	2 50
b) Statues en fonte de fer	—	2 »
c) Autres	—	5 »
2. Ouvrages en fer, fonte malléable, acier :		
a) Tout à fait grossiers, bruts : tels que outils grossièrement ébauchés, socs de charrue, essieux de voitures; enclumes ; tuyaux forgés, étirés, laminés, aussi galvanisés; crémaillères, tirants; aiguilles et croisements, etc.	—	3 »
b) Communs : bruts, tournés, limés, adoucis, passés à la couleur d'apprêt, goudronnés, étamés, aussi en combinaison avec du bois, ni vernis, ni peints, ni polis, ni émaillés; par exemple, serrurerie, outils, ustensiles de cuisine; ferblanterie, fourneaux, potagers; rivets, clouterie, vis, boulons et écrous; tissus métalliques; tamis, treillis en fil de fer, etc.	—	7 »
Fins : vernis, peints, polis, émaillés, purs ou en combinaison avec d'autres matières	—	20 »
Cylindres en cuivre ou laiton pour impression, gravés ou non	—	4 »
Chaudronnerie	—	16 »
Toiles en fil de cuivre ou laiton	—	7 »
Objets d'arts et d'ornement, et tous autres ouvrages en cuivre pur ou allié de zinc ou d'étain	—	16 »
Ouvrages en zinc : non polis et non peints	—	7 »
— polis, peints ou vernis	—	16 »
Tuyaux et autres ouvrages en plomb de toute sorte :		
— plomb en tuyaux, laminé, balles et grenailles de plomb	—	1 50
— ouvrages de plomb non peints, non vernis	—	7 »
— les mêmes, peints ou vernis	—	16 »
— caractères d'imprimerie neufs	—	7 »
Poterie et autres ouvrages en étain pur ou allié d'antimoine, non polis, non peints	—	7 »
Les mêmes polis, peints ou vernis	—	16 »
Ouvrages en nickel allié au cuivre ou au zinc (argentan)	—	16 »
— en plaqué, sans distinction de titre	—	30 »
— en métaux dorés ou argentés, soit au mercure, soit par le procédé électro-chimique	—	30 »
Orfévrerie et bijouterie en or, argent, platine ou autres métaux	—	30 »
Horlogerie : Horloges communes, à l'exception des horloges à musique et de celles renfermées dans des cadres dorés ou dans des tableaux	—	16 »
— Autres montres ou pendules de toute espèce	—	30 »
— Fournitures d'horlogerie	—	16 »
Machines.		
Machines de toute espèce et pièces détachées de machines	—	4 »
INDUSTRIES TEXTILES		
Lin et chanvre.		
Tissus de lin ou de chanvre unis ou ouvrés : Toile à emballer ordinaire et écrue, de 25 fils au plus par 3 centimètres tant à la chaîne qu'à la trame	—	1 50

DÉNOMINATION DES ARTICLES	UNITÉS	DROITS
Tissus : Toile de lin et coutil écrus ou mi-blanchis, non teints et ayant moins de 40 fils de chaîne par 3 centimètres..	100 kilogr.	4 »
— Toiles et rubans de lin, blanchis, teints, apprêtés, ainsi que la toile de lin écrue, lorsqu'elle a plus de 40 fils de chaîne par 3 centimètres....................	—	16 »
Coutils unis ou façonnés, blanchis, teints ou imprimés : même régime que les tissus de lin, suivant la classe.		
Linge damassé : même régime que les tissus de lin, suivant la classe.		
Batiste, linons, mouchoirs encadrés :		
— sans broderies....................	—	16 »
— avec broderies....................	—	30 »
Tulle de lin....................	—	30 »
Dentelles de lin....................	—	30 »
Bonneterie de lin....................	—	16 »
Passementerie de lin....................	—	16 »
Rubanerie de fil écrue, blanchie ou teinte....................	—	16 »
Articles en lin ou en chanvre, confectionnés en tout ou en partie....................	—	30 »
Articles non dénommés et vêtements : sont taxés par analogie aux articles des différentes classes....................	—	De 4 à 30 f.
Tissus de lin ou de chanvre mélangés, quand le lin ou le chanvre domine en poids : même régime que pour les tissus de lin ou de chanvre pur....................	—	De 4 à 16 f.
Jute.		
Tapis de jute ras ou à poil....................	—	7 »
Crin.		
Tissus et ouvrages de crin, purs ou mélangés....................	—	16 »
Coton.		
Piqués, basins, façonnés, damassés ou brillantés....................	—	16 »
Couvertures de coton communes, sans aucun travail à l'aiguille ou de passementerie....................	—	4 »
Passementerie et rubanerie....................	—	16 »
Laine.		
Laine peignée, teinte ou non....................	—	» 60
1. Fils de laine pure :		
a) écrus, simples ou doublés....................	—	5 »
b) blanchis, retors à trois ou plusieurs bouts....................	—	8 »
c) teints....................	—	9 »
2. Tissus de laine pure :		
a) écrus....................	—	12 »
b) blanchis, teints, imprimés....................	—	25 »
c) lisières de drap....................	—	4 »
3. Articles de laine :		
a) couvertures de tout genre, sans travail à l'aiguille....................	—	16 »
b) tapis :		
— grossiers, sans franges, ni travail à l'aiguille....................	—	12 »
— autres....................	—	30 »
c) bonneterie de laine....................	—	25 »
d) passementerie de laine pure....................	—	25 »
e) rubanerie de laine....................	—	30 »
f) dentelles de laine....................	—	30 »
g) chaussons de lisière....................	—	16 »
h) châles et écharpes de laine ou de cachemire des Indes....................	—	30 »
i) vêtements confectionnés :		
— neufs....................	—	40 »
— vieux....................	—	1 50
4. Feutres :		
a) étoffes en feutre....................	—	16 »
b) ouvrages en feutre, sans travail à l'aiguille :		
— ni teints, ni imprimés....................	—	7 »
— teints, imprimés....................	—	16 »
Articles non dénommés : sont taxés selon la qualité, par analogie aux articles des classes du tarif....................	—	De 4 à 30 fr.
Soie.		
Tissus, bonneterie....................	—	15
Dentelles....................	—	30

DÉNOMINATION DES ARTICLES	UNITÉS	DROITS
Crèpes, façon d'Angleterre, écrus, noirs ou de couleur..	100 kilogr.	16 »
Tulles unis : écrus..	—	16 »
Tulles unis : apprêtés...	—	16 »
Tulles façonnés, écrus ou apprêtés...	—	16 »
Tissus de bourre de soie pure, de soie et de bourre de soie, écrus, blancs, teints, imprimés...	—	16 »
Tissus, passementerie et dentelles de soie ou de bourre de soie :		
— avec or ou argent fin...	—	30 »
— avec or ou argent mi-fin ou faux..	—	16 »
Tissus de soie ou de bourre de soie mélangée, la soie ou la bourre de soie dominant en poids...	—	16 »
Rubans de soie ou bourre de soie :		
— de velours...	—	16 »
— autres...	—	16 »
— mélangés, la soie ou la bourre de soie dominant en poids.................................	—	16 »

PRODUITS CHIMIQUES

DÉNOMINATION DES ARTICLES	UNITÉS	DROITS
Iode...	—	7 »
Brome..	—	7 »
Acide sulfurique...	—	0 60
— nitrique..	—	0 60
— tartrique...	—	4 »
Acide benzoïque..	—	1 50
Iodure de potassium..	—	7 »
Carbonate de potasse purifié, cristallisé..	—	7 »
Sulfate de potasse...	—	7 »
Tartrate de potasse	—	7 »
Acétate de fer liquide...	—	1 50
Garancine..	—	3 »
Albumine...	—	7 »
Phosphore blanc..	—	7 »
Oxydes et carbonates de plomb..	—	3 »
Acide oléique..	—	7 »
Oxalates de potasse..	—	7 »
Prussiate jaune de potasse...	—	3 »
— rouge de potasse..	—	7 »
Extraits de bois de teinture : noirs et violets...	—	7 60
— rouges et jaunes..	—	7 »
Acide hydrochlorique (acide muriatique)..	—	» 60
Soude caustique..	—	1 50
Carbonate de soude cristallisé (sel de soude) à tous degrés................................	—	» 60
Soude artificielle brute...	—	» 60
Carbonate de soude (cristaux de soude)...	—	» 60
Sulfite de soude...	—	7 »
Sulfate de soude brut, calciné ou cristallisé (sel de Glauber).............................	—	» 60
Bicarbonate de soude et autres sels de soude non dénommés..................................	—	7 »
Chlorure de chaux..	—	» 60
Chlorate de potasse..	—	7 »
Savons ordinaires de toutes espèces et de parfumerie.......................................	—	1 50
Outremer...	—	7 »
Phosphore rouge..	—	7 »
Sulfate et acétate d'alumine...	—	1 50
Aluminate de soude...	—	7 »
Chlorure d'aluminium...	—	7 »
Chromates de potasse...	—	3 »
— de plomb..	—	7 »
Couleurs non dénommées, sèches, en pâte ou liquides :		
— chimiques, minérales en morceaux, végétales, brutes, moulues, lavées ou préparées........	—	7 »
— végétales, préparées en boîtes, bouteilles, coquillages, petits pots, bâtons............	—	16 »
Acide stéarique..	—	1 50
Colle forte et gélatine : commune..	—	» 60
— purifiée..	—	7 »
Vernis à l'huile...	—	7 »
— à l'essence...	—	7 »
— à l'esprit de vin	—	7 »

DÉNOMINATION DES ARTICLES	UNITÉS	DROITS
Acide oxalique...	100 kilogr.	4 »
— acétique..	—	Régime des vinaigres.
— pyroligneux...	—	1 50
Sulfure d'antimoine brut...	—	1 50
Arsenic blanc..	—	» 60
Produits chimiques non dénommés...	—	7 »

VERRERIES, CRISTALLERIES ET POTERIES

Miroirs au-dessous de 18 décimètres carrés, mesurés avec le cadre..........................	—	16 »
— de 18 décimètres carrés et au-dessus, mesurés avec le cadre...........................	—	30 »
Verres à glaces : non étamés de toute dimension...	—	16 »
— étamés (comme les miroirs, selon la dimension)...	—	de 16 à 30 fr.
Bouteilles ordinaires, vertes et brunes, pour vin...	—	1 50
Verres : à vitres..	—	7 »
— de couleurs, polis ou gravés...	—	16 »
— de montre et d'optique..	—	16 »
Vitrification..	—	4 »
Emaux...	—	4 »
Poterie grossière : tuiles, briques, tuyaux, plaques, carreaux : d'argile commune, non vernissés ; cornues à gaz............	—	» 10
— Tuiles, briques : colorées, ardoisées, vernissées ; tuyaux vernissés, tuyaux en grès ; carreaux plaques, catelles colorés, vernissés, non peints........	—	2 »
Poterie commune : à cassure grise ou rouge, vernissée ou non ; poterie de grès commun ; creusets ; pipes en terre...	—	2 »
Poterie vernissée avec décorations à reliefs unicolores et multicolores, platerie et creux................	—	16 »
Faïence : stannifère, pâte colorée, glaçure blanche..	—	16 »
— stannifère, glaçure colorée, majolique, vernissée, multicolore.......................	—	16 »
— fine...	—	16 »
— grès fin...	—	16 »
Porcelaines de toute sorte, blanches ou décorées, parian et biscuit blanc..................	—	16 »

ARTICLES DIVERS

Carrosserie...	Valeur	10 p. 100
Tabletterie et ouvrages en ivoire :		
— incrustations et semblables..	100 kilogr.	30 »
— ouvrages de tourneur et autres en ivoire...	—	16 »
Cuirs de toute espèce..	—	8 »
Ouvrages et chaussures en cuirs et en peaux, de toute espèce..................................	—	30 »
Ouvrages en bois et meubles dits *de tourneur*, en bois commun, non vernis, non polis...	—	4 »
— menuiserie en bois de sapin et autres bois ordinaires, non peints, non polis et sans ferrures............	—	4 »
— litéaux façonnés, pour cadres, bruts ou gypsés...	—	7 »
— meubles neufs. (Ebénisterie de toute espèce.)...	—	16 »
— ouvrages de tourneur et objets en bois, peints, polis, vernis ou ciselés.................	—	16 »
Fleurs artificielles...	—	30 »
Objets de modes...	—	30 »
Mercerie de toute sorte...	—	16 »
Boutons fins ou communs autres que de passementerie..	—	16 »
Passementerie non spécialement dénommée..	—	16 »
Instruments de musique et pièces détachées d'instruments.....................................	—	16 »
Epingles de toute sorte..	—	16 »
Caoutchouc : ouvré pur ou mélangé, taillé, filé, ou en balles, plaques ou feuilles, en courroies ou tuyaux...	—	7 »
— appliqué sur tissus en pièces ou d'autres matières.......................................	—	16 »
— Ouvrages divers en caoutchouc et pour bureaux..	—	16 »
— Vêtements confectionnés en caoutchouc...	—	30 »
Chaussures en caoutchouc :		
— sans travail à l'aiguille..	—	16 »
— avec travail à l'aiguille..	—	30 »

(Les ouvrages de gutta-percha suivent le même régime que les ouvrages en caoutchouc.)

DÉNOMINATION DES ARTICLES	UNITÉS	DROITS
Toiles cirées :		
— pour emballage	100 kilogr.	3 »
— pour ameublements, tentures ou autres usages	—	16 »
Cordes-câbles	—	3 »
Cordes minces et fines et ouvrages de cordier	—	16 »
Filets de pêche	—	16 »
Poissons d'eau douce préparés : séchés, salés, marinés ou fumés en vases de 5 kilogrammes ou plus	—	4 »
— en boîtes ou en verres, au vinaigre, à l'huile	—	16 »
(Poissons de mer, secs, salés ou fumés : même régime que les poissons d'eau douce.)		
Fromages de pâte dure	—	4 »
— de pâte molle	—	4 »
Vins en bouteilles	—	3 50
— en tonneau	—	3 50
Alcool, esprit-de-vin, eau-de-vie et autres boissons spiritueuses, telles que cognac, rhum, arack, etc., ne rentrant pas parmi les liqueurs, c'est-à-dire ni aromatisées ni sucrées :		
— en tonneau		20 cent. par 100 kilogr. et par degré centésimal d'alcool pur mesuré à l'alcoomètre de Gay-Lussac ou à l'alcoomètre de Tralles.
— en bouteilles ou en cruchons, sans distinction de degré ou de force	—	16 »
Liqueurs en tonneaux, bouteilles ou cruchons	—	16 »
Ouvrages en cire de toute espèce	—	16 »
Corail taillé, monté ou non	—	30 »
Extrait de quinquina	—	7 »
Camphre raffiné	—	7 »
Cornes préparées ou débitées en feuillets de toutes dimensions	—	» 60
Résines :		
— communes, non distillées	—	» 60
— purifiées	—	1 50
Liège ouvré, semelles, bouchons, etc.	—	7 »
Pommes de terre	—	» 02
Légumes salés ou confits au vinaigre :		
— Choucroutes et autres légumes au sel	—	4 »
— au vinaigre, en vase de plus de 5 kilos	—	7 »
— au vinaigre, en vase de 5 kilog. ou moins	—	16 »
Marbres et albâtres de toute sorte :		
— Albâtre et marbre bruts	—	0 30
— Marbre scié en plaques brutes non polies	—	1 50
— Marbre en plaques polies	—	3 »
— Ouvrages de sculpture en marbre	—	16 »
Pierres de construction, y compris les pierres d'ardoise :		
— Pierres à bâtir, communes, taillées	—	0 02
— Pierres sculptées ou polies, en pièces pesant plus d'un quintal	—	3 »
— Ouvrages de sculpture	—	16 »
Ardoises : pour toitures	—	0 10
— en carreaux ou en tables	—	3 »
— encadrées et crayons d'ardoise	—	16 »
Meules	—	1 »
Pierres à aiguiser de toutes sortes	—	0 30
Pierres dites montées (machines)	—	4 »
Crayons composés à gaines de bois	—	16 »
Parfumeries alcooliques	—	30 »
— autres	—	30 »
Moutarde : pure, brute ou pilée	—	1 50
— moulue, en tonneaux, vases ou verres	—	16 »
Bougies de toute sorte	—	16 »
Chandelles de suif	—	»

DÉNOMINATION DES ARTICLES	UNITÉS	DROITS
Colle de poisson..	100 kilogr.	7 »
Chocolat et cacao simplement broyés......................................	—	16 »
Eaux minérales, bouteilles et cruchons compris.......................	—	3 »
Papier : d'emballage et à étancher, non pour l'imprimerie ; papier ciré et goudronné.........................	—	3 »
Papier à imprimer et à écrire collé ou non collé, blanc ou colorié, mais unicolore seulement..............	—	7 »
— Colorié de toute espèce, multicolore, doré ou argenté ; papier de verre, à dérouiller et à émeri, papier pour musique ; papier rayé ou lithographié ; papiers peints de toute espèce............	—	16 »
Cartons en feuilles de toute sorte :		
— Carton gris ordinaire..	—	3
— Carton blanc et carton à catir................................	—	4 »
Cartons moulés, coupés et assemblés :		
— Objets moulés..	—	7 »
— Ouvrages en cartonnages......................................	—	16 »
Livres en toutes langues, estampes, gravures, lithographies, photographies, cartes géographiques ou de marine, musique, planches gravées sur cuivre, acier ou bois ; pierres lithographiques couvertes de dessins, gravures et écritures destinées à l'impression sur papier ; tableaux et dessins............	—	1 »
Bimbeloterie...	—	16 »
Vannerie fine...	—	16 »
Parasols ou parapluies : en coton............................	—	16 »
— en soie...	—	30 »
Bois d'ébénisterie en feuilles pour placages..............	—	4 »
Amidon..	—	» 60
Soufre raffiné en canons et fleur de soufre................	—	1 50
Mélasses...	—	7 »
Sirop brut, brun ou noir, d'un goût empyreumatique.......	—	3 »
— purifié en tonneau	—	7 »
— sous forme de remède ou médicament.....................	—	30 »
Vinaigre en fût...	—	4 50
— en bouteilles...	—	4 50

C. DE FREYCINET,
P. TIRARD,
M. ROUVIER,

KERN,
LARDY.

Tarif C.

Régime à la sortie de France.

DÉSIGNATION DES PRODUITS	RÉGIME
Chiens de forte race exportés par la frontière de terre................	Prohibés.
Contrefaçons en librairie..	Prohibées.
Armes et munitions de guerre..	Régime spécial.
Toutes autres marchandises...	Exemptes.

C. DE FREYCINET.
P. TIRARD.
M. ROUVIER.

KERN.
LARDY.

Tarif D. — *Droits à la sortie de Suisse.*

DÉNOMINATION DES ARTICLES	UNITÉS	DROITS	DÉNOMINATION DES ARTICLES	UNITÉS	DROITS
A. — Par pièce.			Chaux, gypse brut, calciné ou moulu	—	» 02
Chèvres et chevreaux	Pièce.	» 05	Fruits frais, légumes et jardinages frais	—	» 02
Moutons et agneaux	—	» 05	Ouvrages en bois communs, tels que râteaux, fourches, balais, etc.	—	» 02
Porcs au-dessus de 40 kilogrammes et cochons de lait	—	» 05	Pommes de terre	—	» 02
Veaux pesant jusqu'à 40 kilogrammes	—	» 05	Poterie commune	—	» 02
Anes	—	» 50	Terre, argile	—	» 02
Bêtes à cornes et veaux pesant au delà de 40 kilogrammes	—	» 50	Tuiles et briques	—	» 02
Porcs pesant plus de 40 kilogrammes	—	» 50	Vannerie commune	—	» 05
Poulains ayant encore les premières dents de lait	—	» 50	Foin et paille	—	» 05
Chevaux	—	1 50	Lignite	—	» 05
Mulets et mules	—	1 50	Mastic d'asphalte	—	» 05
B. — A raison de la valeur.			Minerai de fer	—	» 05
			Sel de cuisine	—	» 05
Bois scié ou coupé, bois de charronnage grossièrement ébauché	Valeur.	2. p. 100	Ustensiles de ménage d'émigrants, vieux, emballés ou non	—	» 05
Charbon de bois	—	2. p. 100	Verre cassé	—	» 05
Bois à l'état brut ou grossièrement équarri, mais pas complètement sur toute la longueur ; bois à radeau ordinaire	—	3. p. 100	Vin, cidre et bière, en tonneaux ou en cuves	—	» 10
			Cendres	—	» 10
			Engrais	—	» 20
C. — A raison du poids.			Toutes les marchandises ou objets non dénommés	—	1 »
			Écorces moulues ou pilées	—	1 »
Ardoises, pierres taillées, meules et pierres de remouleur	100 kilogr.	» 02	Tan	—	1 »
Asphalte	—	» 02	Peaux vertes et sèches	—	1 »
			Écorces à tan en cannelle	—	1 »
			Chiffons et maculatures ; vieux cordages et câbles ; masse à papier	—	4 »

C. DE FREYCINET, P. TIRARD, M. ROUVIER, KERN, LARDY.

ANNEXE E

Droits d'entrée (ohmgelder) *établis actuellement dans différents cantons suisses et droits d'octroi perçus dans deux communes du canton de Genève sur les bières, vins, cidres et spiritueux.*

NUMÉROS d'ordre.	DÉNOMINATION DES ARTICLES	UNITÉS	DROITS	NUMÉROS d'ordre.	DÉNOMINATION DES ARTICLES	UNITÉS	DROITS
	ZURICH			2	Vin, en bouteilles	Le litre.	» 090
	Ne perçoit aucune taxe de ce genre.			3	Cidre et autre vin de fruits	—	» 010
	BERNE			4	Bière, en tonneaux et en bouteilles	—	» 020
	Perçoit les droits suivants :			5	Liqueurs et boissons spiritueuses, en bouteilles ; liqueurs douces et composées, en vases plus grands	—	» 200
	I. — Sur les boissons de provenance suisse.			6	Esprit-de-vin et toutes les boissons spiritueuses pouvant être pesées à l'éprouvette :		
1	Vins, en fûts et doubles fûts de plus d'un litre de contenance	Le litre.	» 045		32 degrés de l'alcoomètre de Tralles	—	» 12
					33 et 34 degrés —	—	» 13

NUMÉROS d'ordre.	DÉNOMINATION DES ARTICLES	UNITÉS	DROITS
8	Esprit de vin et toutes les boissons spiritueuses pouvant être pesées à l'éprouvette :		
	35 à 37 degrés de l'alcoomètre de Tralles..	Le litre.	» 14
	38 à 39 —	—	» 15
	40 à 42 —	—	» 16
	43 et 44 —	—	» 17
	45 à 47 —	—	» 18
	48 à 50 —	—	» 19
	51 et 52 —	—	» 20
	53 à 55 —	—	» 21
	56 et 57 —	—	» 22
	58 à 60 —	—	» 23
	61 et 62 —	—	» 24
	63 à 65 —	—	» 25
	66 et 67 —	—	» 26
	68 à 70 —	—	» 27
	71 à 73 —	—	» 28
	74 et 75 —	—	» 29
	76 à 78 —	—	» 30
	79 et 80 —	—	» 31
	81 à 83 —	—	» 32
	84 et 85 —	—	» 33
	86 à 88 —	—	» 34
	89 à 91 —	—	» 35
	92 et 93 —	—	» 36
	94 à 96 —	—	» 37
	97 et 98 —	—	» 38
	99 et 100 —	—	» 39

II. — Sur les boissons de provenance étrangère.

NUMÉROS d'ordre.	DÉNOMINATION DES ARTICLES	UNITÉS	DROITS
1	Vin, en vases de toute espèce d'une contenance de plus d'un litre.	—	» 053
2	Vin, en bouteilles.	—	» 400
3	Cidre et autre vin de fruits.	—	» 020
4	Bière.	—	» 025
5	Liqueurs et eau-de-vie, en bouteilles; liqueurs douces et composées, en vases de plus d'un litre de contenance.	—	» 400
6	L'esprit-de-vin et toutes les autres boissons spiritueuses qui peuvent être pesées à l'éprouvette payent comme celles de provenance suisse, avec 10 p. 100 de surtaxe.		

LUCERNE

I. — Boissons de provenance suisse

NUMÉROS d'ordre.	DÉNOMINATION DES ARTICLES	UNITÉS	DROITS
1	Vin.	—	» 093
2	Boissons spiritueuses et eau-de-vie.	—	» 440
3	Esprit-de-vin.	Le litre.	» 280
4	Vin et autres boissons spiritueuses en bouteilles.	Bouteille.	» 210
	Vin et autres boissons spiritueuses en bouteilles.	Le litre.	» 280
5	Bière.	—	» 013
6	Cidre et vin de fruits.	—	» 020

II. — Boissons de provenance étrangère.

NUMÉROS d'ordre.	DÉNOMINATION DES ARTICLES	UNITÉS	DROITS
1	Vin ordinaire.	—	» 106
2	Vins fins et boissons spiritueuses.	—	» 200
3	Esprit-de-vin.	—	» 333
4	Vin et autres boissons spiritueuses en bouteilles.	Bouteille.	» 300
	Vin et autres boissons spiritueuses en bouteilles.	Le litre.	» 400
5	Bière ordinaire.	—	» 020
	Bière en bouteilles.	Bouteille.	» 040
	Bière en bouteilles.	Le litre.	» 050
	Bière en doubles fûts.	—	» 050

Nota. — Les vins en fûts provenant de France, des États de l'Union douanière allemande, de l'Autriche et de l'Italie sont, sans exception, passibles d'une taxe de 106 millimes par litre.

URI

NUMÉROS d'ordre.	DÉNOMINATION DES ARTICLES	UNITÉS	DROITS
1	Esprit-de-vin de provenance suisse.	—	» 150
2	Esprit-de-vin de provenance étrangère.	—	» 200
3	Vin et eau-de-vie de provenance suisse.	—	» 050
4	Vin et eau-de-vie de provenance étrangère.	—	» 060
5	Bière et vin de fruits.	—	» 020

SCHWYZ

Ne perçoit aucune taxe d'entrée (ohmgelder).

UNTERWALD-LE-HAUT

NUMÉROS d'ordre.	DÉNOMINATION DES ARTICLES	UNITÉS	DROITS
1	Vin de provenance suisse.	—	» 02 4/5
2	Vin de provenance étrangère.	—	» 03 11/15
3	Vins fins et eau-de-vie, expédiés en caisses ou paniers (par 5 kilogrammes bruts).	—	» 460
4	Bière et vin de fruits.	—	» 00 14/15
5	Eau-de-vie de provenance suisse :		
	De 18 degrés Cartier et au-dessous.	—	» 04 2/15
	De 19.	—	» 04 4/15
	De 20.	—	» 04 2/5
	De 21.	—	» 04 2/3
	De 22.	—	» 04 14/15
	De 23.	—	» 05 1/5
	De 24.	—	» 05 7/15
	De 25.	—	» 05 11/15
	De 26.	—	» 060

NUMÉROS d'ordre.	DÉNOMINATION DES ARTICLES	UNITÉS	DROITS
5	Eau-de-vie de provenance suisse :		
	De 27 degrés Cartier et au-dessous...................	Le litre.	» 06 4/15
	De 28...	—	» 06 8/15
	De 29...	—	» 06 14/15
	De 30...	—	» 07 1/3
	De 31...	—	» 07 11/15
	De 32...	—	» 08 2/15
	De 33...	—	♭ 08 8/15
	De 34...	—	» 08 14/15
	De 35...	—	» 09 1/3
	Au-dessus de 35 pour chaque degré : 8/15 c :		
	De 36...	—	» 09 13/15
	De 37...	—	» 10 2/5
	De 38...	—	» 10 14/15
6	Eau-de-vie de provenance étrangère :		
	De 18 degrés Cartier et au-dessous.......	—	» 05 3/5
	De 19 —	—	» 06
	De 20 —	—	» 06 2/5
	De 21 —	—	» 06 4/5
	De 22 —	—	» 07 1/5
	De 23 —	—	» 07 3/5
	De 24 —	—	» 080
	De 25 —	—	» 08 8/15
	De 26 —	—	» 09 1/15
	De 27 —	—	» 09 3/5
	De 28 —	—	» 10 2/15
	De 29 —	—	» 10 2/3
	De 30 —	—	» 11 1/5
	De 31 —	—	» 11 11/15
	De 32 —	—	» 12 4/15
	De 33 —	—	» 12 4/5
	De 34 —	—	» 13 1/3
	De 35 —	—	» 140
	Au-dessus de 35 pour chaque degré, 2/3 c. :		
	De 36...	—	» 14 2/3
	De 37...	—	» 15 1/3
	De 38...	—	» 160
	Il est loisible aux contribuables de faire une déduction de 2 p. 100.		
	UNTERWALD-LE-BAS		
1	Esprit-de-vin.......................................	—	» 100
2	Eau-de-vie..	—	» 060
3	Vin de provenance suisse............................	—	» 020
4	Vin de provenance étrangère.........................	—	» 040
5	Vins fins...	—	» 250
6	Bière...	—	» 020
7	Vin de fruits.......................................	—	» 020

NUMÉROS d'ordre.	DÉNOMINATION DES ARTICLES	UNITÉS	DROITS
	GLARIS		
1	Vin de provenance suisse, en fûts...................	L'hectolitre.	1 450
2	Vin de provenance étrangère, en fûts (vins fins en fûts de provenance française, autrichienne, italienne ou allemande)......................................	—	2 900
3	Vins fins et boissons spiritueuses de toute espèce, autres que les précédentes, en fûts et en bouteille.	les 75 centil.	» 200
4	Vin de fruits.......................................	l'hectolitre.	» 200
5	Eau-de-vie et esprit-de-vin, importés ou fabriqués dans le canton et destinés à la consommation intérieure...	le litre.	» 150
	ZOUG		
1	Vin de provenance étrangère, en fûts................	Le litre.	» 03 1/3
2	Vin de provenance étrangère, en bouteille...........	Bouteille.	» 150
3	Vin de provenance suisse............................	Le litre.	» 01 1/3
4	Bière...	—	» 01 1/3
5	Vin de fruits.......................................	—	» » 2/3
	Il n'est pas perçu de droit sur l'esprit de vin et l'eau-de-vie.		
	FRIBOURG		
1	Vin du canton de Fribourg et toute boisson fabriquée dans ce canton......................................	Les 500 litres. Le litre.	1 200 » 020
2	Bière de provenance suisse..........................	—	» 080
3	Bière de provenance étrangère.......................	—	» 048
4	Vin et vin de fruits de provenance suisse...........	—	» 080
5	Vin et vin de fruits de provenance étrangère........	—	
6	Eau-de-vie (au-dessous de 20 degrés) de provenance suisse..	—	» 096
7	Eau-de-vie (au-dessous de 20 degrés) de provenance étrangère...	—	» 133
8	Extrait d'absinthe, esprit de vin et liqueurs composées de provenance suisse...........................	—	» 193
9	Les mêmes, en outre, vins fins de provenance étrangère...	—	» 233
	SOLEURE		
1	Vin de provenance suisse............................	—	» 05 2/3
2	Vin et vin de fruits de provenance étrangère........	—	» 06 2/3
3	Bière et vin de fruits de provenance suisse.........	—	» » 2/3
4	Bière de provenance étrangère.......................	—	» 2 2/3
5	Eau-de-vie et liqueurs en bouteilles, aussi toutes les liqueurs en vases plus grands, de provenance suisse.	—	» 130
6	Les mêmes de provenance étrangère...................	—	« 200

NUMÉROS d'ordre.	DÉNOMINATION DES ARTICLES	UNITÉS	DROITS
7	Eau-de-vie et esprit-de-vin, qui peuvent être essayés à l'éprouvette de Tralles :		
	Jusqu'à 35 degrés	Le litre	» 10
	De 36 à 43 —	—	» 11
	De 44 à 49 —	—	» 12
	De 50 à 53 —	—	» 13
	De 54 à 58 —	—	» 14
	De 59 à 62 —	—	» 15
	De 63 à 66 —	—	» 16
	De 67 à 70 —	—	» 17
	De 71 à 74 —	—	» 18
	De 75 à 77 —	—	» 19
	De 78 à 80 —	—	» 20
	De 81 à 83 —	—	» 21
	De 84 et 85 —	—	» 22
	De 86 à 88 —	—	» 23
	De 89 et 90 —	—	» 24
	De 91 et 92 —	—	» 25
	De 93 et 94 —	—	» 26
	De 95 et 96 —	—	» 27
	L'eau-de-vie et l'esprit-de-vin de provenance suisse payent 10 p. 100, soit un dixième de la taxe en moins.		

BALE-VILLE

NUMÉROS d'ordre.	DÉNOMINATION DES ARTICLES	UNITÉS	DROITS
1	Vin de provenance étrangère, en fûts	L'hectolitre	» 65
2	(Vin de provenance étrangère en bouteilles : 10 p. 100 du montant de la facture.)		
3	Bière de provenance étrangère	—	» 65
4	(Eau-de-vie et liqueurs, de provenance étrangère : 10 p. 100 du montant de la facture.)		

Nota. — Sur les vins nouveaux qui sont importés avant le nouvel an, il est accordé pour les lies une réduction de 6 p. 100.

BALE-CAMPAGNE

NUMÉROS d'ordre.	DÉNOMINATION DES ARTICLES	UNITÉS	DROITS
1	(Le vin et le vin de fruits de provenance suisse sont exempts de taxe.)		
2	Vin de provenance étrangère : en fûts	L'hectolitre	1 »
3	— en bouteilles	La bouteille	» 15
4	— en bouteilles	Le litre	» 20
5	Eau-de-vie de provenance suisse	—	» 07
6	— étrangère	—	» 10
7	Esprit de vin	—	» 20
8	Extrait d'absinthe, rhum et liqueurs en fûts	—	» 20
9	— en bouteilles	—	» 40
10	Bière de provenance suisse	L'hectolitre	» 50
11	— étrangère	—	» 70

SCHAFFOUSE, APPENZELL (RH. EXT.), APPENZELL (RH. INT.), SAINT-GALL

Ne perçoivent pas de droit d'entrée (Ohmgelder).

GRISONS

NUMÉROS d'ordre.	DÉNOMINATION DES ARTICLES	UNITÉS	DROITS
1	Bière de provenance suisse	100 kilogr.	1 20
2	— étrangère	—	1 70
3	Eau-de-vie de provenance suisse	—	4 30
4	— étrangère	—	5 »
5	Liqueurs de provenance Suisse, en tonneaux	—	8 90
6	— en bouteilles	—	14 »
7	Liqueurs de provenance étrangère, en tonneaux	—	9 60
8	— en bouteilles	—	14 80
9	Vin ordinaire, de provenance étrangère	—	2 40
10	Vins fins, de provenance étrangère, en fûts	—	9 60
11	— en bouteilles	—	14 80
12	Esprit-de-vin de provenance suisse	—	9 80
13	— étrangère	—	18 50

Nota. — Les raisins de provenance étrangère destinés au pressurage payent la même taxe que le vin, dans la proportion de 140 kilog. de raisin = 100 kilog. de vin.

ARGOVIE

NUMÉROS d'ordre.	DÉNOMINATION DES ARTICLES	UNITÉS	DROITS
1	Vin, vin de fruits et bière, de provenance suisse, en fûts ou autres vases	Le litre.	» 01
2	Vin de provenance étrangère, en fûts ou autres vases	—	» 04
3	Vin de fruits de provenance étrangère, en fûts ou autres vases	—	» 02
4	Bière de provenance étrangère, en fûts ou autres vases	—	» 02
5	Boissons distillées de provenance suisse	—	» 05
6	— étrangère	—	» 10

Nota. — Les raisins, les lies et le marc payent d'après l'échelle suivante :

Raisins : 1 hectolitre = 80 litres de vin (20 p. 100 de déduction).

Lies : 1 hectolitre = 8 litres d'eau-de-vie (92 p. 100 de déduction).

Marc : 1 hectolitre = 5 litres d'eau-de-vie (95 p. 100 de déduction).

THURGOVIE

Ne perçoit pas de taxes d'entrée (Ohmgelder).

TESSIN

Ne perçoit aucun droit sur les boissons d'origine suisse; celles de provenance étrangère payent comme suit :

NUMÉROS d'ordre.	DÉNOMINATION DES ARTICLES	UNITÉS	DROITS
1	Esprit-de-vin	100 kilogr.	5 70
2	Eau-de-vie	—	4 50

NUMÉROS d'ordre.	DÉNOMINATION DES ARTICLES	UNITÉS	DROITS	NUMÉROS d'ordre.	DÉNOMINATION DES ARTICLES	UNITÉS	DROITS
3	Bière, cidre et meth............................	100 kilogr.	4 80		**I. — Extrait du tarif d'octroi de la ville de Genève.**		
4	Vin de toute espèce et vermouth en fûts...............	—	2 60				
5	Liqueurs : arack, absinthe, cognac, eau-de-cerises, etc., en fûts ou en bouteilles........................	—	16 »		Vins du canton de Genève, des autres cantons de la Suisse et des propriétaires genevois dans les zones de la Savoie et du pays de Gex....................	L'hectolitre.	2 33
6	Vin de toute espèce en bouteilles...................	—	16 »		Vins étrangers................................	—	3 26
	VAUD			1	Vins dits de liqueur...........................	—	8 13
	Ne perçoit aucune taxe sur les boissons d'origine suisse; celles de provenance étrangère payent comme suit :			2	Vin et vinaigre, en bouteilles...................	La bouteille.	» 12
				3	Idem..	Demi-bout.	» 06
1	Bière en tonneaux.............................	—	2 »	4	Vinaigre et vin gâtés..........................	L'hectolitre.	2 33
2	Vin en tonneaux..............................	—	3 »	5	Lies de vin (du 15 septembre au 31 mars)...........	—	2 33
3	Vermouth en tonneaux.........................	—	6 »	6	Lies de vin (du 1er avril au 15 septembre)...........	—	1 »
4	Bières en bouteilles...........................	—	6 »	7	Bière......................................	—	3 70
5	Vin et vermouth en bouteilles...................	—	9 »	8	Bière en cruches ou en bouteilles................	Cruche ou b.	» 05
6	Eau-de-vie et eau-de-cerises....................	—	9 »	9	Cidre......................................	L'hectolitre.	2 »
7	Vins dits de liqueur, en tonneaux ou en bouteilles....	—	12 »	10	Eau-de-vie et esprit-de-vin en ceroles (pour chaque hectolitre d'alcool pur contenu dans ces liquides)....	—	20 »
8	Esprit de vin.................................	—	12 »	11	Liqueurs de toute espèce en ceroles..............	—	14 33
9	Liqueurs en tonneaux ou en bouteilles.............	—	12 »	12	Eau-de-vie et liqueurs de toute espèce, en bouteille de 1 litre 5 décil. ou au-dessous....................	La bouteille.	0 29
10	Rhum.......................................	—	12 »	13			
	VALAIS				Nota. — a) Depuis la vendange au 15 novembre, les vins nouveaux importés avec les lies sont calculés pour le droit sur le pied de 106 p. 100.		
	Les boissons de provenance suisse ne sont soumises à aucune taxe.						
	Les boissons d'origine étrangère payent les taxes suivantes :				b) Les vernis à l'esprit-de-vin indiquant plus de 45 p. 100 payent comme les alcools.		
1	Vin et bière en fûts............................	—	4 40		**II. — Extrait du tarif d'octroi à la ville de Carouge.**		
2	Eau-de-vie, liqueurs, vins en bouteilles et autres liqueurs spiritueuses.........................	—	20 »				
3	Esprit-de-vin................................	—	12 »	1	Vin de provenance suisse.......................	Le litre.	0 02
	NEUCHATEL			2	Vin de provenance étrangère....................	—	0 03
	Ne perçoit aucune taxe sur les boissons.			3	Bière......................................	—	0 03
	GENÈVE			4	Cidre......................................	—	0 01
	Ne perçoit pas non plus de taxe; sauf les octrois des villes de Genève et de Carouge.			5	Eau-de-vie..................................	—	0 06
				6	Liqueurs en bouteilles.........................	La bouteille.	0 15

C. DE FREYCINET.   KERN.
P. TIRARD.   LARDY.
M. ROUVIER.

ANNEXE F.

RÈGLEMENT RELATIF AU PAYS DE GEX

Le Gouvernement de la Confédération suisse s'engage à accorder aux produits du pays de Gex, indépendamment des concessions douanières spécifiées au tarif B annexé au Traité de commerce, les facilités suivantes :

Art. 1er. — Les bureaux de péages fédéraux établis sur la frontière du pays de Gex admettront en franchise de tout droit d'entrée fédéral, outre les objets déjà affranchis par la loi, les produits mentionnés dans le présent article, savoir :

1° L'écorce à tan et les mottes à brûler en provenant ;

2° Le bois à brûler brut, fendu, scié ou en fagots, et le charbon de bois ;

3° Les bois en grume ou équarri, les planches, liteaux et échalas ;

4° Les herbes et les feuilles de hêtre et autres pour fourrage et litière, les feuilles de mûrier et la litière de roseaux, y compris le foin et la paille ;

5° Les jeunes arbres et les arbrisseaux fruitiers ou de forêts, ordinaires ;

6° Les déchets d'animaux et de végétaux ordinaires, comme engrais non chimiques, sciure de bois, son ; mais non les déchets de feuilles de tabac et autres servant pour une branche spéciale d'industrie ;

7° Les céréales en gerbes ;

8° Le colza en gerbes ;

9° Les lins et chanvres bruts ou teillés ;

10° Les plantes médicinales ;

11° Les os, cornes et suifs ;

12° Les pierres brutes, taillées, creusées au ciseau ou taillées à la boucharde ;

13° Les tuiles et les briques ;

14° La chaux de toute sorte ;

15° La terre glaise, l'argile, la terre réfractaire, les scories ;

16° La vannerie et les cribles ordinaires pour l'agriculture.

Art. 2. — Lesdits bureaux admettront également en franchise de tout droit d'entrée fédéral les produits suivants provenant du pays de Gex, savoir :

1° Les légumes frais et le jardinage ;

2° Les fruits frais ;

3° Les pommes de terre ;

4° Le pain ;

5° Les volailles vivantes ou mortes ;

6° Les œufs frais ;

7° Le lait ;

8° Le beurre frais ;

9° Le miel.

Les produits mentionnés au présent article ne seront admis en franchise qu'autant qu'ils auront le caractère d'approvisionnements de marché. Ils devront, en conséquence, être portés ou conduits en Suisse par les vendeurs eux-mêmes, que ce soit par charges à dos, chars ou charrettes.

Le poids de chaque importation desdits produits ne devra pas dépasser celui de cinq quintaux métriques, à l'exception toutefois du beurre frais, pour lequel le poids maximum est fixé à cinq kilogrammes pour chaque importation en franchise.

Il est, d'ailleurs, entendu que les denrées destinées à l'approvisionnement du marché de Genève ne seront l'objet d'aucune interdiction de sortie du pays de Gex.

Art. 3. — Seront admis en franchise à l'importation, par les frontières des cantons de Vaud et de Genève, les produits suivants, savoir :

	Quantités métriques de 100 kileg.
1° Le vin blanc, jusqu'à concurrence de.	2.000
2° La bière et le cidre.	300
3° Les fromages de toute espèce.	1.500
4° Les peaux brutes.	400
5° Les peaux tannées de veaux, moutons ou chèvres.	100
6° Les gros cuirs.	400
7° Les outils pour l'agriculture et outils de taillandier.	200
8° Les caisses de bois pour emballage.	300
9° L'ébénisterie, les meubles, tonneaux et charpentes et la menuiserie.	100
10° Les marbres de Thoiry bruts ou sciés en plaques polies ou non.	500
11° La poterie ordinaire.	2.500
12° Les ouvrages grossiers en fer, la serrurerie non comprise.	200
13° Les vêtements et la lingerie.	50

Il est expressément entendu que la franchise ci-dessus stipulée s'applique uniquement aux droits fédéraux et non aux droits d'entrée (*Ohmgelder*) ou d'octroi, dont le taux actuel ne pourra toutefois être élevé.

Art. 4. — Les tanneries du pays de Gex seront autorisées à exporter annuellement, par les frontières des cantons de Vaud et de Genève, en franchise du droit de sortie fédéral, jusqu'à concurrence de six cents peaux brutes (en poils) de bœufs ou de vaches, et de six mille peaux brutes de veaux, moutons ou chèvres.

De plus, tous les droits à la sortie de Suisse fixés à 20 centimes les 100 kilogrammes au tarif D annexé au traité de commerce signé à la date de ce jour seront réduits à 10 centimes les 100 kilogrammes sur les articles à destination de Gex.

Art. 5. — Il ne sera perçu aucun droit de transit, ni pour le bétail ni pour les objets de toute espèce que les habitants du pays de Gex achètent en Savoie et importent dans leur arrondissement à travers le territoire suisse.

La Suisse se réserve toutefois de prendre les mesures nécessaires de contrôle et de police pour ce transit, ainsi que d'interdire entièrement le passage ou l'entrée du bétail en cas d'épizootie.

Art. 6. — Les marchandises affranchies des droits d'entrée pourront être introduites en Suisse par tous les bureaux de péage et postes de perception à la frontière des cantons de Vaud et de Genève. Elles devront suivre les routes de péage et être déclarées auxdits bureaux ou postes de perception.

Les marchandises désignées à l'article 3 ci-dessus, ainsi que les produits exportés en franchise aux termes de l'article 4, ne pourront entrer en Suisse ou en sortir que par les bureaux du Grand-Saconnex, de Meyrin, de Crassier, de Chavannes, de Sauverny et de Chancy.

L'Administration des péages fédéraux délivrera, pour les marchandises désignées aux articles 3 et 4 ci-dessus, des billets de crédit valables du 1er janvier au 31 décembre de chaque année, mais seulement jusqu'à concurrence des quantités fixées par lesdits articles.

Tous les habitants de la zone seront admis, sans distinction de nationalité, au bénéfice des dispositions des cinq articles précédents, moyennant l'observation des mesures de surveillance et de contrôle, telles que les certificats d'origine, etc., jugées nécessaires par l'Administration des péages fédéraux, en vue de s'assurer de la provenance des marchandises importées. Les produits énumérés à l'article 3 devront toujours être accompagnés de certificats d'origine délivrés par la sous-préfecture de Gex.

Art. 7. — Les vêtements taillés en Suisse qui seront envoyés dans le pays de Gex pour y être cousus seront exportés de Suisse en franchise de droits de sortie et réimportés en Suisse en exemption du droit d'entrée afférent aux vêtements confectionnés. L'importation de ces objets ne pourra s'opérer que par les bureaux de *Meyrin*, *Saconnex* et *Vireloup*.

L'Administration des péages fédéraux se réserve d'exerce un contrôle au moyen de livrets dont seront pourvues les personnes qui profiteront de cette facilité, et qu'elles devront présenter aux bureaux des péages fédéraux.

Art. 8. — Il est entendu que le bureau de frontière des *Fourgs*, département du Doubs, pourra, comme jusqu'à présent, expédier, soit pour le transit, soit pour l'entrée en France, les fromages, l'horlogerie, y compris les boîtes à musique, les outils et fournitures d'horlogerie.

Ar. 9. — Les dispositions qui précèdent seront mises en vigueur en même temps et auront la même durée que le Traité de commerce.

Fait en double expédition, à Paris, le vingt-trois février mil huit cent quatre-vingt deux.

ANNEXE G

DÉCLARATION ADDITIONNELLE RELATIVE AUX ÉCHANTILLONS

Pour assurer l'exécution de l'article 23 du Traité de commerce signé ce jour et qui autorise l'admission réciproque en franchise des échantillons importés par des voyageurs de commerce de Suisse en France et de France en Suisse, il a été convenu ce qui suit :

1° Chacun des Etats contractants désignera sur son territoire les bureaux ouverts à l'importation ou à la réexportation des échantillons précités. La réexportation pourra également avoir lieu par un bureau autre que celui d'importation ;

2° A l'importation, on devra fixer le montant des droits à acquitter pour ces échantillons, montant qui devra être ou déposé en espèces ou dûment cautionné ;

3° Afin de bien constater leur identité, les échantillons seront, autant que possible, marqués par l'apposition de timbres, de plombs ou de cachets, le tout sans frais ;

4° Le bordereau qui sera dressé de ces échantillons et dont les Etats contractants auront à déterminer la forme, devra contenir :

a) L'énumération des échantillons importés, leur espèce et les indications propres à faire connaître leur identité ;

b) L'indication du droit qui frappe les échantillons, ainsi que la mention que le montant des droits a été acquitté en espèces ou cautionné ;

c) L'indication de la manière dont les échantillons ont été marqués ;

d) La fixation du délai à l'expiration duquel le montant du droit payé d'avance sera définitivement acquis à la douane, ou, s'il a été cautionné, réclamé à la personne garante, à moins que la preuve de la réexportation des échantillons ou leur réintégration en entrepôt ne soit fournie. Ce délai ne devra pas dépasser une année.

5° Lorsque avant l'expiration du délai fixé (4°, *d*) les échantillons seront présentés à un bureau ouvert à cet effet pour être réexportés ou réintégrés en entrepôt, ce bureau devra s'assurer que les objets dont la réexportation doit avoir lieu sont identiquement les mêmes que ceux présentés à l'importation. Lorsqu'il n'y aura aucun doute à cet égard, le bureau constatera la réexportation ou la réintégration en entrepôt et restituera le montant des droits déposés en espèces à l'entrée ou prendra les mesures nécessaires pour décharger la caution.

Fait en double expédition, à Paris, le 23 février 1882.

C. DE FREYCINET.
P. TIRARD.
M. ROUVIER.
KERN.
LARDY.

CARTE

DE LÉGITIMATION POUR VOYAGEURS DE COMMERCE

Pour l'année 18............   *Armoiries.*   Nº de la carte : ....

VALABLE EN FRANCE ET EN SUISSE

PORTEUR

Nom et prénoms : ....

A.., le .... 18............

(Autorité qui délivre la carte).

L. S.

Signature : ....

VERSO

Il est certifié par la présente que le porteur de cette carte

{ possède (1) .... à ....
est commis voyageur au service de la maison..
sous la raison sociale ....
qui y possède (1) ....

Le porteur de cette carte se proposant de recueillir des commandes et de faire des achats de marchandises pour cette maison et pour les maisons ci-après désignées :

1.. à ....
2.. à ....

il est certifié que :

{ 1............ dite............ maison............ astreinte............ à payer dans ce pays les taxes légales pour l'exercice
1............ dite............ maison............ autorisée............ à exercer un commerce ou une industrie
d'un commerce ou d'une industrie.
dans ce pays.

SIGNALEMENT DU PORTEUR

Age : ....
Taille : ....
Cheveux : ....
Signes particuliers : ....

Signature du porteur : ....

REMARQUE. — Des deux lignes marquées sur le formulaire, on ne doit remplir que la ligne supérieure ou la ligne inférieure, selon qu'il s'agit, pour la première ligne, d'un négociant ou d'un fabricant, ou d'un voyageur de commerce pour la seconde ligne. Le formulaire devra donner pour cela un espace suffisant.

(1) Nature de la fabrique ou du commerce.

C. DE FREYCINET.   KERN.
P. TIRARD.   LARDY.
M. ROUVIER.

Art. 2. — Le Président du Conseil, Ministre des Affaires étrangères, est chargé de l'exécution du présent décret.

Fait à Paris, le 13 mai 1882.

JULES GRÉVY.

Par le Président de la République :
Le Président du Conseil,
Ministre des Affaires étrangères,

C. DE FREYCINET.

———◆———

Le Président de la République Française,

Sur la proposition du Président du Conseil, Ministre des Affaires étrangères,

Décrète :

Art. 1er. — Le Sénat et la Chambre des Députés ayant approuvé le Traité signé le 23 février 1882, entre la France et la Suisse, sur l'établissement des Français en Suisse et des Suisses en France, et les ratifications de cet Acte ayant été échangées, le 12 mai 1882, ledit Traité, dont la teneur suit, recevra sa pleine et entière exécution.

———————

TRAITÉ

signé

le 23 février 1882, sur l'établissement des Français en Suisse et des Suisses en France.

———

Le Président de la République Française

Et le Conseil fédéral de la Confédération suisse,

Animés du désir de resserrer les liens d'amitié et de multiplier les rapports de bon voisinage qui unissent les deux Pays, ont décidé de régler, d'un commun accord, et par un traité spécial, les conditions auxquelles sera soumis l'établissement des Français en Suisse et des Suisses en France, et ont nommé pour leurs Plénipotentiaires à cet effet, savoir :

Le Président de la République Française :

M. C. de Freycinet, Sénateur, Président du Conseil, Ministre des Affaires étrangères ;

M. Tirard, Député, Ministre du Commerce ;

M. Maurice Rouvier, Député, ancien Ministre du Commerce et des Colonies ;

Et le Conseil fédéral de la Confédération suisse :

M. J. C. Kern, envoyé Extraordinaire et Ministre Plénipotentiaire de la Confédération suisse à Paris ;

M. Charles-Edouard Lardy, Docteur en droit Conseiller à la Légation Suisse, à Paris.

Lesquels, après s'être communiqué leurs pleins pouvoirs, trouvés en bonne et due forme sont convenus des articles suivants :

Art. 1er. — Les Français seront reçus et traités dans chaque canton de la Confédération, relativement à leurs personnes et à leurs propriétés, sur le même pied et de la même manière que le sont ou pourront l'être à l'avenir les ressortissants des autres cantons. Ils pourront, en conséquence, aller et venir et séjourner temporairement en Suisse, en se conformant aux lois et règlements de police. Tout genre de commerce et d'industrie permis aux ressortissants des divers cantons leur sera également aux Français, et sans qu'on puisse

en exiger aucune condition pécuniaire ou autre plus onéreuse.

Art. 2. — Pour prendre domicile ou former un établissement en Suisse, les Français devront être munis d'un acte d'immatriculation constatant leur nationalité, qui leur sera délivré par l'ambassade de la République française on par les consulats et vice-consulats de France institués en Suisse.

Art. 3. — Les Suisses jouiront, en France, des mêmes droits et avantages que l'article 1er ci-dessus assure aux Français en Suisse.

Art. 4. — Les ressortissants de l'un des deux États établis dans l'autre ne seront pas atteints par les lois militaires du pays qu'ils habiteront, mais resteront soumis à celles de leur patrie.

Ils seront également exempts de tout service, soit dans la garde nationale, soit dans les milices municipales.

Art. 5. — Les ressortissants de l'un des deux États établis dans l'autre, et qui seraient dans le cas d'être renvoyés par sentence légale ou d'après les lois ou règlements sur la police des mœurs et sur la mendicité seront reçus, en tout temps, eux et leurs familles, dans le pays dont ils sont originaires et où ils auront conservé leurs droits.

Art. 6. — Tout avantage que l'une des parties contractantes aurait concédé ou pourrait encore concéder à l'avenir d'une manière quelconque, à une autre puissance, en ce qui concerne l'établissement des citoyens et l'exercice des professions industrielles, sera applicable, de la même manière et à la même époque, à l'autre partie, sans qu'il soit nécessaire de faire une convention spéciale à cet effet.

Art. 7. — Les dispositions du présent traité sont applicables à l'Algérie.

En ce qui concerne les autres possessions françaises d'outre-mer, ces mêmes dispositions y seront également applicables, sous les réserves que comporte le régime spécial auquel ces possessions sont soumises.

Art. 8. — Le présent raité Tentrera en vigueur le 16 mai 1882 et restera exécutoire jusqu'au 1er février 1892.

Dans le cas où aucune des deux Hautes Parties contractantes n'aurait notifié douze mois avant la fin de ladite période son intention d'en faire cesser les effets, il demeurera obligatoire jusqu'à l'expiration d'une année à partir du jour où l'une ou l'autre des Hautes Parties contractantes l'aura dénoncé.

Le présent Traité sera ratifié et les ratifications en seront échangées à Paris avant le 12 mai 1882 et simultanément avec celles du traité de commerce conclu à la date de ce jour.

En foi de quoi, les Plénipotentiaires respectifs ont signé le présent Traité et y ont apposé leurs cachets.

Fait en double expédition, à Paris.

(L. S.) C. DE FREYCINET.
(L. S.) M. ROUVIER.
(L. S.) P. TIRARD.
(L. S.) KERN.
(L. S.) LARDY.

Art. 2. — Le Président du Conseil, Ministre des Affaires étrangères, est chargé de l'exécution du présent décret.

Fait à Paris, le 13 mai 1882.

JULES GRÉVY.

Par le Président de la République :

Le Président du Conseil,
Ministre des Affaires étrangères,

C. DE FREYCINET.

———◆———

Le Président de la République française,

Sur la proposition du Président du Conseil Ministre des Affaires étrangères,

Décrète :

Art. 1er. — Le Sénat et la Chambre des Députés ayant approuvé la Convention signée, le 23 février 1882, entre la France et la Suisse, sur les rapports de voisinage et sur la surveillance des forêts limitrophes, et les ratifications de cet Acte ayant été échangées, le 12 mai 1882, ladite Convention, dont la teneur suit, recevra sa pleine et entière exécution.

———————

CONVENTION

signée

le 23 février 1882, entre la France et la Suisse, sur les rapports de voisinage et sur la surveillance des forêts limitrophes.

———

Le Président de la République française

Et le Conseil fédéral de la Confédération suisse ;

Désirant assurer et régler entre la France et la Suisse les rapports de voisinage et la surveillance des forêts limitrophes, ont résolu de conclure dans ce but une Convention spéciale, et ont nommé pour leurs Plénipotentiaires, savoir :

Le Président de la République Française :

M. C. de Freycinet, Sénateur, Président du Conseil, Ministre des Affaires étrangères ;

M. Tirard, Député, Ministre du Commerce,

M. Maurice Rouvier, Député, ancien Ministre du Commerce et des Colonies,

Et le Conseil fédéral de la Confédération suisse :

M. J. C. Kern, Envoyé extraordinaire et Ministre plénipotentiaire de la Confédération suisse à Paris ;

M. Charles Edouard Lardy, docteur en droit, Conseiller de la légation de Suisse à Paris ;

Lesquels, après s'être communiqué leurs pleins pouvoirs trouvés en bonne et due forme sont convenus des articles suivants :

Art. 1er. — Pour faciliter l'exploitation des biens fonds et forêts limitrophes des frontières, sont affranchis de tous droits d'importation, d'exportation ou de circulation : les céréales en gerbes ou en épis, les foins, la paille et les fourrages verts, les produits bruts des forêts, bois, charbons ou potasses, ainsi que les engrais, les semences, plantes, perches, échalas, animaux et instruments de toutes sortes servant à la culture des propriétés situées dans une zone de dix kilomètres, de chaque côté de la frontière, sous réserve du contrôle réglementaire existant dans chaque pays pour la répression de la fraude.

Art. 2. — Dans le même rayon et sous les garanties énoncées à l'article précédent, sont également affranchis de tous droits d'importation, d'exportation ou de circulation, les grains ou bois envoyés, par les habitants de l'un des deux Pays, à un moulin ou à une scierie situés sur le territoire de l'autre, ainsi que les farines ou planches en provenant.

La même faculté est accordée aux nationaux des deux Pays pour l'extraction de l'huile des semences recueillies sur leurs biens fonds, le blanchiment des fils de toiles écrus, fabriqués avec les produits de la terre qu'ils cultivent, ainsi que pour la filature à façon du lin et du chanvre récoltés dans ledit rayon.

Art. 3. — Les produits agricoles ou forestiers seront transportés sur les chemins publics sans autre indemnité que celles imposées par les lois du Pays aux habitants de la localité.

Les chemins limitrophes qui suivent la frontière ou qui passent, suivant la configuration du terrain, d'un territoire à l'autre, ne pourront dans aucun cas être barrés ou fermés à la circulation desdits produits.

Art. 4. — Dans chacun des deux pays, lorsqu'une forêt ou tout autre immeuble exploité par un étranger se trouvera à l'état d'enclave, un passage sera ouvert sur les propriétés voisines, à charge d'une indemnité qui sera réglée par les tribunaux, si les partis ne se sont pas entendues à l'amiable.

Art. 5. — Les propriétaires ou cultivateurs français en Suisse et réciproquement, les propriétaires ou cultivateurs suisses en France jouiront généralement, quant à l'exploitation de leurs biens, des mêmes avantages que les nationaux habitant la même localité, à la condition qu'ils se soumettront à tous les règlements administratifs ou de police applicables aux ressortissants du pays.

Art. 6. — Les dispositions précédentes ne dérogent à aucune des conventions qui pourraient exister entre les municipalités frontières.

Art. 7. — Lorsqu'une forêt appartenant, soit à l'Etat, soit à une commune, soit à un établissement public, soit à un particulier français, sera située sur le territoire suisse, ou réciproquement, des gardes pourront être désignés par les propriétaires pour la surveillance desdites forêts.

Ces gardes devront remplir les conditions de nationalité et de capacité exigées par les lois et règlements du pays où la forêt sera située ; ils seront commissionnés par l'autorité compétente de ce même pays et assermentés.

Leurs pouvoirs et leurs obligations seront les mêmes que ceux des gardes des forêts dont les propriétaires ne sont pas étrangers.

Les frais nécessités par leur nomination et l'exercice de leurs fonctions seront à la charge des propriétaires de forêts.

Art. 8. — Pour mieux assurer la répression des délits et contraventions qui se commettent dans les forêts, sur la frontière, les deux Hautes Parties contractantes s'engagent à poursuivre ceux de leurs ressortissants qui auraient commis ces infractions sur le territoire étranger, de la même manière et par application des mêmes lois que s'ils s'en étaient rendus coupables dans les forêts de leur pays même.

La poursuite aura lieu sous la condition qu'il n'y ait pas eu jugement rendu dans le pays où l'infraction a été commise, et sur transmission officielle du procès-verbal par l'autorité compétente de ce pays, à celle du pays auquel appartient l'inculpé.

L'Etat où la condamnation sera prononcée percevra seul le montant des amendes et des frais ; mais les indemnités seront versées dans les caisses de l'Etat où les infractions auront été commises.

Les procès-verbaux dressés régulièrement par les gardes assermentés dans chaque pays feront foi, jusqu'à preuve contraire, devant les tribunaux étrangers.

Art. 9. — Pour donner plus d'efficacité à la surveillance des propriétés forestières, tous les gardes forestiers qui constateront un délit ou une contravention dans la circonscription confiée à leur surveillance pourront suivre les objets enlevés, même de l'autre côté de la frontière, sur le territoire de l'Etat voisin, jusque dans les lieux où ils auraient été transportés, et en opérer la saisie.

Ils ne pourront, toutefois, s'introduire, dans les maisons, bâtiments, cours adjacentes et enclos, si ce n'est en présence d'un fonctionnaire public, désigné à cet effet par les lois du pays dans lequel la perquisition aura lieu.

Les autorités compétentes, chargées de la police locale, sont tenues d'assister les gardes dans leurs recherches, sans qu'il soit nécessaire de réclamer la permission d'un fonctionnaire supérieur.

Les administrations compétentes de chacun des deux Etats se feront connaître réciproquement les noms des agents forestiers chargés de la surveillance des forêts limitrophes.

Art. 10. — Dans le cas où des modifications dans la législation criminelle de l'un ou de l'autre Etat seraient jugées nécessaires pour assurer l'exécution des articles 8 et 9, les deux Hautes Parties contractantes s'engageraient à prendre, aussitôt que faire se pourra, les mesures nécessaire à l'effet d'opérer ces réformes.

Art. 11. — La présente Convention entrera en vigueur le 16 mai 1882 et demeurera exécutoire jusqu'au 1ᵉʳ février 1892. Dans le cas où aucune des deux Hautes Parties contractantes n'aurait notifié, douze mois avant la fin de ladite période son intention d'en faire cesser les effets, elle continuera à être obligatoire jusqu'à l'expiration d'une année, à partir du jour où l'une ou l'autre des Hautes Parties contractantes l'aura dénoncée.

Art. 12. — La présente Convention sera ratifiée et les ratifications en seront échangées à Paris avant le 12 mai 1882, et simultanément avec celles du Traité de commerce conclu à la date de ce jour.

En foi de quoi, les Plénipotentiaires respectifs ont signé la présente Convention et y ont apposé leurs cachets.

Fait en double expédition, à Paris, le 23 février 1882.

(*L.S.*) C. DE FREYCINET.
(*L.S.*) P. TIRARD.
(*L.S.*) M. ROUVIER.
(*L.S.*) KERN.
(*L.S.*) LARDY.

Art. 2. — Le Président du Conseil, Ministre des Affaires étrangères, est chargé de l'exécution du présent décret.

Fait à Paris, le 13 mai 1882.

JULES GRÉVY.

Par le Président de la République :

Le Président du Conseil,
Ministre des Affaires étrangères,

C. DE FREYCINET.

Le Président de la République Française,

Sur la proposition du Président du Conseil, Ministre des Affaires étrangères,

Décrète :

Art. 1ᵉʳ. — Le Sénat et la Chambre des Députés ayant approuvé la Convention signée le 23 février 1882 entre la France et la Suisse, pour la garantie réciproque des marques de fabrique et de commerce, des noms commerciaux, des dessins et des modèles industriels, et les ratifications de cet Acte ayant été échangées, le 12 mai 1882, ladite Convention, dont la teneur suit, recevra sa pleine et entière exécution.

CONVENTION

signée

Le 23 février 1882, entre la France et la Suisse, pour la garantie réciproque des marques de fabrique et de commerce, des noms commerciaux, dr dessins et des modèles industriels.

Le Président de la République Française,

Et le Conseil fédéral de la Confédération suisse,

Désirant assurer la garantie réciproque en Suisse et en France de la propriété des marques de fabrique et de commerce, des noms commerciaux, des dessins et des modèles industriels, ont résolu de conclure, à cet effet, une Convention, et ont nommé pour leurs Plénipotentiaires, savoir :

Le Président de la République Française :

M. de Freycinet, Sénateur, Président du Conseil, Ministre des Affaires Etrangères ;

M. P. Tirard, Député, Ministre du commerce ;

M. Maurice Rouvier, Député, ancien Ministre du Commerce et des Colonies ;

Et le Conseil fédéral de la Confédération suisse :

M. J. C. Kern, Envoyé extraordinaire et Ministre plénipotentiaire de la Confédération suisse à Paris ;

M. Charles-Edouard Lardy, Conseiller de la Légation de Suisse à Paris ;

Lesquels, après s'être communiqué leurs pleins pouvoirs, trouvés en bonne et due forme,

Sont convenus des articles suivants :

MARQUES DE FABRIQUE ET COMMERCE. — NOMS COMMERCIAUX ET RAISONS DE COMMERCE.

Art. 1ᵉʳ. — Les citoyens de chacun des deux Etats contractants jouiront réciproquement de la même protection que les nationaux, pour tout ce qui concerne la propriété des marques de fabrique ou de commerce, sous la condition de remplir les formalités prescrites à ce sujet par la législation respective des deux pays.

Les Hautes Parties contractantes se feront connaître mutuellement les formalités exigées et se réservent de les modifier, si elles le jugent nécessaire.

Art. 2. — Les marques de fabrique et de commerce, auxquelles s'applique l'article précédent, sont celles qui, dans les deux Pays, sont légitimement acquises aux industriels ou négociants qui en usent, c'est-à-dire que le caractère d'une marque française doit être apprécié en Suisse d'après la loi française, de même que le caractère d'une marque suisse doit être jugé en France d'après la loi fédérale suisse.

Art. 3. — Les citoyens de l'un des deux Etats contractants jouiront également dans l'autre de la même protection que les nationaux pour tout ce qui concerne la propriété du nom commercial ou raison de commerce, sans être soumis à l'obligation d'en faire le dépôt, que le nom commercial ou la raison de commerce fasse ou non partie d'une marque de fabrique ou de commerce.

DESSINS ET MODÈLES INDUSTRIELS

Dispositions applicables en France.

Art. 4. — Les Suisses jouiront en France de la même protection que les nationaux, pour tout ce qui concerne la propriété des dessins et modèles industriels. Toutefois, la durée de cette protection ne pourra excéder celle qui est stipulée à l'article 10 ci-après.

Si le dessin ou modèle industriel appartient au domaine public, en Suisse, il ne pourra être l'objet d'une jouissance exclusive en France.

Les droits des ressortissants suisses ne sont pas subordonnés en France à l'obligation d'y exploiter les dessins ou modèles industriels.

Art. 5. — Les Suisses ne pourront revendiquer en France la propriété exclusive d'un dessin ou modèle industriel, s'ils n'en ont déposé une esquisse ou un échantillon au secrétariat du conseil des prud'hommes des tissus à Paris, qui se chargera de transmettre aux conseils compétents ceux des dessins ou modèles dont il ne serait pas autorisé à conserver le dépôt.

Il sera perçu un droit fixé au maximum à 1 fr. pour le dépôt de chaque dessin ou modèle industriel.

Tout acte de cession d'un dessin ou modèle sera enregistré moyennant un droit de un franc.

Pour le dépôt comme pour la cession, la taxe fixée est exclusive de tous autres frais.

Art. 6. — En cas de contrefaçon portant atteinte aux droits garantis par les deux articles précédents, la saisie des objets de contrefaçon sera opérée, et les tribunaux appliqueront les peines déterminées par la loi, de la même manière que s'il s'était agi de la contrefaçon d'un dessin ou modèle industriel français.

Les caractères constituant la contrefaçon seront déterminés par les tribunaux français, d'après la législation en vigueur sur le territoire de la République.

Dispositions applicables en Suisse.

Art. 7. — Les dispositions des trois articles précédents recevront également, à titre de réciprocité, leur application en Suisse, pour la protection de la propriété dûment acquise en France des dessins et modèles industriels.

Art. 8. — Les tribunaux compétents en Suisse, soit pour les réparations civiles, soit pour la répression des délits, appliqueront, sur tout le territoire de la Confédération, au profit des propriétaires en France de dessins ou modèles industriels, les dispositions de l'article qui précède et des articles qui suivent.

Il est entendu, sous réserve toutefois des garanties stipulées à l'article 24, que ces dispositions pourront être remplacées par celles de la législation que les autorités compétentes de la Suisse viendraient à consacrer, en matière de propriété industrielle, sur la base de l'assimilation des étrangers aux nationaux.

Art. 9. — Le dépôt prescrit par l'article 5 pour l'acquisition de la propriété des dessins et modèles industriels se fera au département fédéral du commerce et de l'agriculture, à Berne.

Art. 10. — Le dépôt des dessins et modèles industriels, effectué conformément à l'article 9, assurera la propriété des déposants pour un, deux ou trois ans, suivant leur déclaration et à compter de sa date; mais la durée de ce droit pourra toujours être prorogée, pour une nouvelle période de trois ans, au moyen d'un nouveau dépôt.

Art. 11. — Le déposant pourra faire son dépôt, soit ouvertement, certifié de sa signature et de son cachet, soit sous enveloppe cachetée. Dans ce dernier cas, l'enveloppe contenant le dessin ou l'échantillon ne pourra être ouverte qu'un an après l'acte de son dépôt.

Après ce terme, il sera permis de prendre inspection des dessins ou échantillons déposés. L'enveloppe pourra, à toute époque, être ouverte soit sur la réquisition du déposant, soit, en cas de contestation, en vertu d'une ordonnance judiciaire.

Art. 12. — Le dépôt sera considéré comme non avenu dans les cas suivants :

1° Si le dessin ou modèle n'est pas nouveau;

2° Si, antérieurement au dépôt, des produits fabriqués sur le dessin ou modèle déposé ont été livrés au commerce.

Art. 13. — La contrefaçon ainsi que le débit ou l'importation sciemment opérés de dessins ou modèles contrefaits seront punis conformément aux dispositions de l'article suivant.

Art. 14. — Tout contrefacteur sera puni d'une amende de 100 fr. au moins et de 2,000 francs au plus; et le débitant, d'une amende de 25 fr. au moins et de 500 fr. au plus, et ils seront condamnés, en outre, à payer au propriétaire des dommages-intérêts pour réparation du préjudice à lui causé.

La confiscation des objets contrefaits sera prononcée tant contre le contrefacteur que contre l'introducteur et le débitant. Dans tous les cas, les tribunaux pourront, sur la demande de la partie civile, ordonner qu'il lui soit fait remise, en déduction des dommages-intérêts à elle alloués, des objets contrefaits.

Art. 15. — La confiscation des produits, dessins ou modèles contrefaits pourra, même en cas d'acquittement, être prononcée par le tribunal, ainsi que celle des instruments et ustensiles ayant spécialement servi à commettre le délit.

Art. 16. — Le propriétaire d'un dessin ou modèle industriel pourra faire procéder, en vertu d'une ordonnance de l'autorité compétente, à la désignation ou description détaillée, avec ou sans saisie, des produits qu'il prétendra contrefaits à son préjudice, en contravention aux dispositions de la présente convention.

L'ordonnance sera rendue sur simple requête et sur la présentation du procès-verbal constatant le dépôt du dessin ou modèle industriel. Elle contiendra, s'il y a lieu, la nomination d'un expert.

Lorsque la saisie sera requise, le juge pourra exiger du requérant un cautionnement qu'il sera tenu de consigner avant de faire procéder à la saisie.

Il sera laissé copie au détenteur des objets décrits ou saisis, de l'ordonnance et de l'acte constatant le dépôt du cautionnement, le cas échéant, le tout à peine de nullité et de dommages intérêts.

Art. 17. — A défaut par le requérant de s'être pourvu dans le délai de quinzaine, la prescription ou saisie sera nulle de plein droit, sans préjudice des dommages-intérêts qui pourraient être réclamés, s'il y a lieu.

Art. 18. — La poursuite devant les tribunaux suisses pour les délits définis dans la présente Convention n'aura lieu que sur la demande de la partie lésée ou de ses ayants droit.

Art. 19. — Les actions relatives à la contrefaçon des dessins et modèles industriels seront portées, en Suisse, devant le tribunal du district dans lequel la contrefaçon ou la vente illicite aura lieu.

Les actions civiles seront jugées comme matières sommaires.

Art. 20. — Les peines établies par la présente Convention ne pourront être cumulées. La peine la plus forte sera seule prononcée pour tous les faits antérieurs au premier acte de poursuite.

Art. 21. — Le tribunal pourra ordonner l'affichage du jugement dans les lieux qu'il déterminera, et son insertion intégrale ou par extraits dans les journaux qu'il désignera, le tout aux frais du condamné.

Art. 22. — Les peines portées aux articles ci-dessus pourront être élevées au double, en cas de récidive. Il y a récidive, lorsqu'il a été prononcé contre le prévenu, dans les cinq années antérieures, une condamnation pour un délit de même nature.

Art. 23. — Les tribunaux pourront, s'il existe des circonstances atténuantes, réduire les peines prononcées contre les coupables au-dessous du minimum prescrit, et même substituer l'amende à l'emprisonnement, sans qu'en aucun cas elles puissent être au-dessous des peines de simple police.

Art. 24. — Les Hautes Parties contractantes sont convenues de soumettre les dispositions des articles 4 à 23 ci-dessus à une revision, si une nouvelle législation sur les dessins ou modèles, dans l'un ou l'autre Pays ou dans les deux Pays, la rendait désirable; mais il est entendu que les stipulations desdits articles continueront à être obligatoires pour les deux Pays, jusqu'à ce qu'elles soient modifiées d'un commun accord.

Si les garanties accordées actuellement en France à la protection de la propriété des dessins ou modèles industriels venaient à être modifiées pendant la durée de la présente Convention, le Gouvernement fédéral suisse serait autorisé à remplacer les dispositions des articles 4 à 23 ci-dessus par les nouvelles dispositions édictées par la législation française.

Art. 25. — La présente Convention entrera en vigueur le 16 mai 1882 et restera exécutoire jusqu'au 1er février 1892. Dans le cas où aucune des Hautes Parties contractantes n'aurait notifié, une année avant l'expiration de ce terme, son intention d'en faire cesser les effets, la Convention continuera d'être obligatoire encore une année, à partir du jour où l'une des Parties l'aura dénoncée.

Elle sera ratifiée, et les ratifications en seront échangées à Paris, au plus tard le 12 mai 1882, en même temps que celles du Traité de commerce conclu à la date de ce jour.

En foi de quoi les Plénipotentiaires respectifs ont signé la présente Convention et y ont apposé leurs cachets.

Fait en double expédition, à Paris, le 23 février 1882.

(L. S.) C. DE FREYCINET.
(L. S.) P. TIRARD.
(L. S.) M. ROUVIER.
(L. S.) KERN.
(L. S) LARDY.

Art. 2. — Le Président du Conseil, Ministre des Affaires étrangères, est chargé de l'exécution du présent décret.

Fait à Paris, le 13 mai 1882.

JULES GRÉVY

Par le Président de la République :

Le Président du Conseil,
Ministre des Affaires étrangères,

C. DE FREYCINET

LOI portant approbation de la convention signée, le 23 février 1882, entre la France et la Suisse, pour la garantie réciproque de la propriété littéraire et artistique.

Le Sénat et la Chambre des députés ont adopté,

Le Président de la République promulgue la loi dont la teneur suit :

Article unique. — Le Président de la République est autorisé à ratifier et, s'il y a lieu, à faire exécuter la convention signée à Paris, le 23 février 1882, entre la France et la Suisse, pour la garantie réciproque de la propriété littéraire et artistique.

Une copie authentique de cette convention sera annexée à la présente loi.

La présente loi, délibérée et adoptée par le Sénat et par la Chambre des députés, sera exécutée comme loi de l'Etat.

Fait à Paris, le 11 mai 1882.

JULES GRÉVY.

Par le Président de la République :

Le président du conseil,
ministre des affaires étrangères,

C. DE FREYCINET.

Le Président de la République Française,

Sur la proposition du Président du Conseil, Ministre des Affaires étrangères,

Décrète :

Art. 1er. — Le Sénat et la Chambre des Députés ayant approuvé la Convention signée le 23 février 1882, entre la France et la Suisse, pour la garantie réciproque de la propriété littéraire et artistique, et les Ratifications de cet Acte ayant été échangées à Paris, ladite Convention, dont la teneur suit, recevra sa pleine et entière exécution.

CONVENTION

Le Président de la République Française,

Et le Conseil fédéral de la Confédération Suisse,

Désirant assurer la garantie réciproque en France et en Suisse de la propriété des œuvres de littérature et d'art. ont résolu de conclure, à cet effet, une Convention, et ont nommé pour leurs Plénipotentiaires, savoir :

Le Président de la République Française,

M. C. de Freycinet, Sénateur, Président du Conseil, Ministre des Affaires étrangères ;

M. Tirard, Député, Ministre du Commerce ;

M. Maurice Rouvier, Député, ancien Ministre du Commerce et des Colonies ;

Et le Conseil fédéral de la Confédération Suisse :

M. J.-L. Kern, Envoyé extraordinaire et Ministre plénipotentiaire de la Confédération Suisse à Paris ;

M. Charles-Edouard Lardy, Docteur en droit, Conseiller de la Légation Suisse à Paris ;

Lesquels, après s'être communiqué leurs pleins pouvoirs trouvés en bonne et due forme, sont convenus des articles suivants :

DISPOSITIONS APPLICABLES EN FRANCE

Art. 1er. — Les auteurs de livres, brochures, ouvrages dramatiques ou autres écrits, de compositions musicales ou d'arrangements de musique, d'œuvres de dessin ou d'illustration, de peinture, de sculpture, de gravure, de lithographie, de photographie et de toutes autres productions analogues du domaine littéraire ou artistique, publiés pour la première fois en Suisse, jouiront en France des avantages qui y sont ou y seront attribués par la loi à la propriété des ouvrages de littérature ou d'art, et ils auront la même protection et le même recours légal contre toute atteinte portée à leurs droits que si cette atteinte avait été commise à l'égard d'auteurs d'ouvrages publiés pour la première fois sur le territoire de la République.

Toutefois, ces avantages ne seront assurés aux auteurs desdits ouvrages que pendant l'existence de leurs droits dans leur pays, et la durée de leur jouissance en France ne pourra excéder celle fixée à leur profit en Suisse.

La propriété des œuvres musicales s'étend aux morceaux dits arrangements, composés sur des motifs extraits de ces mêmes œuvres.

Tout privilège ou avantage qui est ou sera accordé par la France à un autre pays, en matière de propriété d'œuvres de littérature et d'art dont la définition a été donnée dans le présent article, sera acquis de plein droit aux citoyens suisses.

Art. 2. — Il est permis de publier en France des extraits ou des morceaux entiers d'ouvrages ayant paru pour la première fois en Suisse, pourvu que ces publications soient spécialement appropriées à l'enseignement.

Art. 3. — La jouissance du bénéfice de l'article 1er est subordonnée à l'acquisition légale de la propriété des ouvrages littéraires et artistiques en Suisse.

Pour les livres, brochures ou autres écrits, ouvrages dramatiques, illustrations, cartes, estampes, gravures, lithographies, photographies, œuvres musicales ou autres productions analogues d'esprit ou d'art publiées ou éditées pour la première fois en Suisse, l'exercice du droit de propriété en France sera, en outre, subordonné à l'accomplissement préalable, dans ce dernier pays, de la formalité de l'enregistrement, effectué à Paris au ministère de l'intérieur. L'enregistrement se fera sur la déclaration écrite des intéressés ou de leurs mandataires, laquelle pourra être adressée, soit au susdit Ministère, soit à la chancellerie de l'ambassade de la République française à Berne.

La déclaration devra être faite dans les trois mois qui suivront la publication de l'ouvrage en Suisse.

A l'égard des ouvrages qui paraissent par livraisons, le délai de trois mois ne commencera à courir qu'à dater de la publication de la dernière livraison.

La formalité de l'enregistrement sur des registres spéciaux tenus à cet effet ne donnera son ouverture à la perception d'aucune taxe.

Les intéressés recevront un certificat authentique de l'enregistrement : ce certificat sera délivré gratis, sauf, s'il y a lieu, les frais de timbre.

Le certificat portera la date précise à laquelle la déclaration aura eu lieu ; il fera foi dans toute l'étendue du territoire de la République, et constatera le droit exclusif de propriété et de reproduction, aussi longtemps que quelque autre personne n'aura pas fait admettre son droit en justice.

Art. 4. — Les stipulations de l'article 1er s'appliqueront également à la représentation ou exécution, soit en langue originale, soit en traduction, des œuvres dramatiques ou musicales publiées, exécutées ou représentées pour la première fois en Suisse.

Art. 5. — Sont expressément assimilées aux ouvrages originaux les traductions faites d'ouvrages nationaux ou étrangers. Ces traductions jouiront, à ce titre, de la protection stipulée par l'article 1er, en ce qui concerne leur reproduction non autorisée en France. Il est bien entendu toutefois que l'objet du présent article est simplement de protéger le traducteur par rapport à la version qu'il a donnée de l'ouvrage original, et non pas de conférer le droit exclusif de traduction au premier traducteur d'un ouvrage quelconque, écrit en langue morte ou vivante, hormis le cas et les limites prévus par l'article ci-après.

Art. 6. — L'auteur de tout ouvrage publié en Suisse jouira seul, pendant dix années, du privilège de protection contre la publication, dans l'autre pays, de toute traduction du même ouvrage non autorisée par lui. Ce terme courra du jour où la déclaration d'enregistrement aura été effectuée conformément à l'article 3, et ce, sous les conditions suivantes :

1° L'ouvrage original sera enregistré en France sur la déclaration faite dans un délai de trois mois, à partir du jour de la première publication en Suisse, conformément aux dispositions de l'article 3 ;

2° L'auteur devra indiquer, en tête de son ouvrage, l'intention de se réserver le droit de traduction ;

3° Il faudra que ladite traduction autorisée ait paru en totalité dans le délai de trois ans, à compter de la date de la déclaration de l'original effectuée ainsi qu'il vient d'être prescrit ;

4° La traduction devra être publiée dans l'un des deux Pays et être, en outre, enregistrée conformément aux dispositions de l'article 3.

Pour les ouvrages publiés par livraisons, il suffira que la déclaration de l'auteur, portant qu'il entend se réserver le droit de reproduction, soit exprimée dans la première livraison.

Relativement à la publication et à la représentation en traduction des ouvrages dramatiques, l'auteur qui voudra se réserver le droit exclusif dont il s'agit à l'article 4 et au présent article devra faire paraître ou représenter la traduction dans les trois ans qui suivront la publication ou la représentation de l'ouvrage original.

Les auteurs suisses jouiront en France, relativement au droit de traduction, des avantages qui sont ou seraient consacrés en faveur des nationaux.

Les Hautes Parties contractantes conviennent, en outre, que les auteurs suisses ou leurs ayants droits auront, dans tous les cas, la faculté d'invoquer le bénéfice du traitement de la nation la plus favorisée, en ce qui concerne le droit de traduction de leur ouvrages et le droit de représentation en traduction des ouvrages dramatiques.

Les droits conférés par le présent article sont subordonnés aux conditions imposées à l'auteur d'un ouvrage original par les articles 1er et 3 de la présente Convention.

Art. 7. — Lorsqu'un auteur français d'une œuvre spécifiée dans l'article 1er aura cédé son droit de publication ou de reproduction à un éditeur suisse, sous la réserve que les exemplaires ou éditions de cette œuvre ainsi publiés ou reproduits ne pourront être vendus en France, ces exemplaires ou éditions seront considérés et traités dans ce pays, s'ils y sont introduits, comme reproduction illicite.

Les ouvrages auxquels cette disposition est applicable devront porter, sur leurs titres et couverture, les mots : « Edition interdite en France (en Suisse) et autorisée pour la Suisse (la France) et l'étranger. »

Art. 8. — Les mandataires légaux ou ayants cause des auteurs, traducteurs compositeurs, dessinateurs, peintres, sculpteurs, graveurs, lithographes, photographes, etc., jouiront, à tous égards des mêmes droits que ceux que la présente Convention accorde aux auteurs, traducteurs, compositeurs, dessinateurs, peintres, sculpteurs, graveurs, lithographes et photographes eux-mêmes.

Art. 9. — Nonobstant les stipulations des articles 1er et 5 de la présente Convention, les articles extraits des journaux ou recueils publiés en Suisse pourront être reproduits ou traduits dans les journaux ou recueils périodiques de France, pourvu qu'on y indique la source à laquelle on les aura puisés.

Toutefois cette faculté ne s'étendra pas à la reproduction des articles de journaux ou de recueils périodiques publiés en Suisse, lorsque les auteurs auront formellement déclaré, dans le journal ou recueil même où ils les auront fait paraître, qu'ils en interdisent la reproduction. En aucun cas, cette interdiction ne pourra atteindre les articles de discussion politique.

Art. 10. — L'introduction, l'exportation, la vente, la circulation et l'exposition en France d'ouvrages ou objets de reproduction non autorisée, définis par les articles 1er, 4, 5 et 6, sont prohibées, sauf ce qui est dit à l'article 11, soit que lesdites reproductions non autorisées proviennent de Suisse, soit qu'elles proviennent d'un pays étranger quelconque.

Art. 11. — Le Gouvernement français prendra, par voie de règlement d'administration publique, les mesures nécessaires pour prévenir toute difficulté à raison de la possession et de la vente par les éditeurs, imprimeurs ou libraires français, de réimpressions d'ouvrages constituant la propriété de citoyens suisses et non tombés dans le domaine public, publiés ou imprimés par eux antérieurement à la mise en vigueur de la présente Convention.

Art. 12. — Les livres d'importation licite venant de Suisse seront admis en France, tant à l'entrée qu'au transit direct ou par entrepôt, par tous les bureaux qui leur sont actuellement ouverts ou qui pourraient l'être par la suite.

Si les intéressés le désirent, les livres déclarés à l'entrée seront expédiés directement à Paris au ministère de l'intérieur, pour y subir les vérifications prescrites, qui auront lieu, au plus tard, dans le délai de quinze jours.

Art. 13. — Les dispositions de la présente Convention ne pourront porter préjudice, en quoi que ce soit, au droit qui appartient au Gouvernement français de permettre, de surveiller ou d'interdire, par des mesures législatives ou de police intérieure, la circulation, la représentation ou l'exposition de tout ouvrage ou production à l'égard desquels l'autorité compétente aurait à exercer ce droit.

La présente Convention ne portera aucune atteinte au droit du Gouvernement français de prohiber l'importation dans ses propres États des livres qui, d'après les lois intérieures ou des stipulations souscrites avec d'autres Puissances, sont ou seraient déclarés être des contrefaçons.

Art. 14. — La fabrication et la vente des instruments servant à reproduire mécaniquement des airs de musique qui sont du domaine privé ne sera pas considérée, en France, comme constituant le fait de contrefaçon musicale.

Art. 15. — En cas de contravention aux dispositions des articles précédents, la saisie des objets de contravention sera opérée, et les tribunaux appliqueront les peines déterminées par la loi, de la même manière que si l'infraction avait été commise au préjudice d'un ouvrage ou d'une production française.

Les caractères constituant la contrefaçon se rent déterminés, par les tribunaux français, d'après la législation en vigueur sur le territoire de la République.

DISPOSITIONS APPLICABLES EN SUISSE

Art. 16. — Les dispositions des articles 1er, 2, 3, 5, 6, 7, 8, 9, 11, 13, 14 et 15 précédents recevront également, à titre de réciprocité, leur application en Suisse, pour la protection de la propriété, dûment acquise en France, des ouvrages d'esprit ou d'art, sous réserve toutefois des dispositions de l'article 18 ci-après.

Art. 17. — Les tribunaux compétents en Suisse soit pour les réparations civiles, soit pour la répression des délits, appliqueront, sur tout le territoire de la Confédération, au profit des propriétaires ou de leurs ayants droit en France d'ouvrages littéraires et artistiques, les dispositions de l'article 16 qui précède et des articles 18 à 34 qui suivent.

Il est entendu, sous réserve toutefois des garanties stipulées à l'article 34, que ces dispositions pourront être remplacées par celles de la législation que les autorités fédérales suisses viendraient à consacrer, en matière de propriété littéraire et artistique, sur la base de l'assimilation des étrangers aux nationaux.

Art. 18. — Par dérogation aux dispositions des articles 3 et 6 ci-dessus, il suffira, pour assurer en Suisse à tous les ouvrages d'esprit ou d'art, ainsi qu'aux traductions autorisées, la protection stipulée à l'article 1er, et pour que les auteurs ou éditeurs de ces ouvrages soient admis devant les tribunaux suisses à exercer des poursuites contre les contrefaçons, que lesdits auteurs ou éditeurs justifient de leurs droits de propriété en France, en établissant, au moyen d'un certificat délivré par le bureau de la librairie au ministère de l'intérieur et légalisé par la légation de Suisse à Paris, que l'ouvrage en question jouit en France de la protection légale contre la contrefaçon ou la reproduction illicite.

Art. 19. — Les auteurs de livres, brochures, ouvrages dramatiques ou autres écrits, des compositions musicales ou d'arrangements de musique, d'œuvres de dessin ou d'illustration, de peinture, de sculpture, de gravure, de lithographie, de photographie et de toute autre production analogue du domaine littéraire ou artisque publiés pour la première fois en France, jouiront, en Suisse, pour la protection de leurs droits de propriété, des garanties stipulées dans les aricles suivants.

Art. 20. — Les auteurs d'œuvres dramatiques ou musicales publiées ou exécutées pour la première fois en France jouiront en Suisse, par rapport à la représentation ou à l'exécution de leurs œuvres, soit en langue originale, soit en traduction, de la même protection que les lois accordent ou accorderont par la suite en France aux auteurs ou compositeurs suisses, pour la représentation ou l'exécution de leurs œuvres.

Le droit des auteurs dramatiques ou compositeurs sera perçu d'après les bases qui seront arrêtées entre les parties intéressées.

Art. 21. — Le droit de propriété acquis en Suisse, conformément aux dispositions des articles précédents, pour les œuvres littéraires ou artistiques mentionnées dans l'article 19, durera, pour l'auteur, toute sa vie, et, s'il meurt avant l'expiration de la trentième année à dater de la première publication, ce droit continuera à subsister, pour le reste de ce terme, en faveur de ses successeurs. Si la publication n'a pas eu lieu du vivant de l'auteur, ses héritiers ou ayants droit auront le privilège exclusif de publier l'ouvrage pendant six ans, à dater de la mort de l'auteur. S'ils en font usage, la protection durera trente ans, à partir de cette mort. Toutefois, la durée du droit de propriété par rapport aux traductions est réduite à dix années, conformément aux stipulations de l'article 6.

Art. 22. — Toute édition d'une œuvre littéraire ou artistique mentionnée dans l'article 19, imprimée ou gravée au mépris des dispositions de la présente Convention, sera punie comme contrefaçon.

Art. 23. — Quiconque aura sciemment vendu, mis en vente ou introduit sur le territoire suisse des objets contrefaits, de quelque pays qu'ils proviennent, sera puni des peines de la contrefaçon.

Art. 24. — Tout contrefacteur sera puni d'une amende de 100 fr. au moins et de 2,000 fr. au plus; et le débitant, d'une amende de 25 fr. au moins et de 500 fr. au plus, et ils seront condamnés, en outre, à payer au propriétaire des dommages-intérêts pour réparation du préjudice à lui causé.

La confiscation de l'édition contrefaite sera prononcée tant contre le contrefacteur que contre l'introducteur et le débitant. Dans tous les cas, les tribunaux pourront, sur la demande de la partie civile, ordonner qu'il lui soit fait remise, en déduction des dommages-intérêts à elle alloués, des objets contrefaits.

Art. 25. — Dans les cas prévus par les articles précédents, le produit des confiscations sera remis au propriétaire pour l'indemniser d'autant du préjudice qu'il aura souffert; le surplus de son indemnité sera réglé par les voies ordinaires.

Art. 26. — Le propriétaire d'une œuvre littéraire ou artistique pourra faire procéder, en vertu d'une ordonnance de l'autorité compétente, à la désignation ou description détaillée, avec ou sans saisie, des produits qu'il prétendra contrefaits à son préjudice, en contravention aux dispositions de la présente Convention.

L'ordonnance sera rendue sur simple requête et sur la présentation du procès-verbal constatant le dépôt de l'œuvre littéraire ou artistique. Elle contiendra, s'il y a lieu, la nomination d'un expert.

Lorsque la saisie sera requise, le juge pourra exiger du requérant un cautionnement, qu'il sera tenu de consigner avant de faire procéder à la saisie.

Il sera laissé copie au détenteur des objets décrits ou saisis, de l'ordonnance et de l'acte constatant le dépôt du cautionnement, le cas échéant, le tout à peine de nullité et de dommages-intérêts.

Art. 27. — A défaut par le requérant de s'être pourvu dans le délai de quinzaine, la description ou saisie sera nulle de plein droit, sans préjudice des dommages-intérêts qui pourraient être réclamés, s'il y a lieu.

Art. 28. — La poursuite devant les tribunaux suisses pour les délits définis dans cette Convention n'aura lieu que sur la demande de la partie lésée ou de ses ayants droit.

Art. 29. — Les actions relatives à la contrefaçon des œuvres littéraires ou artistiques seront portées, en Suisse, devant le tribunal du district dans lequel la contrefaçon ou la vente illicite aura eu lieu.

Les actions civiles seront jugées comme matières sommaires.

Art. 30. — Les peines établies par la présente Convention ne peuvent être cumulées. La peine la plus forte sera seule prononcée pour tous les faits antérieurs au premier acte de poursuite.

Art. 31. — Le tribunal pourra ordonner l'affichage du jugement dans les lieux qu'il déterminera, et son insertion intégrale ou par extraits dans les journaux qu'il désignera, le tout aux frais du condamné.

Art. 32. — Les peines portées aux articles ci-dessus pourront être élevées au double, en cas de récidive. Il y a récidive lorsqu'il a été prononcé contre le prévenu, dans les cinq années antérieures, une condamnation pour un délit de même nature.

Art. 33. — Les tribunaux pourront, s'il existe des circonstances atténuantes, réduire les peines prononcées contre les coupables au-dessous du minimum prescrit, et même substituer l'amende à l'emprisonnement, sans qu'en aucun cas elles puissent être au-dessous des peines de simple police.

Art. 34. — La présente Convention entrera en vigueur le 16 mai 1882 et restera exécutoire jusqu'au 1er février 1892. Dans le cas où aucune des Hautes Parties contractantes n'aurait notifié, une année avant l'expiration de ce terme, son intention d'en faire cesser les effets, la Convention continuera à être obligatoire encore une année à partir du jour où l'une des Parties l'aura dénoncée.

Toutefois, chacune des Hautes Parties contractantes se réserve le droit de dénoncer la présente Convention avant le 1er février 1892 si, dans le territoire de l'une ou de l'autre Partie, la législation venait à être modifiée de manière à faire désirer une revision; cette dénonciation produira ses effets douze mois seulement après la date de sa notification.

Art. 35. — La présente Convention sera ratifiée et les ratifications en seront échangées à Paris avant le 12 mai 1882, et simultanément avec celles du Traité de commerce conclu, sous la date de ce jour, entre les deux Hautes Parties contractantes.

En foi de quoi, les Plénipotentiaires respectifs ont signé la présente Convention et y ont apposé leurs cachets.

Fait en double expédition, à Paris, le vingt-trois février mil huit cent quatre-vingt-deux.

(L. S.) C. DE FREYCINET.
(L. S.) P. TIRARD.
(L. S.) ROUVIER.
(L. S.) KERN.
(L. S.) LARDY.

Art. 2. — Le Président du Conseil, Ministre des Affaires étrangères, est chargé de l'exécution du présent décret.

Fait à Paris, le 15 mai 1882.

JULES GRÉVY.

Par le Président de la République,
Le Président du conseil,
Ministre des Affaires étrangères,

C. DE FREYCINET.

Paris. — Imprimerie du *Journal officiel*, 31, quai Voltaire.